님께

드림

고 사 성 어

故事成語에서 배우는 교훈

양영근 編著

머리말

-책을 출간하면서-

편저자는 2020년 1월부터 장장 5년 10개월에 걸쳐 매주 「가스신문」에 「故事成語에서 배우는 교훈」을 집필·연재하게 되었고, 애독자님들의 요청에 따라 한 권의 책으로 출간하게 되었습니다. 솔직히 저는 원전(原典)을 완벽하게 해석할 정도의 뛰어난 한자 실력이나 전문적인 고전학문의 깊이는 많이 부족한 사람입니다. 그래서 여러 고사성어 사전과 각종 역사 자료를 중첩하여 점검하면서 원전 해석의 오류를 줄이고자 노력하였습니다.

아울러 지루하지 않도록 일정한 틀 안에서 짧게 압축하면서도 누구나 부담 없이 재미있게 읽어볼 수 있도록 편집하였습니다. 또한 예문 성격의 '응용'을 통해서는 그 당시의 중요한 시사(時事)와 사회상 등을 반영하면서 같은 시대를 살아가고 있는 독자와 호흡을 같이 하고자 했습니다.

흔히 고사성어를 고리타분한 고전 속의 난해한 용어라고 생각할 수 있습니다. 그러나 알고 보면 역사와 역사 속의 인물을 통해서 유서 깊은 교훈과 삶의 지혜를 배우는 고품격의 압축된 언어입니다. 따라서 고사성어를 이해하면서 삶의 통찰력을 높이고 실생활에서 유용하게 사용한다면, 보다 품위 있고 향기로운 언어생활이 될 것으로 생각합니다.

무엇보다 생존경쟁이 치열한 오늘날, 고사성어의 의미를 현대적으로 재조명하면서 경영·경쟁·협력·협상 전략에 응용해 본다면 차원 높은 리더자·경영자가 되고, 성공하는 조직원이 될 것으로 믿습니다. 또한 학생들은 고전의 지혜와 가치를 배우면서 인격함양에 도움이 되고, 논술시험과 어휘력 향상에도 좋은 참고서가 될 것입니다.

독자여러분의 애독과 많은 성원을 부탁드립니다.

2025년 11월

編著者 梁永根 拜

가

나

차

카

타

01 開門揖盜 〈개문읍도〉

開:열 **개** 門:문 **문** 揖:읍할 **읍** 盜:도적 **도**

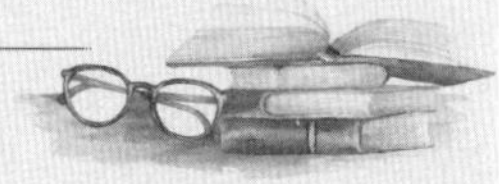

문을 열고 도둑을 맞이한다는 뜻.
스스로 화를 불러들이는 것을 비유하여 이르는 말.

유래

《삼국지(三國志)》〈오서(吳書)〉-오주전(吳主傳)

중국 후한(後漢)말, 강동(江東)의 주군이었던 손책(孫策)이 사냥을 나갔다가 자객들의 기습을 받고 큰 상처를 입고 치료를 받던 중에 사망하게 된다.

이 때 형 손책으로부터 대권을 이어받게 된 손권(孫權)은 15세의 어린나이로 군정을 챙길 생각은 하지 않고, 형의 죽음을 몹시 슬퍼하며 비탄에 빠져 있었다.

그 때 손책의 가신이었던 장소(張昭)가 손권에게 이렇게 충언했다.

"지금 울고만 있을 때가 아닙니다! 농간을 부리는 간사한 무리들과 이리 같은 놈들이 도처에 가득한데, 형님의 죽음만을 슬퍼하고 예법만을 지키려고 한다면 이는 개문읍도(開門揖盜)와 같으니 어찌 어질다고 할 수 있겠습니까?"

손권은 장소의 충고를 듣고 재빨리 정신을 가다듬어 아버지와 형의 원수들을 차례로 제압하고, 유비(劉備)와 연합하여 적벽대전에서 조조(曹操)에게 대승을 거두고 오(吳)나라를 건국하게 된다.

응용

어느 정치 지도자는 '북한은 핵을 가질 의지도, 핵을 개발할 능력도 없다' 고 공언했는데, 결국 북한은 핵보유국이 되었다. '한반도의 비핵화' 과제는 루비콘 강을 건넜다.

그러나 북한 핵을 용인하는 것은 '**개문읍도(開門揖盜)**'나 다름 아니다.

02 啐啄同時 〈줄탁동시〉

啐:빠는 소리 **줄** 啄:쫄 **탁** 同:같을 **동** 時:때 **시**

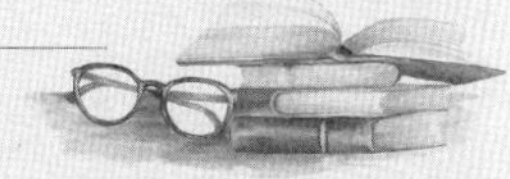

병아리와 어미 닭이 안과 밖에서 동시에 쪼아 병아리가 나오는 것을 돕는다는 의미

유래

중국 송(宋)나라 때 선종(禪宗)의 대표적인 불서(佛書)인 《벽암록(碧巖錄)》〈공안집(公案集:화두집)〉에 등장하는 불가(佛家)의 중요한 화두(話頭).

공안(화두)은 깨우침을 위한 물음의 요체이자 수수께끼로, 선을 수행하는 승려들은 하나의 공안만 가지고도 평생을 고민하기도 한다. 몇 자 안 되는 공안일지라도 그 속에는 깨달음의 오묘한 이치가 숨어 있어 그 뜻을 말로 표현하는 데는 한계가 있다. 선종에서는 깨달음을 말로 표현하기 위해 문자의 뜻에 얽매이는 순간에 깨달음은 순식간에 날아가 버리고, 다시 관념에 빠진다고 생각하기 때문에 이러한 관념의 세계를 경계한다.

여기서 병아리는 깨달음을 얻기 위해 정진하는 수행자이고, 어미닭은 수행자에게 깨우침의 방법을 지도해 주는 스승이다.

우리 속담에 '손뼉도 마주쳐야 소리가 난다'는 의미와 비슷하며, 깨달음에도 때가 있어서 제때 깨닫지 못하면 헛일이라는 뜻도 들어 있다.

응용

출세하는데 실력도 중요하지만, 후원자를 만나 도움받는 '**줄탁동시(啐啄同時)**'가 필요하다. 그러나 스스로 알에서 깨어 나오면 병아리가 되지만 남이 깨어주기를 바라면 달걀 프라이가 된다.

03 樂不思蜀 〈낙불사촉〉

樂:즐길 **락** 不:아닐 **불** 思:생각할 **사** 蜀:나라이름 **촉**

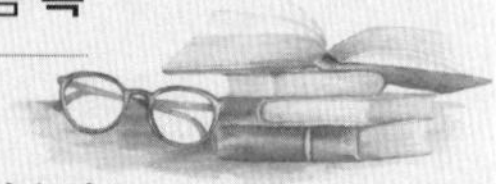

'즐거움에 젖어 촉(蜀)땅을 생각하지 않는다'는 뜻
쾌락 또는 향락에 빠져 자신의 본분을 망각하는 어리석음을 비유함.

유래 《삼국지(三國志)》〈촉서(蜀書)〉-후주전(後主傳)

중국 삼국시대 말 촉나라 황제 유비가 죽자 그의 아들 유선(劉禪)이 뒤를 이었다. 제갈량마저 세상을 떠나자 무능한 유선은 결국 나라를 보전하지 못하고 위(魏)나라에 항복했다. 위나라 왕은 유선을 안락공(安樂公)으로 봉하고, 위의 도읍에 살게 하였는데,

어느 날 위의 대장군 사마소(司馬昭)가 유선을 초대하고 연회를 열어 촉나라의 음악을 연주하게 하였다. 유선을 수행한 촉의 옛 신하들은 모두 그 음악을 듣고 고향 생각과 망국의 애틋한 기색이 역력하였으나, 유선만은 전혀 슬픈 기색이 없이 연회를 즐기고 있었다. 사마소가 그 모습을 보고 부하 가충(賈充)에게 "사람이 저리도 무정하니, 설령 제갈량이 살아 있더라도 오래 보좌할 수 없겠거늘 하물며 강유(姜維) 정도야 말해 무엇하겠나"며 혀를 찼다.

사마소는 마냥 즐거워하는 유선에게 "고국 촉나라가 그립지 않소?"라고 묻자 유선은 "이렇게 즐거우니 촉나라는 생각나지 않습니다(此間樂, 不思蜀)"라고 대답하였다고 하니 유선의 사람 됨됨이를 알만 하다.

응용 가난의 굴레를 벗고, 후대의 풍요로운 삶을 위하여 모진고생을 다해 왔는데…이런 우리 기성세대들을 '꼰대 세대'라고 한다. 지금 나라 사정은 누란지위인데 TV만 틀면 먹고, 놀고, 노래에 열중하는… 미래를 짊어질 젊은이들이 아무 생각 없이 '**낙불사촉(樂不思蜀)**' 하고 있으니 참으로 안타까운 일이다.

04 家鷄野雉 〈가계야치〉

家:집 **가** 鷄:닭 **계** 野:들 **야** 雉:꿩 **치**

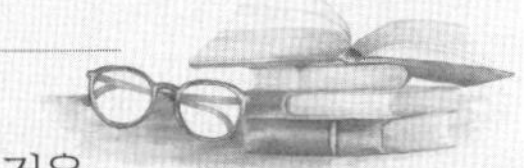

'집에 있는 닭보다 들에 있는 꿩을 좋아한다'는 뜻.
가까이 있는 익숙한 것은 대수롭게 여기고, 멀리 있는 드문 것을 귀하게 여김을 이르는 말.

유래

《태평어람(太平御覽)》〈장초서(章草書)〉
중국 동진(東晉)의 장수 유익(庾翼 305~345)은 장수이면서도 서법(書法)이 뛰어나 한 때 명필 왕희지(王羲之 307~365)와 명성을 같이 할 정도였다.
그러나 무장(武將)으로 공무가 바빴던 유익은 글쓰기를 소홀히 할 수밖에 없었지만, 왕희지는 벼슬에 욕심을 두지 않고 글쓰기에 전념하여 그 필법이 나날이 진보하였다. 그리하여 유익의 집안사람들조차도 유익의 서법보다 당시 유행하던 왕희지의 서법을 배우기에 여념이 없었다.
이에 마음이 상한 유익은 형주 도성의 지인에게 편지를 보내 서운한 심경을 토로하였는데… '아이들이 집안의 닭은 하찮게 여기고, 들판의 꿩만 사랑하여 모두 왕희지의 서법만 배우고 있으니 이는 나를 그보다 못하다고 여기는 것이다'
동진시대 역사책인 〈장초서〉에 나오는 글이다.
이후 이 말은 집안의 좋은 가풍을 버리고 밖의 나쁜 유행을 따르거나, 아내(正妻)를 버리고 첩(妾)을 사랑할 때 비유하여 많이 사용되고 있다. 우리 속담에 '남의 떡이 더 커 보인다'와 유사한 의미가 있다.

응용

한때 미제와 일제에 열광하던 시절이 있었지만, 지금은 값싼 중국산이 범람하면서 국산품을 더 선호하는 시대가 되었다.
그러나 가스업계는 아직도 국산제품보다는 외제품을 더 선호하는 '**가계야치(家鷄野雉)**'의 풍조가 깊숙이 남아 있어 기술개발의 걸림돌이 되고 있다.

05 易地思之 〈역지사지〉

易:바꿀 **역**　地:땅 **지**　思:생각할 **사**　之:갈 **지**

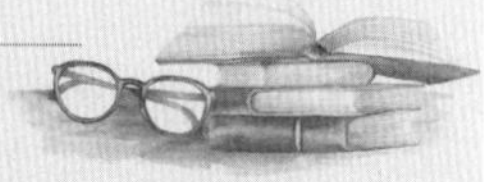

상대편의 처지나 입장에서 생각해 보고 이해하라는 뜻.

유래

《맹자(孟子)》〈이루편(離婁編)〉에 나오는 '역지즉개연(易地則皆然)'이라는 표현에서 유래된 말.

맹자는 "우(禹) 임금과 후직은 태평성대에 세 번 자기 집 문 앞을 지나면서도 들어가지 않아서 공자가 그들을 어질게 여겼으며, 공자의 제자인 안회(顔回)는 난세에 누추한 골목에서 소쿠리 밥과 한 바가지의 물로 비참할 정도의 가난 속에 살면서도 안빈낙도(安貧樂道)의 태도를 잃지 않아 공자가 그를 어질게 여겼다"고 하였다.

그러면서 맹자는 "우와 후직, 안회는 모두 같은 길을 가는 사람으로 서로의 처지가 바뀌었더라도 모두 같게 행동했을 것"이라고 평하였다. 이는 곧 안회도 태평성대에 살았다면 우 임금이나 후직처럼 행동했을 것이며, 우 임금과 후직도 난세에 살았다면 안회처럼 행동했을 것이라며 "처지가 바뀌면 모두 그러했을 것"이라는 뜻으로 '역지즉개연'이라는 표현을 사용한 것이다.

'다른 사람의 고통을 자기의 고통으로 생각한다'는 뜻의 〈인익기익(人溺己溺)〉과 비슷한 뜻이며, '자기 논에만 물을 끌어댄다'는 이기주의적인 〈아전인수(我田引水)〉'는 그 반대 의미이다.

응용

지금 신종 코로나바이러스가 창궐하면서 인심이 흉흉해지고 있다. 하지만 우리 모두 '**역지사지(易地思之)**'해 보자. 감염확진환자나 격리대상자들이 자의로 그렇게 된 것은 아니다. 입장 바꿔서 내가 만약 그런 처지라면 얼마나 불안하고 불편하겠는가. 따뜻한 마음만은 격리되어서는 안될 것이다.

06 多難興邦 〈다난흥방〉

多 : 많을 **다**　難 : 어려울 **난**　興 : 일어날 **흥**　邦 : 나라 **방**

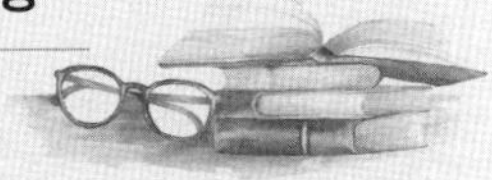

어려운 재앙을 많이 겪고 나야 나라가 융성해진다는 뜻.
큰일을 이루기 위해서는 시련을 극복하고 노력해야 한다는 말.

유래

《춘추좌씨전(春秋左氏傳)》《권진표(勸進表)》
중국 진(晉)나라 개국자 무제(武帝:사마염)의 아들 혜제(惠帝) 때 진나라는 팔왕(八王)의 난(8명의 황족이 정권을 서로 차지하려고 16년간 싸웠던 사건)으로 혼란에 빠지게 된다. 이들은 패권 쟁탈에 눈이 멀어 흉노족, 선비족, 저족, 갈족, 강족 등 위험한 외부세력을 동맹으로 불러들이게 된다. 이로 인해 결국에는 다섯 이민족이 중원을 차지(五胡十六國)하고 진은 장강 이남으로 물러나게 되는(西晉→東晉)비운을 맞이한다.
이때 사마예의 장수 유곤이 쓴 〈권진표(勸進表)/晉書〉에 나오는 '다난이고방국(多難以固邦國)… 힘들고 어려운 일이 많음으로 해서 나라를 굳건히 할 수 있고, 황제의 깊은 염려는 밝음을 열어줄 수 있다. 제나라는 무지의 화가 있고 나서 소백이 오패의 장이 되었으며, 진나라는 여희 혼란이 있고 나서 중이가 제후의 맹주가 되었다'에서 유래되었다.
화가 변하여 복이 될 수 있다는 전화위복(轉禍爲福)과 비슷한 뜻이다.

응용

우리 국민들의 DNA는 위대하다. 세계적으로 '**다난흥방(多難興邦)**'의 모범사례이기 때문이다. 일제 식민지, 6.25전쟁의 모진 상처를 극복하고 경제개발에 성공하여 한강의 기적을 이루어 냈다.
주변에 혹시 어렵고 힘든 친구가 있다면 "친구야, 용기를 잃지 마. 다난흥방 알지? 나중에 꼭 성공할 것으로 믿어"라고 희망과 용기를 건네주자.

07 塗炭之苦 〈도탄지고〉

塗:진흙 **도**　炭:숯 **탄**　之:갈 **지**　苦:괴로운 **고**

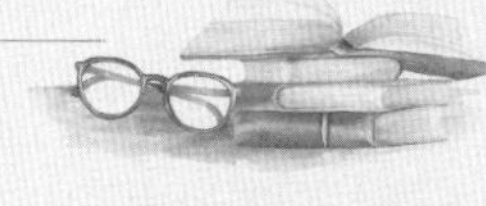

진흙 수렁에 빠지고 숯불에 타는 듯한 고통이란 뜻.
학정에 시달리는 백성들의 어려운 처지를 비유하는 말.

유래

《서경(書經)》 '중훼지고(仲虺之誥)편'에서 유래됨.

하(夏)나라 걸왕(桀王)이 미녀(말희)에게 빠져 주지육림 속에서 학정을 일삼다가 상(商)의 탕왕(湯王)에 의해 추방당했다. 탕왕은 무력혁명으로 왕위를 얻은 것을 부끄럽게 생각하여 "후세 사람들이 내가 한 행동에 대해 구실을 삼을 것이 두렵다."고 하였다.

그러자 탕왕의 신하 중훼가 이렇게 진언했다 한다. "하늘이 백성을 내신 것은 그 하고자 하는 바가 있는 것으로, 임금이 없으면 곧 어지러워지나이다. 오직 하늘이 총명함을 내시어 그로써 다스리게 하신 것입니다. 하나라가 있었으나 덕이 부족해 백성들이 도탄에 빠지므로(有夏昏德 民墜塗炭) 하늘이 곧 왕에게 용기와 지혜를 주시어 만방에 올바름을 나타내게 하고, 우왕 때의 아름다운 관습을 복구하게 하셨으니, 그 떳떳함을 따르시고 하늘의 시키는 바를 따르셔야 하나이다."

이는 이른바 천명사상(天命思想)으로, 도탄에 빠진 백성들을 구하기 위해서 무력을 사용한 것은 정당하며, 모름지기 임금은 하늘을 대신하여 백성을 사랑해야 한다는 것이다.

응용

'코로나19' 전염병 난국이 불러온 경제 위기로 정부가 재난지원금을 살포하고 있지만, 언제 끝날 줄 모르는 비상상황에 국민들은 불안하다. 특히 타격이 가장 큰 630만 자영업자들이 '**도탄지고(塗炭之苦)**'에 빠지지 않도록 정부의 각별한 대책 마련이 요망된다.

08 結草報恩 〈결초보은〉

結:맺을 **결** 草:풀 **초** 報:갚을 **보** 恩:은혜 **은**

「풀을 묶어서 은혜(恩惠)를 갚는다」 라는 뜻.
죽어 혼이 되더라도 입은 은혜를 잊지 않고 갚는다는 말.

유래

《춘추좌씨전(春秋左氏傳)》에서 유래됨.

진(晉)나라의 대부(大夫) 위무(魏武)는 젊은 첩(妾)이 한 명 있었다. 위무가 병으로 몸져눕게 되었는데, 아직 정신이 맑을 때 그는 아들 위과(魏顆)에게 일러 말했다. "내가 죽으면 이 첩을 다른 사람에게 개가(改嫁)를 시켜라" 하였다. 그런데 병이 심하여 죽기 직전에는 "내가 죽으면 저 여인(女人)은 순장을 시켜라"고 또 다른 유언을 한다.

아버지가 죽은 뒤 위과는 "차라리 정신이 있을 때의 명령을 좇아서 개가를 시키리라"하고, 서모(庶母)를 개가시켜 순사(殉死)를 면하게 했다. 후에 진(晉)나라와 진(秦)나라 사이에 전쟁이 일어나 위과가 전쟁터 나갔다. 진(秦)나라의 두회(杜回)와 싸우다가 위험한 지경에 이르렀을 때 두회가 풀에 걸려 넘어져 위과가 두회를 사로잡는 뜻밖의 큰 전공을 세우게 된다. 그날 밤 위과의 꿈속에 그 서모의 아버지 망혼이 나타나서 "나는 그대가 출가시켜 준 여인의 아비요. 그대는 아버님이 옳은 정신일 때의 유언에 따라 내 딸을 출가시켜 주었소. 그 때 이후로 나는 그대에게 보답할 길을 찾았는데 이제야 그 은혜를 갚은 것이오"라고 했다.

비슷한 뜻의 한자성어로 각골난망(刻骨難忘:은혜를 입은 고마움이 뼈에 깊이 새겨져 잊히지 않는다)과 백골난망(白骨難忘:몸이 썩어 흰 가루가 되더라도 은혜를 잊지 않겠다)이 있다.

응용

빼앗긴 들에도 봄은 오는가보다.

어려운 위기상황에서도 흔쾌히 도움 주시는 애독자와 광고주 덕분에 시련을 극복해 나가고 있다. 그 은혜 가슴 깊이 간직하며 '**결초보은(結草報恩)**'을 다짐한다.

09 論功行賞 〈논공행상〉

論:논할 **론** 功:공훈 **공** 行:실행할 **행** 賞:상줄 **상**

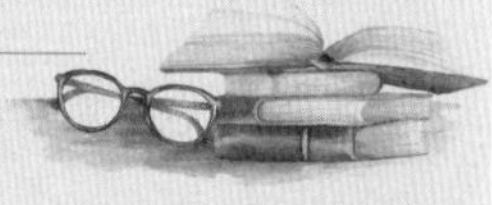

공로를 의논하여 상을 줌.
공적을 따져 크고 작음에 따라 서열을 매겨 상(賞)을 주는 일.

유래 《한비자(韓非子)》〈팔설(八說)〉, 《삼국지(三國志)》〈오서(吳書)〉

기원 241년, 오(吳)나라의 손권은 전종을 대장으로 삼아 위(魏)나라의 장수 왕릉(王凌)과 작피(안휘성에 있음)에서 결전을 벌였으나 패퇴하고 있었다. 이 때 오나라 고담장군의 아우 고승(顧承)과 부장 장휴(張休)가 패전 소식을 듣고 즉각 구원하러 가서 위나라의 왕릉 군사를 저지하였다. 또한 전종의 아들 전서(全緖)와 조카 전서(全瑞)은 전종의 부장으로 종군하고 있었는데, 위나라 군사의 추격이 저지당하였다는 것을 알고 반격으로 전환하였다. 위나라 군사는 반격에 견디지 못하고 패주하였다.

전투가 끝난 후 손권은 수도 건업(建業)에서 '공적을 조사하여 상을 주었는데 각각 차이를 두었다[論功行賞 各有差].' 위나라 군사를 저지한 공을 갑, 반격한 공을 을로 하여 고승과 장휴에게는 정장군(正將軍)의 칭호를, 두 전서에게는 편장(偏將)의 칭호를 내렸다.

이 일로 군신간의 신뢰가 떨어지고 신료 간에 암투가 싹트게 되어 나중에 큰 분란을 초래한다.

응용 정당들의 총선 공천이 인물의 유능성과 인품 보다는 줄서기, 충성도와 투쟁도에 따른 '**논공행상(論功行賞)**'으로 이뤄지는 경우가 많았는데, 과연 이번 공천은 어떤 잣대로 인선이 이뤄지고 있는지 궁금하다. 선량들에게 있어 유력 정당의 공천은 당락과 직결되기 때문이다.

10 巧言令色 〈교언영색〉

巧:교묘할 **교**　言:말씀 **언**　令:하여금 **영**　色:빛 **색**

말을 교묘하게 하고 얼굴빛을 꾸민다는 뜻.
다른 사람의 환심을 사기 위해 말을 번지르르하게 하고 표정을 그럴싸하게 지어 아첨하는 태도를 말한다.

유래

《논어(論語)》의 〈학이편(學而篇)〉에 나온 말.

공자는 "교묘한 말과 아첨하는 얼굴을 하는 사람은 어진 사람이 드물다(巧言令色, 鮮矣仁)"라고 하였다. 교언(巧言)과 영색(令色)은 이외에도 〈공야장편(公冶長篇)〉·〈양화편(陽貨篇)〉 등에 여러 번 나왔을 만큼 공자는 듣기 좋은 말과 행동으로 상대방을 현혹시키고 속이는 것을 경계하였다.

그리고 〈자로편(子路篇)〉에서 "강직하고 의연하고 소박하고 어눌한 자는 인에 가깝다(剛毅木訥, 近仁)"고 하여 자신의 마음을 따라 진실 되게 행동하는 것이 어진 사람에 가까운 것이라고 하였다.

공자 말의 진짜 의미는 '교언영색이라도 선의인이다'였을 것이라고 해석하는 사람도 있다. 즉 좋은 말과 부드러운 얼굴빛을 한다는 것은 결코 쉬운 일이 아니며, 거기에다 仁까지 한다는 것은 더욱 어렵다는 뜻이다.

같은 의미의 고사성어로 남의 마음을 꾀기 위한 달콤한 말이라는 뜻의 감언이설(甘言利說)이나 앞뒤가 다르게 간사하게 행동하는 표리부동(表裏不同), 면종복배(面從腹背), 양두구육(羊頭狗肉) 등이 있다.

응용

살다보면 말은 청산유수처럼 유려하고 멋지게 하는데 행동은 그러하지 못하는 '언행불일치'의 사람들을 접하게 된다. 이번 코로나사태가 심화되면서 온갖 가짜뉴스가 범람하고, 일부 정치인들은 국민의 의식수준을 우습게보고 '**교언영색(巧言令色)**'으로 현혹하는 말을 쏟아내고 있어 참으로 한심스럽다.

11 內憂外患 〈내우외환〉

內:안 **내** 憂:걱정 **우** 外:밖 **외** 患:근심 **환**

나라 안의 근심과 나라 밖의 환란이 겹쳐 있다는 뜻.
안으로는 걱정이요, 밖으로는 환란. 즉 여러 가지
걱정거리가 겹쳐 나타낼 때 쓰는 표현.

유래 《국어(國語)》의 〈진어(晉語)〉에 나오는 이야기에서 유래됨.

BC 575년 진(晉)의 여공(厲公)과 초(楚)의 공왕(共王)이 언릉에서 격돌하게 되었다. 이 전쟁에서 초나라의 공왕은 눈에 화살을 맞고 패주했다. 그런데 이보다 앞서 진나라의 대부(大夫) 난서(欒書)가 진나라에 항거한 동맹 제후 정(鄭)나라를 치기 위하여 동원령을 내린 후, 스스로 중군(中軍)의 장군이 되었으나, 막상 진과 초의 두 군대가 충돌하게 되자 난서는 초나라와 싸울 것을 주장하였다.

이 때 대부 범문자(范文子)가 이를 반대하면서 '제후(諸侯)로 있는 사람이 반란하면 이를 토벌하는 것이 마땅하지, 그를 구원하면 나라가 혼란해진다. 따라서 제후는 어려움의 근본이다'라고 지적하면서 여공에게 다음과 같이 진언한다.

'오직 성인만이 안으로부터의 근심도, 밖으로부터의 재난도 능히 견디지만(唯聖人能外內無患), 성인이 아닌 우리들에게는 밖으로부터의 재난이 없으면 반드시 안으로부터 일어나는 근심이 있다(自非聖人 外寧必有內憂)'

응용 누구나 걱정·근심 없이 사는 사람은 없는 것 같다.

걱정거리는 우리 삶의 일부라 생각하고, 이 풍진세상을 조금은 여유로운 마음으로 살아가야겠다. 지금 우리는 '**내우외환(內憂外患)**'에 직면해 있지만, 이 또한 지나가리라 믿는다.

12 自家撞著 〈자가당착〉

自:스스로 **자** 家:집 **가** 撞:찰 **당** 著:붙을 **착**

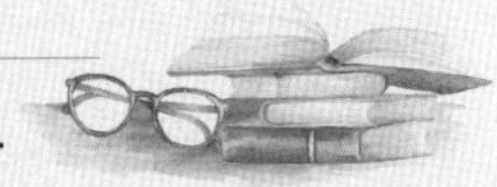

자기가 한 말이 앞뒤가 맞지 않거나, 언행이 일치하지 않는 것.
자기 스스로 부딪치는 모순.

유래 《선림유취(禪林類聚)》〈간경문(看經門)〉에 실린 남당정(南堂靜) 시에서 유래됨.

須彌山高不見嶺 수미산은 높아 봉우리도 보이지 않고
大海水深不見底 바닷물은 깊어 바닥이 보이지 않네
土揚塵無處尋 흙을 뒤집고 먼지를 털어도 찾을 수 없는데
回頭撞著自家底 머리 돌려 부딪치니 바로 자신이로다

위의 시 마지막 구절에서 '회두당착자가저'가 나온다. 이 사자성어는 본래 불가(佛家)에서 자기 자신 속에 있는 불성(佛性)을 깨닫지 못하고 외부에 허황된 목표를 만들어 헤매는 것을 경계하는 데 쓰인 말이었으나, 후에 뜻이 확대되어 자기가 한 말이 앞뒤가 맞지 않는 것을 비유하는 데 쓰이게 되었다.

같은 뜻을 가진 한자어로 모순(矛盾), 자기모순(自己矛盾) 등이 있으며, '두 가지 규율(規律)이 서로 반대 된다'의 뜻의 이율배반(二律背反)도 동의어로 쓰인다.

응용 어제 한 말과 오늘 하는 말이 다른 사람은 교우관계에서 배척당할 수밖에 없다. 하물며 피고인의 진술이 '**자가당착(自家撞著)**'에 빠져 자주 바뀌고, 법정에서도 일관되지 않는다면 재판관은 피고인 진술의 신빙성을 인정하지 않고 반성의 자세도 없는 것으로 판단할 것이다.

13 玉石混淆 〈옥석혼효〉

玉:구슬 **옥**　石:돌 **석**　混:섞을 **혼**　淆:뒤섞일 **효**

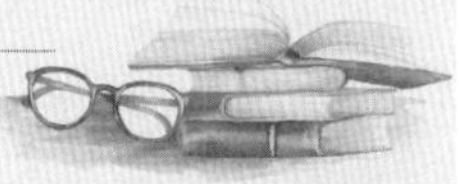

옥과 돌이 뒤섞여 있다는 뜻. 훌륭한 것과 보잘 것 없는 것이 무질서하게 뒤섞여 있어 구분하지 못할 때 쓰이는 말.

유래

동진(東晉)시대의 도가(道家)사상가 갈홍(葛洪)이 저술한 《포박자(抱朴子)》 〈상박편(尙博篇)〉에서 다음과 같이 말하고 있다.

"『시경(詩經)』이나 『서경(書經)』이 도의(道義)의 큰 바다라고 한다면, 제자백가(諸子百家)의 글들은 이것을 보충하는 냇물의 흐름이라 할 수 있다. 방법이 다를지언정 덕을 닦는데 무슨 다름이 있으랴. 옛사람들은 재능 얻기가 어렵다고 한탄했지만, 곤륜산(崑崙山)의 옥이 아니라고 해서 야광주(夜光珠)를 버리거나 성인의 글이 아니라고 해서 수양에 도움 되는 말을 버리지는 않았다. 한(漢)나라와 위(魏)나라 이후로도 '본받을 만한 좋은 말[嘉言(가언)]'이 많이 나와 있건만, 무식한 사람들은 자구적(字句的) 해석에만 빠져 오묘한 이치는 가볍게 도외시한다. (중략)

뜻이 깊은 제자백가의 글을 가볍게 여기며, 유익한 금언(金言)을 하찮게 생각한다. 그렇기 때문에 참과 거짓이 뒤바뀌고, '옥과 돌이 뒤섞이며', 아악(雅樂)이 속악(俗樂) 취급을 받고, 아름다운 옷이 누더기로 보이는 것이니, 이 얼마나 개탄할 노릇인가."

응용

'정치에 관심없다'고 애써 강조하는 사람이 많다. 그러나 우리는 결코 정치에 무관심해서는 안 된다. 정치를 경멸하거나 외면할 수 없는 것은 정치의 공과(功過)에 따라 나라의 흥망성쇠가 좌우되기 때문이다. 이번 4.15총선에서도 후보들이 **'옥석혼효(玉石混淆)'** 일지라도 꼼꼼하게 잘 살펴보고 옥을 골라내야 하겠다.

14 合從連衡 〈합종연횡〉

合:합할 **합**　從:좇을 **종**　連:이을 **연**　衡:가로 **횡**

①중국 전국시대(戰國時代)에 행해졌던 상반된 외교술로 합종책(合從策)과 연횡책(連衡策)을 말함 ②약자끼리 세로로 연합하여 강자에게 대항하거나, 약자들이 가로로 나란히 서서 강자와 화해 등 이익과 노선에 따라 이합집산(離合集散)함.

유래

《사기(史記)》〈소진장의열전(蘇秦張儀列傳)〉은 나오는 말.

전국시대의 최강국인 진(秦)과 연(燕)·제(齊)·초(楚)·한(韓)·위(魏)·조(趙)의 6국 사이의 외교 전술.

BC 4세기 말 여러 나라를 유세하고 있던 소진(蘇秦)은 약소 6국에게 '진 밑에서 소꼬리가 되기보다는 차라리 닭의 머리가 되자'고 설득하여, 6국을 종적으로 연합시켜 서쪽의 강대한 진나라와 대결할 군사동맹을 맺도록 하였다. 이것을 소진의 합종설(合從說)이라 함.

뒤에 위나라 장의(張儀)는 합종은 일시적 허식에 지나지 않으며 진을 섬겨야 한다고, 6국을 돌며 연합할 것을 설득하여 진이 6국과 개별로 횡적 동맹을 맺는 데 성공하였다. 이것을 장의의 연횡설(連衡說)이라 함. 그러나 진은 합종을 타파한 뒤 6국을 차례로 멸망시켜 중국을 통일하였다. 아이러니하게도 소진과 장의는 한 스승(귀곡자鬼谷子)에게 배운 제자였다. 근래에는 국제무대에서 외교적 각축전(角逐戰)을 벌일 때 많이 쓰는 말이 되었다.

응용

기업들이 살아남기 위해서는 치열한 경쟁도 필요하지만, 때로는 '적과의 동침'과 '전략적 제휴'도 필요하다.

정당도 마찬가지다. 선거철만 되면 정당들이 이익과 노선에 따라 '**합종연횡(合從連衡)**'하고 있다. 이번 4.15총선의 승패결과를 놓고 또 어떻게 이합집산 될 것인지 궁금하다.

15 兔死狗烹 〈토사구팽〉

兔 : 토끼 **토** 死 : 죽을 **사** 狗 : 개 **구** 烹 : 삶을 **팽**

토끼를 사냥하고 나면 그 사냥개는 잡혀서 삶아진다는 뜻.
목적을 달성하고 나면 그 목적에 이용된 도구나 사람은 쓸모없게 되어 배척되거나 제거된다는 의미.

유래

토사구팽의 사례는 《사기(史記)》 등 중국역사에서 숱하게 많다.
월(越)나라 왕 구천(勾踐)의 신하였던 범려(范蠡)와 문종(文種)은 오(吳)나라를 멸망시키고 월나라가 패권을 잡는데 큰 공을 세운다. 둘은 각각 고위직에 오르게 되는데, 범려는 왕(구천)을 믿을 수 없는 사람이라고 여겨 월나라를 탈출한다. 도피한 범려는 문종에게 '새 사냥이 끝나면 좋은 활도 감추어지고, 교활한 토끼를 다 잡고 나면 사냥개를 삶아 먹는다'라는 편지를 보내 문종을 탈출시키려 했지만 문종은 주저하다가 구천에게 반역의 의심을 받고 결국 자결하게 된다.
여기에 교토사주구팽(狡兎死走狗烹)이 등장함.
한(漢)나라의 명장 한신(韓信)도 한고조 유방(劉邦)이 제국을 세우는데 견마지로(犬馬之勞)를 아끼지 않았으나 막상 유방이 황제가 된 후 자신을 비롯한 개국공신들을 차례로 숙청하는 상황을 보고 토사구팽의 세태를 한탄하면서 죽었다는 일화는 특히 유명하다.
비슷한 고사성어로서 달면 삼키고 쓰면 뱉는다는 '감탄고토(甘呑苦吐)'가 있다.

응용

임시 알바직과 계약직이 횡행하는 풍토 속에서 '필요할 때는 잘 써놓고 이용가치가 없을 때는 매정하게 버리는 경우'가 허다하다. 정치판도 다름없는 것 같다. 이제 총선이 끝났으니 또 '**토사구팽(兔死狗烹)**' 당했다고 분개해하는 사람들이 여기저기서 나올 듯하다.

 신문게재일자 – 2020.4.22

16 水魚之交 〈수어지교〉

水:물 **수**　魚:고기 **어**　之:갈 **지**　交:사귈 **교**

물과 고기의 사귐이란 뜻으로, 고기가 물을 떠나서는 잠시도 살 수 없는 것과 같이 매우 친밀하고 떨어질 수 없는 사이.

유래

《삼국지》〈제갈량전(諸葛亮傳)〉에서 유비(劉備)와 제갈 량(諸葛亮)의 사이를 비유한데서 비롯됨.

후한(後漢)말 유비는 관우(關羽), 장비(張飛)와 의형제를 맺고 한실(漢室)의 부흥을 명분으로 군사를 일으켰으나, 세력이 없어 여기저기를 전전하는 신세가 된다. 이에 유능한 참모의 필요성을 절감한 유비는 제갈량의 존재를 알게 되었고, 그의 초가집을 세 번이나 방문한 끝에 그를 군사(軍師)로 기용하게 된다(삼고초려 三顧草廬).

그러나 관우와 장비는 날이 갈수록 제갈량을 대하는 유비의 태도가 지나치게 친밀하다고 생각하여 종종 불평을 하자, 유비가 그들을 불러 "내가 공명(孔明)을 얻게 된 것은 물고기가 물을 얻은 것과 같다네. 자네들은 더 이상 말을 하지 말도록 하게(孤之有孔明 猶魚之有水也 願諸君勿復言)"라고 타일렀다. 그 이후 관우와 장비는 다시는 불평하지 않았다고 한다.

비슷한 말로 여어득수(如魚得水, 물고기가 물을 만난 것과 같다)가 있다.

응용

세상을 살면서 '**수어지교(水魚之交)**' 와 같은 친밀한 벗이 있다는 것은 큰 축복이다. 가스업계와 가스신문의 관계도 수어지교나 다름 아니다. 가스업계는 가스신문의 토양이 되고, 또 가스신문이 있기에 가스업계의 전문정보가 신속하고 정확하게 공유되고 있다는 점에서 더욱 그렇다.

17 刻舟求劍 〈각주구검〉

刻:새길 **각**　舟:배 **주**　求:구할 **구**　劍:칼 **검**

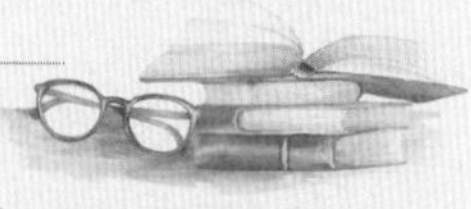

「칼을 강물에 떨어뜨리자, 뱃전에 그 자리를 표시해 두었다가 나중에 그 칼을 찾으려 한다」 는 뜻. 시대나 상황이 변했음에도 불구하고 낡고 보수적인 사고방식을 고집하는 융통성 없는 사람을 비유하는 말.

유래

《여씨춘추 呂氏春秋》의 〈찰금편 察今篇〉에 나오는 이야기.

춘추전국시대 초(楚)나라의 한 사람이 소중히 여기는 칼을 가지고 배를 타고 양자강을 건너다가 그만 실수로 쥐고 있던 칼을 강물에 떨어뜨리고 말았다. 놀란 이 사람은 얼른 주머니칼을 꺼내서 칼을 빠뜨린 부분의 뱃전에 자국을 내어 표시를 해 놓았다. 그는 「칼이 떨어진 자리에 표시를 해놓았으니 찾을 수 있겠지」라고 생각하고 배가 언덕에 닿자 뱃전에서 표시를 해 놓은 물속으로 뛰어 들어가 칼을 찾았으나 칼은 없었다. 사람들은 이것을 보고 '배는 움직였고 칼은 움직이지 않았는데 그렇게 칼을 찾으니 어찌 의아하지 않겠는가' 라며 그의 어리석은 행동을 비웃었다.

이 이야기 뒤에는 다음과 같은 말이 나온다. 「옛 법을 가지고 나라를 다스리는 것은 이와 마찬가지이다. 시대는 지나갔지만 그 법은 변하지 않았으니 이로써 나라를 다스린다면 어찌 어렵지 않겠는가?」

응용

경제활동이 오프라인에서 온라인으로 빠른 속도로 개편되면서 이른바 '홈 이코노미(Home economy)시대'를 개막하고 있다. 정부도 기업도 이런 시류변화를 직시하고 '**각주구검(刻舟求劍)**'의 낡은 사고방식과 고집은 버리고 '디지털경제'에 부응하는 유연한 전략이 필요하다고 판단된다.

18 羅雀堀鼠 〈나작굴서〉

羅:그물 **나(라)** 雀:참새 **작** 堀:팔 **굴** 鼠:쥐 **서**

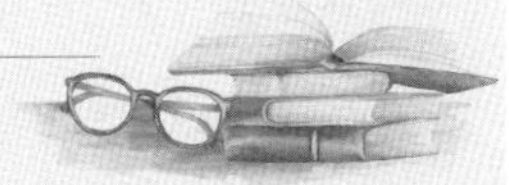

그물로 참새를 잡고 땅을 파서 쥐를 잡는다는 뜻.
최악의 상태에 이르러 어찌할 방법이 없음을 비유한 말.

유래

《당서(唐書)》〈장순전(張巡傳)〉편에 있는 이야기. 당(唐)나라 현종 때 장수였던 장순(張巡)은 재주와 담력이 뛰어나고 대의가 분명한 인물이었다. 안녹산(安祿山)이 반란을 일으키자 수양성을 지키고 있었는데, 겨우 3천여 명에 불과한 군사로 10만 명이 넘는 반란군을 대적하기에는 역부족이었다. 반란군들은 갖은 방법으로 성을 공격하면서 온갖 회유로 항복을 요구하였으나 장순은 끝까지 항복을 거부했다.

하지만 반란군에 포위된 지 몇 달이 지나자 성 안의 군량미는 바닥이 나고, 굶주림에 지친 병사들은 나무껍질을 벗겨 먹기도 하고, 그물을 쳐서 참새를 잡아(羅雀) 먹기도 하였으며, 또 땅을 파서 쥐를 잡아(掘鼠) 먹기도 하였다. 장순은 흉흉한 민심과 자체적인 변란을 우려하여 자기 애첩을 죽여 국을 끓여서 병사들에게 먹이기까지 하였다. 그렇지만 시간이 흐를수록 상황은 더욱 악화되고, 결국 수양성은 함락되고 장순은 반란군에게 살해된다. 최악의 조건 속에서도 자신의 뜻을 굽히지 않고 충성과 절개를 지킨 장순의 사람됨은 오래도록 칭송되었다.

응용

지금 휴·폐업 소상공인들과 실직자들 사이에는 '코로나에 걸려 죽으나 굶어 죽으나, 죽기는 마찬가지' 라는 흉흉한 한탄까지 등장하고 있다. 이구동성으로 "IMF환란 때 보다 더 어렵다"며, '**나작굴서(羅雀掘鼠)**'하는 최악의 상황 도래를 염려하고 있다. 이번 정부와 지자체의 긴급재난지원금이 경기 선순환의 마중물이 되고 오아시스가 되었으면 좋겠다.

19 多岐亡羊 〈다기망양〉

多 : 많을 **다**　岐 : 갈림길 **기**　亡 : 망할 **망**　羊 : 양 **양**

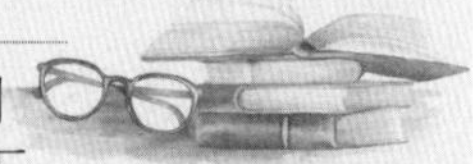

갈림길이 많아 잃어버린 양을 찾지 못한다는 뜻. 두루 섭렵하기만 하고 끝내 성취하지 못함을 이르는 말. 또는 방침이 많아서 도리어 갈 바를 모름.

유래

《열자(列子)》〈설부(說符)〉에 나오는 말.

전국시대 사상가 양자(楊子)는 어느 날 이웃집이 하도 소란스러워서 물었다. 양자의 하인이 대답하기를 「달아난 양을 찾기 위하여 사람들이 달려 나가고 있기 때문입니다.」 얼마 후, 모두들 지쳐서 돌아왔다. 「그래 양은 찾았느냐?」 「갈림길이 하도 많아서 양을 못 찾고 그냥 되돌아오고 말았습니다.」 이 말을 듣자 양자는 우울한 얼굴로 그날 하루 종일 아무 말도 안 했다. 그래서 우울한 나날을 보내던 어느 날, 그 제자인 맹손양(孟孫陽)이 스승의 태도가 이해되지 않아, 선배인 심도자(心都子)에게 그 까닭을 물었다.

심도자가 대답하기를 「선생님은 '큰 길에는 갈림길이 많기 때문에 양을 잃어버리고, 학자는 다방면으로 배우기 때문에 본성을 잃는다. 그러므로 하나인 근본으로 되돌아가면 얻는 것도 잃는 것도 없다'고 생각하시고 그렇지 못한 현실을 안타까워하시는 것이라네.」

응용

우리나라는 고등교육을 받은 수준 높은 사람들이 많아 박학다식(博學多識), 다재다능(多才多能)한 사람들도 많다. 그러나 그들이 '**다기망양(多岐亡羊)**'의 처지에 있는 경우가 허다하다. 그 능력을 '선택과 집중'으로 한 곳을 향했다면… 안타까운 생각이 든다.

20 麻姑搔痒 〈마고소양〉

麻:삼 **마**　姑:시어머니 **고**　搔:긁을 **소**　痒:가려울 **양**

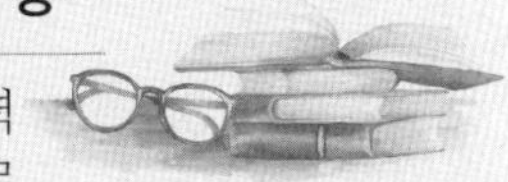

마고라는 손톱이 긴 선녀가 가려운 곳을 긁어 준다는 뜻. 능력을 가진 사람의 도움으로 원하는 바를 이룸. 자기 일이 뜻대로 이루어지는 것을 비유하는 말.

유래

《신선전(神仙傳)》 마고(麻姑)편에 나오는 고사에서 유래.

한(漢)나라 환제(桓帝) 때 신선 방평(方平)이 낙양에 들어와 채경(蔡經)의 집에 강림하여 선녀 마고(麻姑)를 모셔오라고 했다. 마고의 손톱은 사람의 손톱과는 달리 길고 뾰족한 것이 마치 새의 발톱처럼 생겼다. 마고를 영접한 채경은 마고의 손톱을 보는 순간 마음속으로 '만일 등이 가려울 때 저 손톱으로 긁는다면 얼마나 시원하겠는가' 하는 생각을 하였다. 그러나 채경의 이런 불경한 생각은 바로 방평(方平)에게 읽히고 말았다. 마음속으로 중얼거린 채경의 생각을 읽은 것이다. 방평은 곧 사람들을 불러 그를 끌어다 채찍질하고는 이렇게 꾸짖었다. "마고는 선녀이다. 너는 어찌하여 불경스럽게도 마고의 손톱으로 등을 긁을 수 있을 것이라는 생각을 하느냐"

응용

기업의 투자의욕 고취와 성장의 중요성을 느끼지 못할 정권과 정부는 없을 것이다. 그러나 기업들은 그 무엇보다도 지속성장을 저해하는 규제부터 개혁되기를 원한다. 코로나 경제난국을 빨리 극복하기 위해서는 정부가 '**마고소양(麻姑搔痒)**'을 기대하는 기업들의 민의를 읽어야 할 것이다.

21 撲朔迷離 〈박삭미리〉

撲:칠 **박** 朔:초하루 **삭** 迷:미혹할 **미** 離:떼어낼 **리**

수토끼는 앞발을 잘 비비고(撲朔) 암토끼는 눈을 잘 감지만(迷離), 암수 구별이 어렵다는 뜻. 사물이나 상황이 마구 뒤섞여 있어 갈피를 잡을 수 없는 경우 이르는 말.

유래

중국 북조시대의 민가(民歌)인 《목란사(木蘭辭)》에서 유래.

화목란(花木蘭)은 어려서부터 무예를 배웠는데 전쟁이 일어나자 나이든 아버지를 대신해 남장(男裝)을 하고 전쟁터에 나가게 된다. 12년간 종군하면서 전공(戰功)을 크게 세워 관작을 받지만 이를 사양하고 귀향해서 가족과 즐겁게 살았다는 내용이다. 그런데 동료 군인들도 남장을 한 목란이 여성복으로 갈아입기 전까지는 여자인 줄 알지 못했던 것을 다음과 같이 토끼의 암수에 비유하였다.

토끼의 수컷은 앞발을 비비고[雄兎脚撲朔]
토끼의 암컷은 눈을 흐릿하게 감는데[雌兎眼迷離]
암수 토끼 두 마리가 곁에서 같이 달려가면[兩兎傍地走]
암토끼와 수토끼를 분별할 수 없다[安能辨我是雌雄].

응용

5월 28일 중국 全人代는 소위 '홍콩 보안법'을 통과 시켰다. G2간에는 지금도 '무역 분쟁'과 '코로나 책임공방'으로 갈등이 고조되고 있는데, 이제 새로운 갈등까지 중첩된 **'박삭미리(撲朔迷離)'**의 혼란스런 상황이다. 과연 우리 외교는 美·中 사이에서 어떻게 대처할 것인지 걱정스럽다.

22 司空見慣 〈사공견관〉

司:맡을 **사**　空:빌 **공**　見:볼 **견**　慣:익숙할 **관**

'사공은 자주 봐서 익숙하게 보인다' 진귀한 것도 자주 보면 신기하지 않고 평범하게 보인다는 뜻.

유래

중국 당나라 필기소설집인 맹계(孟棨)의 《본사시(本事詩)》 〈정감(情感)〉에 나오는 이야기.

중당(中唐) 때 청렴한 시인 유우석(劉禹錫 772~842)은 쑤저우[蘇州] 자사(刺史)로 근무할 때 토목건축공사를 맡은 사공(司空) 관직에 있었던 이신(李紳 772~846)과 서로 왕래하며 우정을 나누었다.

어느 날 이신은 유우석을 성대한 주연에 초대하여 아름답고 기예가 뛰어난 기생으로 하여금 그를 위해 노래를 부르도록 하였다. 그 자리에서 유우석은 기생에 반해 시흥에 젖어 다음과 같은 시를 지어 읊었다.

"높은 상투 머리 쪽지고 궁녀같이 곱게 꾸며
봄바람에 흥겨워 두위랑을 부르는데
사공은 자주 보아 익숙한 일이지만[司空見慣渾閑事]
강남자사(江南 刺史)의 창자는 다 끊어질 듯하다."

응용

어떤 사물이던지 자주 보면 **'사공견관(司空見慣)'**이 되고 말 것입니다. 귀한 것일지라도 늘 옆에 있으면 귀한 줄 모르게 되는 경우가 허다하기 때문입니다. 그래서 우리 삶은 초심을 잃지 않은 것, 매너리즘에 빠지지 않는 것이 중요합니다.

23 阿修羅場 〈아수라장〉

阿:언덕 **아** 修:닦을 **수** 羅:비단 **라** 場:마당 **장**

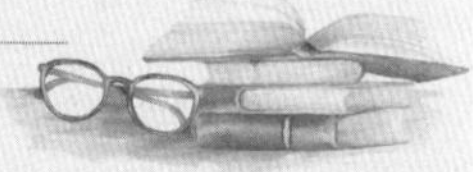

아수라신이 제석천(帝釋天)과 싸운 마당. 전란 등으로 인하여 큰 혼란 상태에 빠진 곳. 또는 끔찍하게 흐트러진 현장을 말함.

유래 '아수라(阿修羅)'는 산스크리트어 '아수르(asur)'를 한자로 음역한 것. '아'는 무(無), '수라'는 단정(端正)으로 아수라는 단정치 못하거나 추악하다는 뜻이다.

인도 신화에서 아수라는 몸은 하나인데 삼면육비(三面六臂:얼굴이 세 개이고 팔이 여섯 개)로 흉칙한 모습을 하고 있으며, 늘 신들과 전쟁을 일삼는 못된 귀신으로 표현된다. 그가 하늘과 싸울 때 하늘이 이기면 풍요와 평화가 오고, 아수라가 이기면 빈곤과 재앙이 온다고 한다.

불교의 윤회설에서 아수라는 수미산(須彌山)을 둘러싼 바다에 살며 인간보다는 낮지만 동물보다는 높은 존재로 분류된다. 아수라들이 사는 아수라도는 늘 싸움이 끊이지 않으므로, 여기서 파생된 말인 아수라장은 끊임없이 분란과 싸움이 일어나 난장판이 된 곳을 가리키는 말로 사용되고 있다.

응용 대북전단을 핑계로 남북연락사무소를 폭파한 북한이 연일 대남 강경발언을 떠들어대고 있다. 계산된 망언인지는 모르겠지만, 남북관계가 다시 뒤죽박죽이 되고 DMZ와 접경지역이 **'아수라장(阿修羅場)'**이 되는 일은 없어야할 것인데 우려되는 순간이다.

24 自不量力 〈자불량력〉

自:스스로 **자**　不:아니 **불**　量:헤아릴 **량**　力:힘 **력**

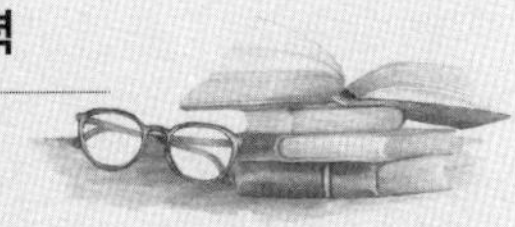

스스로 자기 힘을 헤아리지 못한다는 뜻.

유래

《전국책(戰國策) 〈제책(齊策)〉》에 나오는 이야기.

제(齊)나라 맹상군(孟嘗君) 전문(田文)이 자기 식읍인 설읍(薛邑)에 있을 때 초(楚)나라가 공격해 온다. 이때 제나라 대부 순우곤(淳于髡)이 초에 사신으로 갔다가 돌아오는 길에 마침 설읍을 지나게 되었다. 맹상군은 순우곤을 영접하면서 "대부께서 속히 돌아가 왕께 구원을 청해주시기 바랍니다. 그렇지 않는다면, 이 사람은 다시 이곳에서 대부를 접대하지 못할까 두렵습니다."

순우곤은 돌아와서 왕이 형세를 묻자 "초나라는 이치를 모르고, 설읍은 스스로 자기 역량을 헤아리지 못하고 있습니다." "무슨 말이오?" "설읍은 자신의 역량을 헤아리지 않고 선왕의 종묘를 지었습니다. 초나라가 이치를 모르고 설읍을 공격하면 종묘가 훼손될 것입니다. 그래서 설읍은 자기 역량을 헤아리지 못하고, 초나라는 이치를 모른다고 말한 것입니다." 제왕은 정색을 하며 "아, 선왕의 종묘가 거기에 있었지요."라고 말하고는 급히 군대를 일으켜 설읍을 구했다.

두 사람 다 교언(巧言)의 대가라 하겠다.

응용

정치인의 힘은 국민에게서 나오는데 막상 선거가 끝나고 나면 국민은 을이 된다. 선거에 승리한 정치인은 '**자불량력(自不量力)**'하고 교만해지는 느낌이다. 권불십년(權不十年), 아니 요즘은 권불오년인데… 힘이 있을 때 더욱 겸허한 자세로 잘해야 하지 않을까.

25 創業守成 〈창업수성〉

創:만들 **창** 業:업 **업** 守:지킬 **수** 成:이룰 **성**

나라를 세움과 이를 지켜 나가는 일.
어떤 사업을 시작하는 것과 이미 이룩한 성과를 잘 보전해 간다는 뜻.

유래 공자가 편찬한 《시경(詩經)》에 보면, 〈탕(蕩)〉이라는 詩에 '미불유초 선극유종(靡不有初 鮮克有終):처음부터 잘하는 사람 별로 없지만, 끝까지 잘하는 사람 또한 적다'라는 구절이 있다.

또한 당나라 태종의 태평성세 '정관지치(貞觀之治)'가 성공할 수 있었던 것은 두여회(杜如晦), 방현령(房玄齡), 위징(魏徵) 등 뛰어난 참모를 두었기 때문이었다. 어느 날, 태종은 이들에게 물었다. "경들은 '창업'과 '수성' 어느 쪽이 어렵다고 생각하오?" 그러자 방현령은 "창업은 비 온 뒤의 죽순처럼 일어나는 뭇 영웅들을 제압해야 가능한 일이므로, 역시 창업이 어렵다고 생각합니다." 이에 위징은 "사실(史實)을 보건대 임금 자리는 갖은 고난 속에 어렵게 얻었다가도 안일함 속에서 쉽사리 잃곤 했으므로 수성이 어렵습니다."라고 다른 의견을 피력했다.

두 의견을 듣고 난 태종은 이렇게 말했다. "창업과 수성 어느 것이 더 어렵고 덜 어렵겠소. 짐은 둘 다 똑같다고 생각하오. 허나 이제 창업의 어려움은 지나갔으니, 앞으로 공들과 함께 수성에 힘쓸 것이오."

응용 **'창업(創業)과 수성(守成)'**은 2천 년을 이어져온 논쟁이지만, 나라에만 적용되지 않고 조직과 기업 심지어 개인에게까지 적용될 수 있는 문제이다. 일을 시작하기도 어렵지만, 이룬 것을 지키는 것도 어렵기 때문이다.

26 快刀亂麻 〈쾌도난마〉

快:상쾌할 **쾌** 刀:칼 **도** 亂:어지러울 **란** 麻:삼베 **마**

어지럽게 얽힌 삼베를 한 칼에 잘라버린다는 뜻으로, 어지럽게 얽히고 설킨 문제를 빠르고 명쾌하게 처리하는 모습을 가리키는 말.

유래

《북제서(北齊書)》〈문선제기(文宣帝紀)〉에 나오는 이야기.

남북조시대 동위(東魏)의 개국공신 고환(高歡)은 여러 명의 아들들 재주를 시험해 보고자 뒤얽힌 삼실을 추려 내도록 했다. 다른 아들들은 모두 한 올 한 올 뽑느라 진땀을 흘리고 있었는데, 고양(高洋)은 칼을 뽑아 삼실을 잘라 버리고 말했다. "어지러운 것은 베어 버려야 합니다" 고환은 옳다고 생각했다.

그 후 고양은 동위의 효정제를 폐하고 국호를 제(北齊)로 하고 스스로 황제의 자리에 올랐는데, 백성들을 못살게 구는 폭군이 되었다. 따라서 처음에는 통치자들이 백성을 탄압하는 것에 비유하여 '쾌도참난마(快刀斬亂麻)'로 쓰이다가, 후에는 복잡한 문제들을 과감하고 명쾌하게 처리한다는 뜻으로 벨 참(斬)자를 빼고 '쾌도난마'로 사용되고 있다.

응용

부동산 가격을 잡기 위해 정부는 연속적으로 새로운 해법과 처방을 내놓고 있지만, 여전히 복잡하게 꼬여 있고 국민정서와는 거리가 멀다. **'쾌도난마(快刀亂麻)'**식의 시원한 해결책이야 없겠지만, 탁상공론이 아닌 현장의 국민 목소리를 더 많이 들어야하겠다.

27 唾面自乾 〈타면자건〉

唾:침 **타**　面:낯 **면**　自:스스로 **자**　乾:마를 **건**

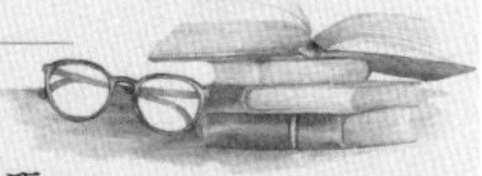

얼굴에 묻은 침을 닦지 않고 절로 마르게 함.
처세를 잘하기 위해서는 때로는 참기 힘든 수모도 인내한다는 뜻.

유래

《신당서(新唐書)》〈누사덕전(婁師德傳)〉에 나오는 이야기.
당(唐)나라 측천무후 때 대신 누사덕(婁師德)은 신중하고 성질이 너그러웠는데 그 동생이 대주(代州)자사로 나가게 되자 "모든 일에 참으면서 처신하라" 이르니, 동생이 "다른 사람이 내 얼굴에 침을 뱉더라도 손으로 닦고 대항치 않겠다"고 하자, 누사덕은 "그것은 안 될 말이다. 침을 닦으면 그 사람이 노할 것이니 그대로 말리어야 한다"고 했다함.
《동문선(東文選)》에 실린 이규보(李奎報)의 〈외부(畏賦)〉에도 이와 비슷한 '타면대건 출과면취 허심이행호세(唾面待乾 出胯俛就 虛心而行乎世):얼굴에 뱉은 침은 그대로 말리고 가랑이 밑으로 숙이고 나가 허심하게 세상을 살아가네' 시가 등장하며, 이구(李玖)의 〈성직우제(省直偶題)〉에도 이와 비슷한 '지욕장심난도설 대건타면갱저미(祗辱壯心難掉舌 待乾唾面更低眉):장한 마음은 다만 욕이 될 뿐 혀 놀리기도 어려우니, 침이 묻은 얼굴 마르기를 기다리고 다시 눈썹 숙여야 하리'라는 내용을 엿볼 수 있다.

응용

사소한 자극에도 참지 못하고 쉽게 흥분하는 요즘 세태에 **'타면자건(唾面自乾)'**의 인내하는 처세술을 널리 알려야겠다. '인내는 쓰나 그 열매는 달다'는 격언처럼 동서고금의 처세에 있어 인내는 가장 중요한 미덕이라고 생각하기 때문이다.

28 夏爐冬扇 〈하로동선〉

夏:여름 **하**　爐:난로 **로**　冬:겨울 **동**　扇:부채 **선**

여름의 화로와 겨울의 부채라는 뜻으로, 아무 소용없는 말이나 재주를 비유하는 말 또는 철에 맞지 않거나 쓸모없는 사물을 비유함.

유래

왕충(王充)의 《논형(論衡)》 〈봉우편(逢遇篇)〉에 나오는 말.

"作無益之能 納無補之說 獨如以夏進爐以冬奏扇 亦徒耳(작무익지능 납무보지설 독여이하진로이동주선 역도이):이로울 것이 없는 재능을 바치고 보탬이 되지 않는 의견을 내는 것은, 여름에 화로를 바치고 겨울에 부채를 드리는 것과 같다."

후한(後漢)의 학자이며 자유사상가인 왕충은 '군주와 신하가 서로 연이 닿지 않으면 유익한 진언을 해도 억울하게 죄를 뒤집어 쓰기도 하고, 반대로 군주의 부덕을 지적하지 않음으로 인해 오히려 복을 받는 수도 있다'고 했다. 비록 여름의 화로라 해도 그것으로 젖은 것을 말릴 수도 있고, 겨울의 부채라 해도 그것으로 불씨를 일으키는 일을 할 수도 있다. '물건은 사용하기에 따라 유용하기 마련'으로 무용지물은 없다는 것이다. 여기서 '하로동선'이란 말이 나왔으며, 오늘날에는 철에 맞지 않는 물건이나 격에 어울리지 않는 물건을 비유하는 말로 사용된다.

응용

당장 쓸모가 없는 것을 '**하로동선(夏爐冬扇)**'이라고 하지만, 훗날을 위해 미리 준비하는 것도 괜찮지 않을까. 신이 주신 사람의 재능은 다양하기에 언젠가는 크게 쓸모 있는 사람이 될 수 있도록 미리 갈고 닦는 자세가 필요하다.

29 家徒四壁 〈가도사벽〉

家:집 **가**　徒:헛될 **도**　四:넉 **사**　壁:벽 **벽**

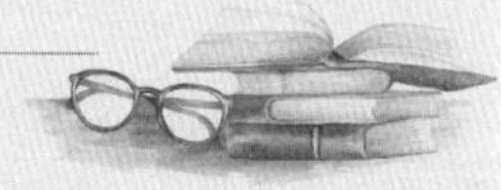

집안 형편이 몹시 빈곤해서 집 안에 있는 것이라고는 네 벽밖에 없다는 뜻.

유래

《사기(史記)》〈사마상여열전(司馬相如列傳)〉에서 유래됨.

전한(前漢) 때 문인 사마상여(司馬相如)는 학문과 무예가 뛰어나고 거문고도 잘 탔으나, 집이 가난하여 결혼도 못하고 친구인 임공현의 현령 왕길(王吉)에게 몸을 의탁하고 있었다. 왕길은 사마상여의 딱한 처지를 모면해 주려고 거부(巨富) 탁왕손의 연회에 그를 대동하고 갔다.

사마가 그 자리에서 거문고를 멋지게 탔더니, 탁왕손의 딸 탁문군이 사랑에 빠지게 되었다. 그러나 탁왕손은 사마의 집안이 너무나 빈한했기 때문에 결혼을 반대했다. 그래도 탁문군은 사마를 따라 성도(成都)로 도주하게 되었는데, 집안이 너무 가난하여 방 안에는 네 벽밖에 없는 지경이었다. 그래도 탁문군은 실망하지 않고 그와 결혼하고 술집을 차려 생계를 꾸려갔다. 탁왕손은 딸이 술집을 한다는 소식에 부끄러워 큰 재산을 내주어 만류하고 그 덕분에 사마는 부유하게 잘 살았다.

후에 무제(武帝)가 그의 글 자허부(子虛賦)를 보고 크게 기뻐하여 도성으로 불러 벼슬을 내렸다. 그때부터 사마상여는 필명을 크게 떨치며 일세의 대문장으로 우뚝 섰고, 탁씨 집안도 명문가가 되었다.

응용

근래 젊은이들의 결혼이 자꾸 늦어지고, 출산율은 세계 최저를 기록하고 있다. 제대로 된 직장 구하기도, 집 구하기도 너무 어렵다 보니 결혼이 자꾸 늦어지기 때문이다. 또한 '**가도사벽(家徒四壁)**'의 단칸방 처지에서도 결혼생활을 했던 부모세대와는 가치관이 다르기 때문이다.

30 落花流水 〈낙화유수〉

落:떨어질 **낙** 花:꽃 **화** 流:흐를 **유** 水:물 **수**

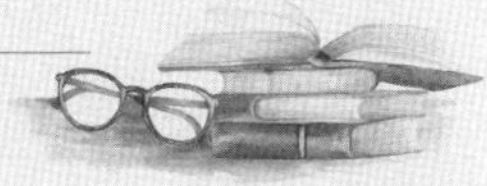

꽃이 떨어져서 물에 떠 흘러간다는 뜻.

유래 오나라 때 남당(南唐) 이욱(李煜)의 사(詞) 〈낭도사(浪淘沙)〉에 나오는 구절. '흐르는 물 떨어지는 꽃에 봄이 가니 하늘의 인간세계로다(流水落花春去也, 天上人間)'
또한 이군옥(李群玉)의 잠공산(岑公山) 송별시 마지막 구절에도 등장한다. '떨어지는 꽃과 흐르는 물 떠나가는 게 원망스러워(落花流水怨離襟)'
당(唐)나라 시인 고변의 시(詩) 〈방은자불우(訪隱者不遇)〉에도 나온다.
'떨어지는 꽃이 강물 위로 흐르는 데서 넓은 세상을 알고(落花流水認天台) 술에 반쯤 취하여 한가하게 읊으며 혼자서 왔다(半醉閑吟獨自來)'
이처럼 낙화유수는 원래 꽃이 지는 늦봄의 풍경을 묘사하는 말이었는데, 후대에는 뜻이 확대되어 쇠잔영락(衰殘零落)하는 세월, 즉 세월의 흐름은 자연스러워서 힘이나 세력이 쇠퇴해 가는 것을 비유하는 말로 많이 사용되고 있다. 또 떨어지는 꽃과 흐르는 물을 남녀(男女) 간에 서로 그리워하는 애틋한 정을 이르는 말로 쓰기도 한다.

응용 아무리 잘나가는 기업도 권력도 영원히 정상에 머물 수는 없다. 하산길이 위험하지 않으려면 평소 덕을 쌓는 일이 중요하다. 그런데 한순간의 실적과 권세에 취해 '**낙화유수(落花流水)**'의 세상 이치를 잊고 사는 경영인과 리더를 보면 대단히 안쓰럽다.

31 多多益善 〈다다익선〉

多:많을 **다**　多:많을 **다**　益:더할 **익**　善:좋을 **선**

많으면 많을수록 더 좋다. 많을수록 더 능력을 발휘할 수 있다.

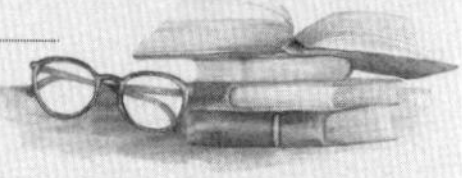

유래

《사기(史記)》〈회음후열전(淮陰侯列傳)〉에 나오는 말.

한나라 고조 유방(劉邦)이 대장군 한신(韓信)과 함께 여러 장군들의 능력에 대해서 이야기를 나누던 끝에 이렇게 물었다.

“그대는 내가 군사를 얼마나 거느릴 수 있다고 보는가?”

“폐하께서는 10만여 명 정도 군대를 지휘할 수 있을 겁니다.”

유방이 불쾌한 표정을 지으며 다시 물었다.

“그럼, 그대는 어느 정도 군대를 거느릴 수 있는가?”

“저야 다다익선이지요. 많으면 많을수록 좋다는 말입니다.”

“흠, 나는 기껏해야 10만이고 그대는 많을수록 좋다고? 그렇다면 어찌하여 내 밑에 들어와 있는가?”

“군사들을 이끄는 장수로는 저보다 못하시지만 장수들을 이끄는 우두머리로 더 능력이 뛰어나시어 제가 폐하 밑에 있는 것이옵니다.”

한신은 초나라 항우를 멸망시키고 유방이 천하를 통일하는데 일등공신이었으나, 통일 후에는 여러 개국공신들과 함께 숙청된다. (15회 토사구팽 兎死狗烹 참고)

응용

돈이나 권력은 무조건 ‘**다다익선(多多益善)**’이라 생각하면서 그걸 쟁취하기 위하여 수단과 방법을 가리지 않는 삶은 그 뒤끝이 허망함을 많이 본다. 물론 없는 것 보다야 풍족한 것이 더 좋다. 과유불급(過猶不及)은 늘 경계해야할 대목이다.

32 馬耳東風〈마이동풍〉

馬:말 **마**　耳:귀 **이**　東:동녘 **동**　風:바람 **풍**

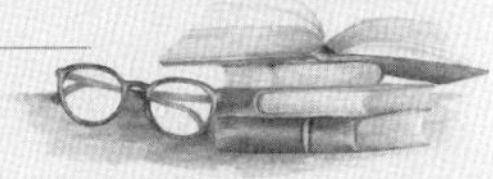

말 귀에 봄바람이 스쳐간다는 뜻.
남의 말을 귀담아듣지 않고 흘려버림을 비유하는 말.

유래

당(唐)나라 시인 이백(李白)이 벗 왕십이(王十二)로부터 짧은 시 한 구절(寒夜獨酌有懷 한야독작유회:추운 밤 나는 혼자서 술을 마시고 있다네. 그러자니 느껴지는 것이 참 많네)의 편지를 받았다.

벗의 글을 받은 이백은 왕십이가 보낸 짧은 시가 무슨 뜻인 줄 알았기에 서글퍼졌다. 그 시절에는 무인(武人)을 중용하고 오랑캐와 싸워 작은 무공이라도 세워야 충신이라고 인정받았기 때문이다.

그래서 이백은 벗 왕십이에게 '우리네 시인들이 아무리 좋은 시를 짓더라도 이 세상 속물들은 그것을 알아주지 않는다'는 내용의 장시(長詩) 답장을 보내는데 그 마지막 구절을 다음과 같이 서술하고 있다.

세상 사람들은 이 말을 듣고 모두 머리를 흔드네(世人聞此皆掉頭)
마치 봄바람이 말 귀를 스쳐도 감흥 없는 것 같이(有如東風射馬耳)

비슷한 말로 우리속담에 '우이독경(牛耳讀經:쇠귀에 경 읽기)'과 '대우탄금(對牛彈琴:소 앞에서 거문고 타기)'이 있다.

응용

늘 내 생각만이 옳다고 생각하는 사람은 피곤하다. 노사관계와 이익집단 간 갈등도 마찬가지다. 현장의 의견을 귀담아 들을 줄 알고, 충고와 비판까지도 너그럽게 수용할 수 있다면 시행착오가 적을 것인데… 지금의 의료인 파업을 지켜보면서 모두 '**마이동풍(馬耳東風)**'이라서 심히 우려스럽다.

33 飯坑酒囊 〈반갱주낭〉

飯:밥 **반** 坑:굴 **갱** 酒:술 **주** 囊:주머니 **낭**

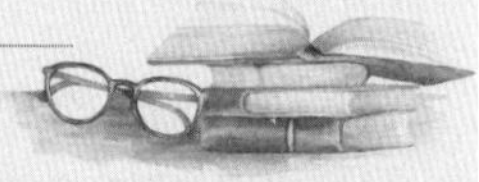

밥 구덩이와 술 자루라는 뜻으로, 먹고 마실 줄만 알지 일할 줄을 모르는 쓸모없는 사람을 비유하는 말.

유래

동한(東漢) 왕충(王充)의 《논형(論衡)》 〈별통편(別通篇)〉에 나오는 말. 이 책에는 고금(古今)의 해박한 지식을 가지고 나라를 다스리는 능력을 가진 사람과 그렇지 못한 사람에 관한 왕충의 견해가 실려 있는데, 무위도식(無爲徒食)하는 사람을 다음과 같이 묘사하고 있다.

'사람은 태어날 때 오상(五常)의 본성을 받게 되어 도술과 학문을 좋아하고 즐기므로 다른 동물과 차별이 된다. 그렇지만 오늘날은 그렇지 않다. 배불리 먹고 마시며, 생각이 깊어지면 잠을 자고 싶어 하며, 배는 밥 구덩이가 되고, 창자는 술 자루가 되니 이는 곧 짐승이다[飽食快飮, 慮深求臥, 腹爲飯坑, 腸爲酒囊, 是則物也].

깃털이나 비늘이 없는 짐승은 모두 삼백 종인데 그 중 사람이 으뜸이다.

생명체 중에서 사람이 가장 귀한 것은 지식을 추구하기 때문이다'

비슷한 말로 주낭반대(酒囊飯袋:술 자루와 밥 부대)와 행시주육(行屍走肉:살아있는 송장이요, 걸어 다니는 고깃덩이)이 있다.

응용

요즘 젊은 세대는 예전에 비해 학벌은 높아졌으나, 반대로 좋은 직장의 취업문은 좁아졌다. 그렇다면 눈높이를 낮추고 우선 일을 하는 것이 중요한데, 세상의 불공평 탓이나 하면서 **'반갱주낭(飯坑酒囊)'**으로 무위도식하는 이들이 적지 않으니 그 부모들의 속은 오죽할까.

34 舍己從人 〈사기종인〉

舍:버릴 **사**　己:자기 **기**　從:좇을 **종**　人:사람 **인**

자기를 버리고 다른 사람의 뜻을 좇는다는 뜻.
타인의 말과 행동을 본받아 자신의 언행(言行)을 바로잡는다는 말.

유래

《서경(書經)》의 〈대우모(大禹謨)〉에 우(禹)와 순(舜)임금의 대화에 처음으로 등장하고, 맹자(孟子)의 〈공손추상편(公孫丑上篇)〉에 나온다.
우리나라는 이황(李滉:1501~1570)의 《퇴계집(退溪集)》에 다음 구절이 나온다. "능히 자기를 버리고 다른 사람을 따르지 못하는 것은 배우는 사람의 큰 병이라(不能舍己從人 學者之大病). 천하의 의리는 끝이 없으니 가히 자기 자신만 옳고 다른 사람은 그르다고 하리오.(天下之義理無窮 豈可是己而非人) 사람의 질문이 있으면, 얕고 가까운 말이라도 반드시 마음에 담아두고 조금 있다가 대답하고, 질문에 바로 응답하지 말지니라(人有質問 則淺近說 必留意 少間而答之 未嘗應聲而對)"
퇴계선생은 26세나 연하인 아들 같은 고봉(高峯) 기대승(奇大升)과 8년 동안 사단칠정(四端七情) 논쟁을 했지만, 고봉의 주장을 일정 부분 받아들였고, 고봉은 퇴계를 스승으로 모신 일화는 유명하다.

응용

지금 우리나라는 국론분열을 우려할 정도로 좌와 우, 노와 사, 가진 자와 못가진 자의 생각 차이가 심하다. '**사기종인(舍己從人)**'은 어렵다고 하더라도 상대방의 이야기를 들어보려고 하는 태도는 필요하다. 사회전반에서 입장차이, 견해차이, 생각차이를 수용하는 풍토가 절실하다.

35 惡貫滿盈 〈악관만영〉

惡:악할 **악** 貫:뚫을 **관** 滿:찰 **만** 盈:찰 **영**

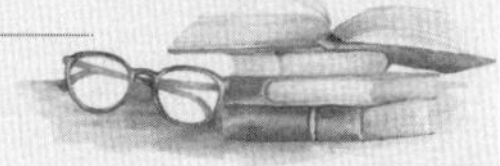

죄악으로 가득 차 있다는 뜻.
죄가 이루 헤아릴 수 없을 정도로 많음을 비유하는 말.

유래

《상서(尚書)》의 〈태서(泰誓)〉 편에서 유래됨.

중국 은(殷)나라 마지막 왕인 주왕(紂王)은 처음에는 기자 등 신하들의 도움을 받아 선정을 베풀었다. 그러나 애첩 달기의 미색에 빠진 뒤로는 폭군이 되었는데, 세금을 무겁게 매기고 주지육림(酒池肉林)을 일삼아 백성들의 삶이 황폐해졌다. 기름을 바른 구리 기둥을 불 위에 걸치고 죄인들에게 맨발로 걷게 한 포락이라는 형벌을 만들어 달기를 즐겁게 했다.

이를 보다 못한 주(周)나라 무왕(武王)이 군사를 일으켜 주왕을 토벌하게 되는데, 은나라 도읍(조가)을 진격하기 직전에 제후와 군사들 앞에서 태서3편을 공포하고 주왕의 죄상을 낱낱이 밝히면서 공격의 정당성을 다음과 같이 훈시한다. '상나라(은)의 죄가 이루 헤아릴 수 없이 많아 하늘의 명에 따라 그들을 죽이노라. 내가 하늘의 뜻에 순종하지 않는다면 그 죄가 클 것이다(商罪貫盈 天命誅之 予弗順天 厥罪惟鈞)'라고 하면서, '때가 되었으니 놓쳐서는 안 된다(時哉弗可失)'

대세를 파악한 주왕은 분신자살하고, 달기도 뒤따라 목 매 자살하였다.

응용

개인적으로 극악무도한 범죄에 대해서는 사형을 언도하고 집행하는 것이 필요하다고 본다. 그런데 우리나라는 시행되지 않고 사문화되어 있다. 연쇄살인범 등 **'악관만영(惡貫滿盈)'**의 흉악범조차도 단순히 생명존중사상을 근거하여 사형을 집행하지 않는다는 것은 어불성설이다.

 신문게재일자 – 2020.9.23

36 自勝家强 〈자승가강〉

自 : 스스로 **자**　勝 : 이길 **승**　家 : 집 **가**　强 : 굳셀 **강**

'자신을 이기는 사람이 진정으로 강한 사람'이라는 뜻.

유래

《노자(老子) 도덕경》 제33장에 나오는 말.

'남을 아는 사람은 지혜롭다. 그러나 자기를 아는 자야 말로 진정으로 밝은 사람이다. 남을 이기는 자는 힘이 있다고 하지만, 자신을 이기는 자야말로 진정으로 강한 자이다. 만족할 줄 아는 자는 부유하고, 행함을 관철하는 자는 뜻이 있다. 그 자리를 잃지 않는 자라야 오래 가고, 죽어도 없어지지 않는 자라야 오래 산다고 할 것이다(知人者智, 自知者明. 勝人者有力, 自勝者强. 知足者富, 强行者有志. 不失其所者久, 死而不亡者壽.)'

孔子(공자)도 '자신을 이겨 자연으로 돌아가는 것이 仁(인)이다.(克己復禮爲仁)'라고 했고, 왕양명은 "산속의 도적을 깨뜨리기는 쉬워도 마음속의 도적을 깨뜨리기는 어렵다."고 했다.

소크라테스도 '너 자신을 알라'고 했다. 남을 아는 것보다는 자기를 아는 것, 남을 이기는 것보다는 자신을 이기는 것이 더욱 중요하며, 만족할 줄 알고 실천할 줄 알아야 한다는 말이다.

응용

8개월 동안 전 국민이 마스크를 쓰고 생활하는 초유의 사태 속에서 사람의 마음도 경제도 점점 황폐해져 가는 것 같아서 대단히 안타깝다. 특히 혈기왕성한 젊은이들은 얼마나 답답할까. 그러나 코로나19와의 싸움은 자기 자신을 지키기 위한 자신과의 인내싸움이다. 그 어느 때보다 '**자승가강(自勝家强)**'이 필요한 시절이다.

37 滄海一粟 〈창해일속〉

滄:푸를 **창**　海:바다 **해**　一:한 **일**　粟:조 **속**

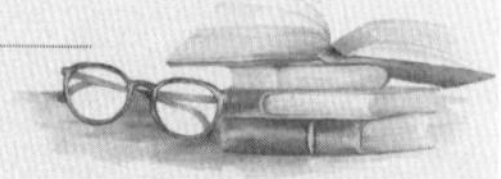

망망한 바다에 던져진 좁쌀 한 톨이라는 뜻으로,
지극히 작거나 보잘 것 없는 존재를 의미함.

유래

북송(北宋)의 문인 소식(蘇軾:소동파)의 《전적벽부(前赤壁賦)》에 나오는 말. 이 적벽부는 천하 명문(名文)의 하나로 꼽힌다.

어느 날, 소동파는 벗과 함께 적벽을 유람하였다. 그 옛날 조조(曹操)와 주유(周瑜)가 여기서 천하를 두고 한판 승부를 펼쳤던 적벽대전(赤碧大戰)을 떠올렸다. 자신도 모르게 소동파는 이렇게 중얼거렸다.

'달이 밝고 별은 드문데, 까막까치가 남쪽으로 날아간다는 것은 조맹덕(曺孟德:조조)의 시(詩)가 아닌가? 서로 하구(夏口)를 바라보고 동으로 무창(武昌)을 바라보니, 산천이 서로 엉겨 울창하다. 이는 조맹덕이 주랑(周郎)에게 곤경에 처했던 곳이 아닌가. (중략)

우리 인생은 천지간에 하루살이처럼 짧고 우리의 몸은 푸른 바다에 한 톨 좁쌀과도 같구나[寄蜉蝣於天地 渺滄海之一粟].'

소동파는 이 시를 통해서 세상사에 있어 영웅호걸과 인간 존재의 허무함을 노래하였다.

응용

인간의 존재가치는 **'창해일속(滄海一粟)'**에 불가하고, 세상사는 무한한 우주의 시공간에 비하면 미세먼지 같은 존재이다. 그럼에도 불구하고 영원히 살 것처럼 욕심을 부리며, 아웅다웅 싸우는 것이 인간사이다. 문득 티 없는 창공과 물들어 가는 단풍을 바라보면서 조금은 더 착하게 살다 가야겠다고 다짐해 본다.

신문게재일자 - 2020.10.14

38 他山之石 〈타산지석〉

他:다를 **타**　山:뫼 **산**　之:조사 **지**　石:돌 **석**

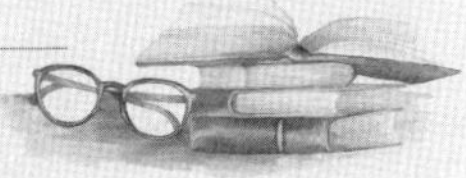

다른 산에 있는 하찮은 돌일지라도 나의 옥을 가는 데 도움이 된다는 뜻. 즉 남의 사소한 언행도 자신의 인격 수양에 도움이 될 수 있음을 비유하는 말.

유래

《시경(詩經)》의 〈소아편〉 학명(鶴鳴)에 나오는 시.

학명우구고(鶴鳴于九皐) 학이 높은 언덕에서 우니
성문우천(聲聞于天) 하늘에서도 그 울음 들리는 구나
어재우저(魚在于渚) 물고기 또한 물가에 머물다가
혹잠재연(或潛在淵) 가끔 연못 속에 숨는 구나
낙피지원(樂彼之園) 즐거운 저 동산에
원유수단(爰有樹檀) 박달나무 심어 놓으니
기하유곡(其下維穀) 그 아래 닥나무 자라는 구나
타산지석(他山之石) 다른 산 보잘것없는 돌이라도
가이공옥(可以攻玉) 옥을 갈 수 있음이로다.

〈학명〉이란 시의 일부분으로 속세를 떠나 사는 선비의 처세를 노래한 것이다. '돌'은 소인에 비유하고 '옥'은 군자에 비유하면서 군자가 지덕(智德)을 쌓는데 소인의 언행에서도 배울 점이 있음을 암시하고 있다.

응용

시중에는 '권력은 측근이 원수이고, 재벌은 자식이 원수다'라는 우스갯말이 있다. 역대 대통령은 실세 참모들의 전횡과 비리로, 재벌은 자식 형제들의 분규와 파행으로 골머리를 앓고 있다는 의미이다. 성공한 정치인, 성공한 기업인이 되려면 먼저 이러한 오류와 실패를 **'타산지석(他山之石)'**으로 삼아야 할 것이다.

39 破鏡重圓 〈파경중원〉

破:깰 **파** 鏡:거울 **경** 重:다시 **중** 圓:둥글 **원**

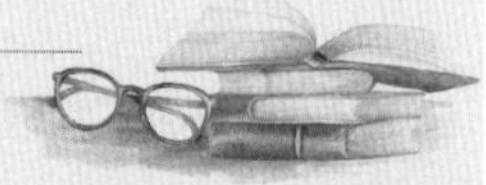

깨졌던 거울이 다시 둥근 모습을 되찾음.
이별했던 부부(夫婦)가 다시 결합하는 것을 일컫는 말.

유래

당(唐)나라 맹계(孟棨)가 지은 《본사시(本事詩)》〈정감(情感)편〉 나오는 시.
중국의 남북조(南北朝) 시대에 진(陳)나라가 수(隋)나라 문제(文帝)에게 패망하기 직전, 진의 시종 서덕언(徐德言)은 부부가 이별할 경우를 생각하여 거울을 두 쪽 내어 그 한 쪽을 증표로 아내에게 준다. 그리고 "훗날 정월 보름날이 되면 이걸 시장에 파시오. 내가 그때까지 살아 있으면 이걸 가지고 당신을 찾아갈 것이오."
그 후 서덕언은 보름날 반쪽 거울을 파는 사람(아내의 하인)을 발견하고, 거울을 맞춰본 뒤 다음의 시를 적어주게 된다. 이렇게 해서 헤어졌던 부부는 다시 만나 고향에 돌아가서 행복하게 살았다는 고전판 러브스토리.
경여인구거(鏡與人俱去) 거울은 사람과 함께 갔는데,
경귀인불귀(鏡歸人不歸) 거울만 돌아오고 사람은 아니 왔네.
무득항아영(無複嫦娥影) 당신의 그림자는 없고,
공류명월휘(空留明月輝) 헛되이 밝은 달빛만 머무는구나.

응용

2019년도 우리나라 이혼율은 천명 당 2.2명으로 아시아 1위이다. 파경 이유는 외도·부정, 경제적 이유, 성격 차이가 가장 크다고 한다. 하지만 불가피하게 헤어졌다고 하더라도 '**파경중원(破鏡重圓)**' 의 재결합은 자녀들의 고통과 노후의 해로를 위하여 더 값진 선택이 아닐까.

40 河汾門下 〈하분문하〉

河:강 이름 **하** 汾:물 이름 **분** 門:문 **문** 下:아래 **하**

하분(河汾)지역의 문하생. 훌륭한 인재들을 배출한 좋은 학교나 유명한 선생을 비유하는 말.

유래

《중설(中說)》〈문중자세가(文中子世家)〉에 있음.
중국 수(隋)나라 사상가인 왕통(王通)의 이야기에서 유래함.
왕통은 수나라 때의 허난(河南) 출신으로 시(詩)·서(書)·예(禮)·악(樂)에 두루 능통하였다. 일찍이 문제(文帝)에게 '태평10책(太平十策)'이라는 개혁안을 올렸으나 채택되지 않자, 스스로 유학자임을 자부하여 벼슬길에 나아갈 생각을 접었다. 사방을 유람하다가 하수(河水)와 분수(汾水) 사이에서 살았다. 왕통은 이곳에서 학당을 짓고 제자들에게 강론하였는데, 문하에 수업을 받는 자가 수천 명이나 되었다.
훗날 당 태종(太宗)이 '정관(貞觀)의 치(治)'라는 태평성대를 여는 데 크게 기여한 방현령(房玄齡), 위징(魏徵), 두여회(杜如晦), 정원(程元), 이정(李靖) 등 쟁쟁한 학자가 모두 그의 문하에서 나왔으므로, 당시 사람들이 이들을 하분문하(河汾門下)라고 칭하였다. 그가 죽은 뒤에는 문인들이 문중자(文中子)라고 사시(私諡)를 올렸다.
그는 유·불·도 3교의 합일을 주장했으며, 기본 바탕은 유학에 두었다.

응용

훌륭한 스승 아래 훌륭한 인재가 양성되는 것은 당연한 일이다. 하지만 근래 '**하분문하(河汾門下)**'는 변질되고 있다. 학계뿐만 아니라 정·관계, 법조계, 문화계 등에서 권세와 부귀에 따라 강력한 학맥과 인맥이 구축되면서 '그들만의 철옹성'을 구축하고 있기 때문이다.

41 脚踏實地 〈각답실지〉

脚:다리 **각** 踏:밟을 **답** 實:열매 **실** 地:땅 **지**

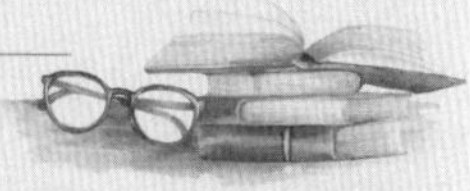

「다리로 실제 땅을 밟았다」는 뜻으로, 어떤 일을 하기 위하여 발로 뛰며 현장을 확인하는 성실한 태도를 이르는 말.

유래 중국 북송(北宋)의 정치가이자 사학자인 사마 광(司馬 光:1019~1086)이 《자치통감(資治通鑑)》을 집필한 뒤에 그를 평가한 데서 나온 성어(成語).

사마 광은 영종 황제의 명으로 역사편찬을 주도하게 되는데, 19년(1065년~1084년)동안 밤낮으로 끊임없이 연구와 집필에 몰두하면서 세밀하게 자료들을 수집·정리하며 연구하였다. 그리하여 중국 역사상 가장 방대하고 정확한 자료들로 이루어진 편년체(編年體)의 역사서인 《자치통감》 294권을 완성했다.

송(宋)나라 학자 소옹(邵雍)은 사마 광에 대하여 '실제의 사실을 확인하려고 발로 뛰어다니면서 답사한 사람[君實脚踏實地人也]'이라고 하여 그의 진지함과 성실함을 크게 칭찬하였다.

응용 연일 부동산 정책이 큰 이슈가 되면서 관련 뉴스가 봇물을 이루고 있다. 집값과 전세값을 잡으려는 정부의 의지는 이해하지만 '백약이 무효'이니 난감한 실정이다. 지금 부동산 정책입안자들에게는 설익은 통계 인용이나 탁상행정이 아닌 '**각답실지(脚踏實地)**'의 자세가 필요하다고 본다. 더 이상의 부작용과 시행착오를 줄이려면 발로 직접 현장에 가서 현상을 확인하고 이해당사자의 목소리를 경청해야 하겠다.

42 卵上加卵 〈난상가란〉

卵:알 **란** 上:위 **상** 加:더할 **가** 卵:알 **란**

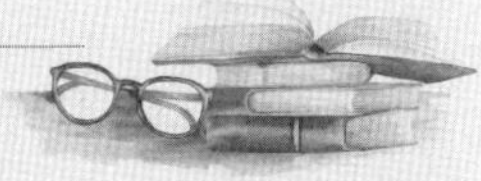

달걀 위에 달걀을 포갠다는 뜻으로, 불가능한 일을 포기하지 않고 지극한 정성을 다하는 것에 비유하는 말.

유래 조선 후기 작자 미상 한문 소화집(笑話集) 《성수패설(醒睡稗說)》에 나오는 이야기.

옛날에 한 관리가 귀양을 가게 되자 그의 아내가 언제쯤 돌아오는지를 물었더니 "달걀 위에 달걀을 포갤 수 있다면 돌아올 수 있을지 몰라도 아마 살아서 돌아오지 못할 것 같다"라고 말하였다.

그날부터 그의 아내는 매일 소반 위에 달걀을 놓고 포개지게 해달라고 통곡으로 기도하며 달걀 쌓기를 계속하였다. 어느 날 왕이 미행(微行)을 나갔다가 통곡 소리를 듣고 그 연유를 알아보게 하였다. 전후 사정을 알게 된 왕은 부인의 지극 정성에 감동하여 귀양간 남편을 풀어주었다.

왕은 그 관리에게 풀려난 이유를 아느냐고 물으니 '성은이 망극할 따름입니다'라고 하자 '그렇지 않고 알 위에 알을 포갰기 때문이오(不然卵上加卵故也)' 라고 말했다.

응용 요즘 사회로 나오는 취업준비생들은 그 어느 시절보다 어려움이 큰 것 같다. 앞에는 보이는 것은 아득한 장벽뿐이라 쉽게 포기하는 젊은이들도 많다. 그러나 현실이 아무리 '계란으로 바위 치기'이거나 **'난상가란(卵上加卵)'**일지라도 불가능한 것에 도전하는 젊은 패기를 잃지 말아야겠다. 최선을 다해 정진하다보면 지성감천(至誠感天)의 좋은 결과를 얻을 수 있을 것이라 믿는다.

43 多士濟濟 〈다사제제〉

多:많을 **다**　士:선비 **사**　濟:건널/많을 **제**

선비가 많고 모두 뛰어남. 즉 훌륭한 인재(人材)가 많음.

유래

《시경(詩經)》 대아편(大雅篇)에 주(周)나라의 기초를 닦은 문왕의 덕을 찬양한 '文王'이라는 시가 있는데, 그 시 구절에서 비롯된 말.

『문왕재상어소우천(文王在上於昭于天:문왕이 위에 계시어, 하늘이 밝게 빛나시니) 주수구방기명유신(周雖舊邦其命維新:주나라는 비록 오래된 나라이나, 그 수명은 오히려 새롭도다.) - 중략 -

사황다사생차왕국(思皇多士生此王國:왕을 떠받드는 많은 선비들이 이 왕국에 태어났도다.) 왕국극생유주지정(王國克生維周之楨:왕국에 태어났으니, 오직 주나라의 기둥이로세.) 제제다사문왕이녕(濟濟多士文王以寧:훌륭한 많은 선비들이여, 문왕이 그대들로써 편안하시겠다.)』

문왕의 거룩한 덕이 대대로 후대까지 빛나고 있어, 그가 계획한 일이 조심스럽게 지켜 내려오고, 많은 인재들이 이 왕국에서 태어나서 이 나라의 기둥이 되었다는 말이다. 제제다사(濟濟多士)란 쟁쟁(錚錚)한 인물이 많다는 뜻으로 '다사제제'로 많이 쓰이고 있다.

응용

인사가 만사(萬事)라는 건 누구나 아는 얘기이다. 그런데 정권에서 임명한 정부 고위직과 청와대 참모인사를 보면 **'다사제제(多士濟濟)'**한 인재풀 중에서 하필이면 그 사람인가 하는 의구심이 들 때가 많다.

역대 정권에서 경험했듯이 측근 중용, 낙마자에 대한 보은인사, 코드인사는 진정한 국리민복(國利民福)을 위한 지혜를 얻기가 어려웠고, 정권 재창출에도 도움이 되지 않았다.

44 馬首是瞻 〈마수시첨〉

馬:말 **마** 首:머리 **수** 是:옳을 **시** 瞻:살필(볼) **첨**

장수의 말 머리를 따라서 기꺼이 움직이는 것.
지휘명령을 좇아 일사분란(一絲不亂)하게 행동하는 것.

유래 《춘추좌씨전(春秋左氏傳)》〈양공(襄公)〉에 나오는 이야기.

춘추시대 진(晉)나라 도공(悼公)이 12개 나라와 연합하여 진(秦)나라 정벌에 나섰다. 이 때 진(晉) 장군 순언(荀偃)이 전군의 지휘를 맡았는데, 연합군의 군사 수는 많았지만 우왕좌왕 했다. 우여곡절 끝에 연합군은 진(秦)의 영토인 역림에 당도했다. 순언은 진(秦)이 연합군의 위세를 보고 화평을 청할 것이라고 예상을 했다. 그러나 진(秦)은 연합군의 명령체계가 일사분란하지 않다는 것을 파악하고 화평을 청하지 않았다.

이에 순언은 "내일 새벽에 닭이 울면 진격하는데, 우물은 메우고 부뚜막은 헐어버리고 앞으로 나아가며 오직 내 말머리가 향하는 곳을 보고 행동해야 한다[唯余馬首是瞻]"라고 명령하였다. 그런데 진(晉)나라의 하군원수 난염이 순언의 명령에 복종하지 않고 말의 머리를 동쪽으로 향하여 군사들을 데리고 진(晉)나라로 돌아갔다. 연합군의 분열이 일어나자 순언은 명령을 잘못 내렸다고 생각하여 군대를 철수하였다.

응용 조직의 우두머리는 존중해야 하겠지만, 그의 언행이 모두 옳다고는 볼 수 없다. CEO의 말 한마디에 **'마수시첨(馬首是瞻)'**처럼 일사분란하게 움직이는 조직은 오히려 위험에 빠질 수가 있다. 특히 복잡다기한 IT기술이 기반이 되고 있는 4차 산업혁명시대에는 전문가의 조언을 듣고 환경에 걸맞는 유연한 리더십이 필요한 것 같다.

45 反求諸己 〈반구저기〉

反:돌이킬 **반**　求:구할 **구**　諸:어조사 **저**(모두 제)　己:몸 **기**

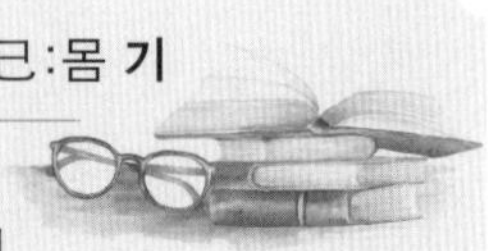

'잘못을 자신(自身)에게서 찾는다'라는 뜻.
어떤 일이 잘못 되었을 때 남의 탓을 하지 않고 그 일이 잘못된 원인을 자기 자신에게서 찾아 고쳐 나간다는 의미.

유래

우임금의 아들 백계(伯啓)의 고사에서 유래. 맹자(孟子), 명심보감 (明心寶鑑)
우임금이 하나라를 다스릴 때, 제후인 유호씨(有扈氏)가 군사를 일으켜 쳐들어 왔다. 우임금은 아들 백계(伯啓)로 하여금 군대를 지휘하여 싸우게 하였으나 참패하였다. 백계의 부하들은 패배를 인정하지 못하여 다시 한 번 싸우자고 하였다. 그러나 백계는 "나는 유호씨에 비하여 병력이 적지 않고 영토도 적지 않지만 결국 패배하고 말았다. 이는 나의 덕이 부족하고 부하를 잘 지도하지 못했기 때문이다. 그러므로 나는 먼저 나 자신에게서 잘못을 찾아 고쳐 나가도록 하겠다" 라고 말하고는 싸우지 않았다.
이후 백계는 더욱 분발하여 근면 검소하게 생활하며, 백성을 아끼고 품덕이 있는 사람을 존중하였다. 이렇게 1년이 지나자 유호씨도 그 사정을 알고 감히 침범하지 못하였을 뿐 아니라 결국에는 백계에게 감복하여 귀순하였다. 반궁자문(反躬自問) 또는 반궁자성(反躬自省)이라고도 한다.

응용

'태스형 세상이 왜이래?'에 공감하고 싶을 때가 많다. 무슨 일만 터졌다하면 모두가 '내 탓이 아니라 네 탓'이라고 아우성이다. 고위층이나 시정잡배나 매일반이다. 자신의 허물부터 살펴보는 **'반구저기(反求諸己)'**의 자기성찰이 없는 사회는 겉이 아무리 화려해도 사상누각(砂上樓閣)에 불가할 것이다.

46 四端七情 〈사단칠정〉

四:넉 **사** 端:끝 **단**(홀 전) 七:일곱 **칠** 情:뜻 **정**

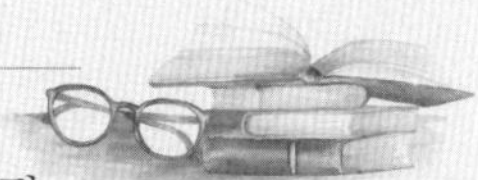

성리학(性理學)의 철학적 개념의 하나.
인간의 네 가지 본성에서 우러나오는 마음(情)과 일곱 가지 감정(情)을 가리키는 유교 용어.

유래

《맹자(孟子)》〈공손추 상(公孫丑 上)〉
맹자는 사단(四端)을 측은지심(惻隱之心:타인의 불행을 아파하는 마음), 수오지심(羞惡之心:부끄럽게 여기고 수치스럽게 여기는 마음), 사양지심(辭讓之心:타인에게 양보하는 마음), 시비지심(是非之心:선악 시비를 판별하는 마음)의 네 가지 마음(감정)으로서 각각 인(仁)·의(義)·예(禮)·지(智)의 착한 본성[德]에서 발로되어 나오는 감정이라고 하였다. (性善說의 근본)
한편 《예기》〈예운편(禮運篇)〉에서는 칠정(七情)을 희(喜:기뻐하고), 노(怒:노여워하며), 애(哀:슬퍼하고), 구(懼:두려워하며), 애(愛:사랑하고), 오(惡:미워하며), 욕(欲:하고자 하는 마음)의 일곱 가지 인간의 감정을 총칭하였다(人性論).
중국에서는 사단과 칠정이 주자학에서 크게 논쟁거리가 되지 않았으나, 조선에서는 성리학 논쟁의 핵심 쟁점이 되었다. 이황(李滉)과 기대승(奇大升) 간의 논쟁, 성혼(成渾)과 이이(李珥)의 논쟁을 거쳐 조선의 유고사상과 발전과정에 큰 영향을 미쳤다.

응용

잘못되면 성장 과정과 환경을 탓하는 사람들이 많다. 그러나 시궁창 연못에서도 청아한 연꽃이 필 수 있다. 사람이면 본시 '**사단칠정(四端七情)**'을 가지고 있는데, 끊임없는 배움과 자성으로 선한 본성을 더욱 발현시켜 나가야 할 것이다.

47 惡木不蔭 〈악목불음〉

惡:악할 **악**　木:나무 **목**　不:아닐 **불**　蔭:그늘 **음**

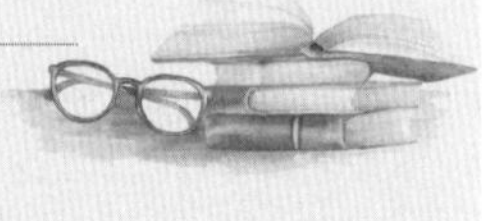

나쁜 나무에는 그늘도 생기지 않는다는 말. 덕망이 없는 좋지 못한 사람에게는 바랄 것이 아무것도 없다는 뜻.

유래

법가(法家)인 관중(管仲)의 《관자(管子)》에서 유래.

"무릇 선비는 덕망이 있고 큰마음을 품어야 한다. 나쁜 나무에는 그늘이 생기지 않는 법이다. 나쁜 나무도 이것을 수치스러워 하는데 하물며 악인들과 함께 있는 경우에는 어떠하겠는가?"

육기(陸機)는 이를 인용하여 그의 시 〈맹호행(猛虎行)〉에서 '목이 말라도 도천의 물은 마시지 않으며, 더워도 악목의 그늘에선 쉬지 않는다.(渴不飮盜泉水 熱不息惡木陰)'고 했다.

《순자(荀子)》에는 '수음조식(樹陰鳥息)'이란 말이 나온다. 즉 나무에 그늘이 있어야 새가 쉴 수 있다는 말이다. 사람이 나쁜 마음을 품고 있으면 그 주위에는 사람들이 모여들지 않는다. 사람이 덕망이 있어야만 사람들이 따른다는 것이다. 그러므로 원만한 대인관계에 힘쓰고 인격과 덕망을 갖추도록 노력하라는 뜻에서 쓰인 말이다.

응용

친구·지인들과 한 잔의 송년주도 나누지 못하고, 가슴 두근거리게 했던 제야의 타종식마저도 생략한 채 한 해를 보내야 하는 안타까운 순간이다. '故事成語에서 배우는 교훈'을 통하여 좀 더 아름다운 세상을 꿈꿔왔지만, 과연 코로나19로 지친 사람들에게 얼마나 위안이 되고 쉴 수 있는 그늘이 되었는지. **'악목불음(惡木不蔭)'**을 되새기며 삼가 옷깃을 여민다.

48 子帥以正 孰敢不正 〈자솔이정 숙감부정〉

子:아들 **자**　帥:거느릴 **솔**　以:써 **이**　正:바를 **정**
孰:누구 **숙**　敢:감히 **감**　不:아닐 **부**　正:바를 **정**

자신이 바르게 통솔하면 누가 감히 바르지 않겠느냐는 뜻.
즉 위에 있는 사람이 정도를 걸어야 아랫사람도 바르다는 뜻.

유래

≪論語(논어)≫ 顔淵篇(안연편)에 있는 孔子(공자)의 말.
노(魯)나라의 계강자(季康子:노나라의 정치를 좌우했던 삼환귀족 중의 하나)가 공자에게 정사(政事)에 대해 물었더니 공자는 이렇게 대답했다. "정사라는 것은 바른(正) 것이다. 그대가 거느리기를 바르게 하면 누가 감히 바르지 않겠는가(季康子 問政於孔子 孔子對曰 政者正也 子帥以正 孰敢不正)"
자(子)는 그대라는 뜻이거나 자기 자신이라는 뜻이다. 솔(帥)은 거느린다는 의미의 솔(率)과 같다. 즉, 지휘자부터 올바르게 행동해야 한다는 뜻이다. 그래서 공자도 정(政)은 정(正)이라고 하였다. 남을 이끄는 위치에 있는 사람은 항상 솔선수범해야 한다는 말이다. '정자정야(政者正也:천하를 바로 잡는 것이 정치)'라는 유명한 말이 여기에서 나왔다.

응용

작년에도 우리는 불편한 뉴스들을 많이 접하면서 늘 상대방만 탓했다. 오죽하면 교수들이 경자년의 사자성어로 아시타비(我是他非: 나는 옳고 상대는 틀렸다)를 선정했겠는가.
새해에는 힘이 있는 자, 더 가진 자들이 '**자솔이정 숙감부정(子帥以正 孰敢不正)**'으로 솔선수범하면서 국민과 애환을 함께하는 그런 세상이 되었으면 하는 바람이다.

49 債臺高築 〈채대고축〉

債:빚 **채**　臺:누대 **대**　高:높을 **고**　築:쌓을 **축**

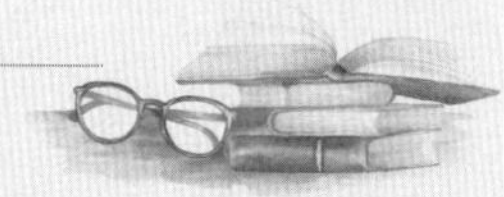

'채무(빚)의 누대를 높이 세우다'라는 뜻.
'빚더미 위에 올라앉다'라는 표현과 같은 말.

유래

《한서(漢書)》의 〈제후왕표서(諸侯王表序)〉에서 유래.
전국시대가 시작될 무렵 주(周)나라의 마지막 왕인 난왕은 나약하고 무능한 사람이었다. 각 제후들은 힘이 없는 그의 통치를 따르지 않았다. 제후국들 가운데 가장 강성했던 진(秦)나라가 다른 나라를 침공하는 일이 잦았다. 이 때 초(楚)나라 왕이 천자인 난왕에게 다른 제후국에 동원령을 내려 함께 진나라를 정벌할 것을 요청하였다.
천자의 자리를 위협받던 난왕은 이에 응하였으나, 재정이 궁핍하여 부호들에게 전쟁경비를 빌려 출전해야만 하였다. 그러나 전쟁에서 아무 것도 얻지 못하게 되자 돈을 빌려줬던 부호들이 궁으로 몰려와 난왕에게 빚을 갚을 것을 요구했다. 이에 난왕은 빚쟁이들을 피하여 궁궐 안의 높은 누대에 숨어 지냈는데, 주나라 사람들은 그 누대를 도채대(逃債臺) 또는 피채대(避債臺)라고 불렀다.

응용

지금 가계부채가 1700조에 달하고 있다. 국가채무도 올해 956조로 대폭 늘어나고, 차기정부가 들어서는 2022년에는 1070조원까지 늘어날 전망이다. 가계나 국가가 빚을 무서워하지 않고 흥청망청하다보면 **'채대고축(債臺高築)'**의 처지가 될 것이 뻔하다. 더욱 우려스러운 것은 빚은 눈덩이처럼 늘어나고 있는데 정치권은 포퓰리즘 성격의 '돈 풀기'에 골몰하고 있으니 너무 위기의식이 없는 것 같다.

50 唾手可得 〈타수가득〉

唾:침 **타**　手:손 **수**　可:옳을 **가**　得:얻을 **득**

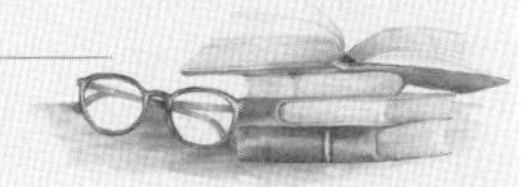

'손바닥에 침을 뱉는 것처럼 쉽게 얻을 수 있다'라는 뜻.

유래

《후한서(後漢書)》의 〈공손찬전(公孫瓚傳)〉에서 유래.
후한 말기 군웅(群雄)이 할거하던 시절 공손찬은 유력한 세력의 한사람이다. 처음에는 천하를 차지하려고 병력을 증강하였으나, 포구(鮑丘)싸움에서 패한 후 역경(易京)을 거점으로 둔전하면서 수비만 공고히 하였다.
훗날 당나라 이현(고종의 6남)이 후한서에 달은 주석을 보면 공손찬이 말하길, "처음에 천하를 평정하려 군대를 일으키면서 나는 손바닥에 침을 뱉어 결정하듯 쉬운 일이라고 말하였다(始天下起兵, 我謂唾掌而決)"라고 하면서, 그의 뜻대로 이루어지지 않는 심경을 토로하였다.
또 《신당서(新唐書)의 〈저수량전〉에 따르면, 당(唐) 태종(太宗) 때 고구려의 막리지 연개소문이 왕을 죽이고 권력을 탈취하자, 태종이 친히 군대를 이끌고 출정하려 하였다. 이때 저수량이 나서서 "한두 명의 신중한 장군을 파견하면 손바닥에 침을 뱉는 것처럼 쉽게 해결할 수 있을 터인데(但遣一二愼將, 唾手可取), 어찌하여 폐하께서 친히 출정하시려 하십니까"라고 만류하였다.

응용

세상에 힘들이지 않고 쉽게 성사시킬 수 있는 '**타수가득(唾手可得)**' 같은 일은 하나도 없다. 인간적인 신뢰 관계를 구축하는 일 또한 마찬가지이다. 그런데 평소 작은 약속은 가볍게 생각하고 여반장(如反掌)으로 어기는 사람들을 신뢰할 수 있을까? 작은 약속을 지키지 않는 사람은 당연히 큰 약속도 신뢰할 수 없을 것이다.

51 破釜沈舟 〈파부침주〉

破:깨뜨릴 **파**　釜:가마 **부**　沈:잠길 **침**　舟:배 **주**

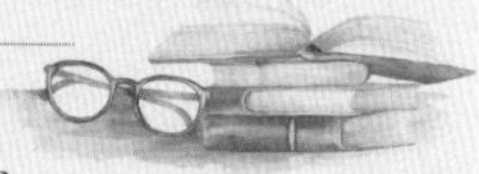

「밥 지을 솥을 깨뜨리고 돌아갈 때 타고 갈 배를 가라앉힌다」는 뜻. 싸움터에 나가면서 결사적 각오로 싸우겠다는 굳은 결의.

유래

《사기(史記)》〈항우본기(項羽本紀)〉에 나옴.

초(楚)나라 항우(項羽)가 진(秦)나라와 거록(鋸鹿)에서 싸울 때, 강을 건너 온 배를 가라앉히고, 솥과 시루를 깨뜨려 죽을 각오로 싸워 크게 이긴 데서 연유함. 항우는 진나라를 치기 위해 직접 출병하고, 그 군대가 막 장하를 건넜을 때였다. 항우는 갑자기 타고 왔던 배를 부수어 침몰시키라고 명령을 내리고, 뒤이어 싣고 온 솥마저도 깨뜨려 버리고 주위의 집들도 모두 불태워버리도록 했다. 그리고 병사들에게는 3일 분의 식량을 나누어 주도록 했다.

이제 돌아갈 배도 없고 밥을 지어 먹을 솥마저 없었으므로, 병사들은 결사적으로 싸우는 수밖에 달리 방법이 없었다. 결국 병사들은 출진명령이 떨어지자 무섭게 적진을 향해 돌진했다. 이렇게 아홉 차례를 싸우는 동안 진나라의 주력 부대는 궤멸되고, 이를 계기로 항우는 제장(諸將)의 맹주가 되었다. 파부침주와 같이 결사항전의 태세를 갖춘다는 말로 파부침선(破釜沈船), 기량침선(棄糧沈船)이 있다.

응용

코로나19로 전 국민이 1년 넘게 마스크를 쓰고 통제된 생활을 하면서 몸도 마음도 피폐해지고 있다. 대부분의 중소기업과 소상공인들도 기진맥진한 상태이다. 그러나 아무리 고난과 시련이 닥쳐도 **'파부침주(破釜沈舟)'**의 기개로 죽을힘을 다해 애쓴다면 살아갈 길이 생길 것으로 믿는다.

52 河魚腹疾 〈하어복질〉

河:물 **하**　魚:고기 **어**　腹:배 **복**　疾:아플 **질**

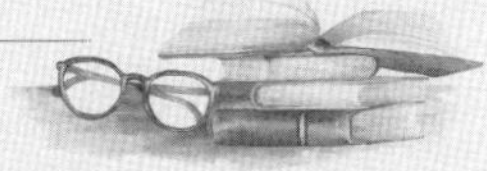

'물고기는 배부터 상(傷)한다'라는 뜻으로 어떤 좋지 못한 징조를 암시함. 배앓이나 설사를 비유하는 말로도 사용됨.

유래

《좌씨전(左氏傳)》의 〈선공(宣公) 12년〉에서 유래됨.

춘추시대 초(楚)나라가 송(宋)나라의 소읍(蕭邑)성을 포위하였다. 이 때 공격진에 있던 초의 대부 신숙전은 농성 중이던 송의 대부 환무사와 예전부터 잘 아는 친한 사이였다. 그래서 환무사를 구하기 위해 성루를 향해 두 번이나 '맥국(麥鞠)과 산국궁(山鞠窮)'이 있느냐고 소리치며 성이 함락될 위기임을 암시하였으나 환무사는 이를 알아채지 못했다.

그리하여 신숙전은 세 번째로 "하어복질하면 어찌할 것인가?"하고 물으니, 환무사는 그제야 신숙전의 뜻을 깨닫고, "마른우물에서 사람을 구해야지"라고 대답했다. 그러자 신숙전은 "그러면 우물 위에 띠풀(쑥)로 만든 덮개를 덮어놓으면 되겠지"라고 소리쳤다. 이리하여 이튿날 소읍성이 함락되자 신숙전은 쑥이 덮여있는 우물을 찾아 마침내 환무사를 구해 주게 되었다.

직역으로는 해석하기 난해한 사자성어이다. 춘추시대 당시의 혼란했던 역사를 유추해 본다면 '물고기의 배가 썩는다'는 것은 곧 나라가 망하게 되는 징조로 해석할 수 있다.

응용

거대한 로마제국이 멸망한 가장 큰 원인은 지속적인 게르만족의 유입을 들 수 있다. 그러나 이미 그 전부터 로마는 내부적으로 썩어가고 있었다. 물고기가 병이 나면 배속부터 문드러진다는 **'하어복질(河魚腹疾)'**의 의미는 오늘날에도 깊이 되새겨볼 대목이다.

53 佳人薄命 〈가인박명〉

佳:아름다울 **가** 人:사람 **인** 薄:얇을 **박** 命:목숨 **명**

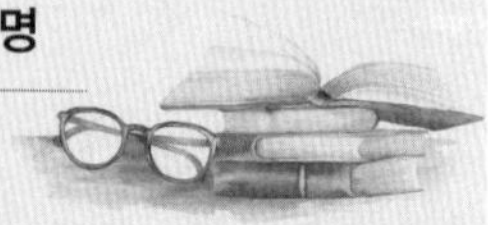

아름다운 사람은 명(命)이 짧다.
여자의 용모가 너무 아름다우면 운명이 기박(奇薄)하다는 뜻.

유래 북송(北宋) 후기 적벽부(赤壁賦)를 지은 소식(蘇軾, 호: 東波)의 「박명가인시(薄命佳人詩)」에 나옴.

소동파가 항주지역의 지방장관으로 있을 때 어느 절간을 방문했는데, 곱게 늙어가는 우수에 젖은 표정의 어여쁜 여승을 보고 그녀의 아리따웠을 소녀시절을 상상하면서 미인의 박명함을 지은 칠언율시(七言律詩)이다. -전반부 생략- 자고가인다명박(自古佳人多命薄:예로부터 아름다운 사람은 많이 운명이 기박했으니), 폐문춘진양화락(閉門春盡楊花落:문 닫으니 봄은 다하고 버들꽃 떨어지는구나)예쁘다고 다 일찍 죽는다고는 볼 수 없다. 그 시대는 누구나 평균수명이 짧았으니 특히 미인이 죽는 것이 더욱 안타까워서 회자된 말이 아닐까 생각된다. 특히 이 시는 '미인이 명이 짧다'고 해석하기 보다는 '미인의 운명이 기구하다'고 해석하는 것이 맞을 것 같다.

박명미인(薄命美人)과 미인박명(美人薄命)이 같은 뜻으로 쓰이고 있다.

응용 칼집은 온갖 아름다운 것으로 치장하면서도 정작 칼집 속의 칼날은 녹슬어 가고 있는 시대이다. 독서 등 지식과 교양 투자는 점점 줄어들어 마음의 양식은 비어가고 있는데, 근육을 다듬고 얼굴에 바르고 성형하는데 많은 시간과 돈을 들이고 있다. 이런 사람들에게는 '**가인박명(佳人薄命)**이니 너무 꾸미지 말라'는 농담을 하고 싶다.

54 洛陽紙貴 〈낙양지귀〉

洛:서울이름 **낙**　陽:볕 **양**　紙:종이 **지**　貴:귀할 **귀**

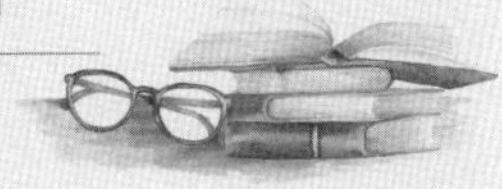

낙양에 종이가 귀해져 종이 값이 올랐다는 뜻.
문장이나 저서가 호평을 받아 잘 팔림.

유래

《진서(晉書)》〈좌사전(左思傳)〉에 나오는 이야기.

진(晉)나라 때 임치(臨淄)사람 좌사(左思)는 시와 문장을 짓는 데는 소질이 뛰어났지만 얼굴이 못생기고 태어날 때부터 말더듬이였다. 그래서 사람을 대하기를 싫어하며 항상 집 안에 틀어박혀 창작에만 열중했다. 그러다가 임치의 모습을 운문(韻文)으로 엮은 〈제도부(齊都賦)〉를 짓고, 이어 낙양으로 이사한 다음에는 촉(蜀)의 도읍 성도(成都), 오(吳)의 도읍 건업(建業), 위(魏)의 도읍 업(鄴)을 노래한 〈삼도부(三都賦)〉를 지었다.

처음에는 반응이 신통치 않다가 유명한 시인 황보밀(皇甫謐)이 우연히 보고 크게 칭찬한 후 대단한 문장으로 알려졌다. 또한 사공(司空: 치수와 토목을 맡은 재상) 장화(張華)가 보고는 "반고(班固)와 장형(張衡)과 맞먹는 작품이다. 독자로 하여금 읽고 나서 여운을 남기게 하고, 여러 날이 지나도 감명이 새롭다"라고 극찬하였다. 그때부터 〈삼도부〉는 낙양의 화제작이 되었고, 많은 사람들이 그의 작품을 찾게 되자 그 책을 베끼느라 낙양의 종이수요가 늘어서 종이 값이 등귀(騰貴)했다고 한다.

응용

어느 작가나 자기의 분신과 같은 작품이 크게 인기를 끌어서 '**낙양지귀(洛陽紙貴)**'의 열풍이 일어나기를 원할 것이다. 그러나 어느 날 갑자기 이루어지는 우연한 기적은 없다. 처음에는 아무도 알아주지 않는다 하더라도 실망하지 않고, 각고의 노력으로 한 계단 한 계단씩 실력을 쌓아 나간다면 언젠가는 빛을 볼 것이다.

55 斷頭將軍 〈단두장군〉

斷 : 끊을 **단**　頭 : 머리 **두**　將 : 장수 **장**　軍 : 군사 **군**

'머리가 달아난 장군'이라는 뜻으로, 죽음을 불사하며 항복하지 않는 장수를 말함.

유래

《삼국지(三國志)》〈촉지(蜀志)〉 '장비전(張飛傳)'에서 유래.

적벽대전에서 승리한 유비가 서촉땅을 차지하려고 장비를 선봉으로 강주(江州)로 진군하자, 이곳을 지키던 파군(巴郡)태수 엄안(嚴顔)은 성을 굳게 지키면서 좀처럼 항복하지 않았다. 장비는 계략을 써서 엄안을 성 밖으로 끌어내고 성을 점령한 뒤 생포된 엄안에게 큰소리로 꾸짖었다.

"우리 대군이 왔는데 빨리 항복하지 않고 감히 대항하는가?"하자 엄안은 "그대들이 무례하게 우리 고을을 침탈한 것 아닌가. 이곳 강주에는 단두장군은 있어도 항복하는 장군은 없다"고 의연하게 말하였다.

이 말을 들은 장비가 화를 내며 부하들에게 엄안을 참형하라고 명령하자, 엄안은 "머리를 자르려면 어서 자르지 성을 내느냐"며 태연하게 말하였다. 죽음 앞에서도 굴하지 않는 엄안의 기상에 감동한 장비는 그를 사죄하고 빈객으로 예우했다. 엄안 역시 장비의 호탕함에 감탄하여 유비의 심복으로 많은 공을 세웠다고 전해진다.

응용

사육신, 삼학사 등 목에 칼을 들어대도 눈 하나 깜짝하지 않고 **'단두장군(斷頭將軍)'**처럼 의연한 기상과 절개를 잃지 않았던 우리 조상들의 영웅담은 수없이 많다. 그런데 지금 우리 사회는 점점 그런 기개를 잃어가는 것 같다. 특히 바른 소리와 쓴소리를 아끼지 말아야 할 위치에 있는 유명 언론인, 지식인, 법률가들이 입을 다물고 있는 모습은 유감스럽다.

56 磨杵作針 〈마저작침〉

磨:갈 **마**　杵:공이 **저**　作:만들 **작**　針:바늘 **침**

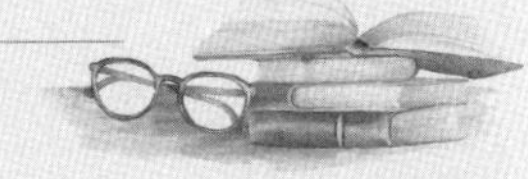

쇠공이를 갈아 바늘을 만든다는 뜻. 아무리 어려운 일도 끈기 있게 노력하면 이룰 수 있다는 비유.

유래 남송(南宋) 때 축목(祝穆)의 저서 《방여승람(方與勝覽)》에서 유래됨.

당(唐)나라의 시선(詩仙)으로 불린 이백(李白)이 젊은 시절 학문을 위해 상이산(象耳山)에 들어갔다가 공부에 싫증을 느껴 하산하면서 냇가 바위에 도끼를 갈고 있는 한 노파를 보게 되었다. 이상하게 생각해서 물었다. "할머니는 지금 무엇을 하고 계신가요?" "바늘을 만들려고 한단다." 이백이 기가 막혀서 "도끼로 바늘을 만든단 말씀입니까?" 하고 큰 소리로 웃자, 노파는 이백을 쳐다보며 꾸짖듯 말하였다. "애야, 비웃을 일이 아니다. 중도에 그만두지만 않는다면 언젠가는 이 도끼로 바늘을 만들 수가 있단다." 이 말을 들은 이백은 크게 깨달은 바 있어 그 후로는 한 눈 팔지 않고 글공부를 열심히 하였다고 한다. 그가 고금을 통하여 대시인으로 불리게 된 것은 이러한 경험이 계기가 되었기 때문일 것이다.

철저성침(鐵杵成針), 우공이산(愚公移山), 수적석천(水滴石穿) 등도 같은 의미이다.

응용 어떤 분야이던지 성공한 사람들을 보면 모두가 어려운 일을 끈기를 가지고 계속 노력한 '**마저작침(磨杵作針)**'의 결과이다. TV의 인기 프로 '맛집 탐방'에서도 어떤 요리의 진정한 맛을 찾기까지 실패를 거듭하면서도 각고의 노력 끝에 비법을 이룩한 분들의 성공담이라서 큰 감동이 느껴진다.

57 盤根錯節 〈반근착절〉

盤:서릴 **반** 根:뿌리 **근** 錯:섞일 **착** 節:마디 **절**

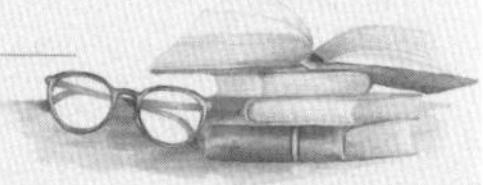

얽히고설킨 뿌리와 뒤틀린 마디라는 뜻.
일이 복잡하게 뒤엉켜 해결하기가 어려운 상황을 말함.

유래

《후한서(後漢書)》〈우후전(虞詡傳)〉에 나오는 이야기.

후한(後漢) 때 우후(虞詡)는 어려서 아버지를 여의고 할머니를 극진히 봉양하다 할머니 사후에야 늦게 벼슬길에 나왔다. 당시 강족이 침범하자 안제(安帝)의 외삼촌으로 권세가 등등했던 대장군 등즐과 상반된 방어전략을 주장하다가 미움을 사게 된다. 결국 우후의 의견이 현명했지만, 등즐은 그를 혼낼 기회를 기다렸다. 마침 하남(河南)의 조가현(朝歌縣)에서 폭도들이 현령을 살해하는 반란이 일어나자 이때다 싶어 우후를 신임 현령에 임명하고 비적을 소탕하라고 명했다. 우후의 친지들은 그의 현령 부임을 걱정하였지만 오히려 우후는 "안이한 뜻을 구하지 않고 험한 일을 피하지 않는 것이 신하의 직분이다. 서린 뿌리와 뒤틀린 마디를 피한다면 어디서 이 예리한 칼날을 휘두를 수 있겠는가[志不求易 事不避難 臣之職也 不遇盤根錯節 何以別利器乎]"라며 조가현으로 가서 지략을 발휘하여 반란을 평정하였다.

응용

지금 우리나라는 부동산 폭등, 인구절벽, 청년실업 등 많은 난제를 안고 있다. 여기에다 지속되는 코로나 전염병과 그 여파로 인한 중소상공인들의 생존권 문제 등은 발등에 떨어진 불이다. 이처럼 나라형국이 '**반근착절(盤根錯節)**'인데 이를 지혜롭게 해결해야 할 정치권은 온통 4·7 재·보궐선거와 향후 대권에만 함몰되어 있는 분위기라서 대단히 안타깝다.

신문게재일자 – 2021.3.17

58 四面楚歌 〈사면초가〉

四:넉 **사**　面:낯 **면**　楚:초나라 **초**　歌:노래 **가**

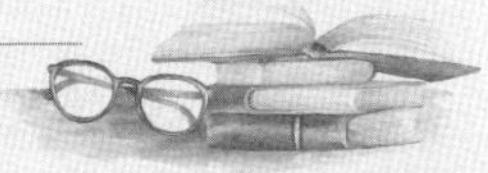

사방에서 들리는 초(楚)나라의 노래라는 뜻.
적에게 둘러싸여 누구의 도움도 받을 수 없는 고립 상태.

유래

《사기(史記)》〈항우본기(項羽本紀)〉에 나오는 이야기.

초(楚)나라 패왕(霸王) 항우(項羽)와 한(漢)나라 유방(劉邦)이 천하를 다투다가, 한나라와 휴전협정을 하고 동쪽으로 돌아가던 도중 해하(垓下)에서 협정을 위반한 한나라 명장 한신(韓信)에게 포위당하고 말았다. 빠져나갈 길은 보이지 않고, 병졸들은 자꾸 줄어들고, 군량미도 얼마 남지 않았는데, 한군과 제후의 군사들은 점점 포위망을 좁혀 왔다.

그러던 어느 날 밤, 사방에서 초나라 노래가 들려왔다. 가뜩이나 고달픈 초나라 병사들로 하여금 고향의 향수를 자아내게 하는 구슬픈 노래였다. 한나라가 항복한 초나라 병사들로 하여금 고향노래를 부르게 한 것이다. 항우는 깜짝 놀라면서 「한나라가 이미 초나라를 빼앗았단 말인가? 어찌 초나라 사람이 저렇게 많은가?」 하고 탄식했다. 그는 진중에서 마지막 주연을 베풀었다. 그리고 유명한 '역발산기개세(力拔山氣蓋世)'의 시를 지어 자신의 운명을 탄식하고, 800기의 잔병을 이끌고 오강(烏江)까지 갔다가 결국 건너지 못하고 그 곳에서 31세의 나이에 자결하고 만다.

응용

부동산 증세 4법으로 집을 사지도, 팔지도, 가지고 있기도, 증여할 수도 없는 그런 세상이 왔다고 볼멘 탄식을 하는 사람들이 늘어나고 있다. 집 한 채만 가진 사람들까지 보유세 폭탄을 비난한다. 여기에다 LH사태까지 터지자 **'사면초가(四面楚歌)'**에 처한 與권은 적폐청산과 특검을 꺼내들며 국면전환을 모색하는 형국인데 귀추가 주목된다.

59 我心如秤 〈아심여칭〉

我:나 **아**　心:마음 **심**　如:같을 **여**　秤:저울 **칭**

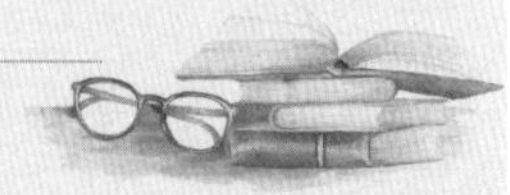

내 마음은 저울과 같다는 뜻. 어느 한쪽으로 치우침이 없이 공평무사(公平無私)한 것을 비유하는 말

유래 삼국시대 제갈량이 지은 《잡언(雜言)》에서 유래함.

제갈량은 뛰어난 지략가 정치가로 유명하지만, 역사적으로 진(秦)나라 상앙(商鞅)과 더불어 강력한 법치로 상벌을 공정하게 시행한 관리로도 높이 평가받는다. 제갈량은 스스로 「내 마음은 저울과 같아서 사람들의 옳고 그름이나 공과(功過)에 대하여 가볍지도 무겁지도 않도록 공정하게 처리한다(我心如秤, 不能爲人作輕重)」라고 하였다.

그 일례로 마속을 벤 읍참마속(泣斬馬謖)과 이엄(李嚴)을 징벌한 일을 들 수 있다. 이엄은 유비가 죽을 때, 제갈량과 함께 아들 유선(劉禪)을 잘 보좌해 달라고 당부할 정도로 신임이 두터운 인물이었다. 제갈량은 북벌(北伐)에 나서면서 이엄에게 후방에서 군량을 보급하는 중책을 맡겼으나, 이엄은 이를 소홀히 하여 제갈량으로 하여금 철군하게 만들었다.

제갈량은 진상을 알고 나서 신임했던 이엄이지만 그 죄를 엄하게 물어 관직을 박탈하고 평민으로 강등시켰다.

응용 혈연, 지연, 학연을 배격하고 능력이 있는 사람을 기용해야할 인사권자의 덕목 중에는 **'아심여칭(我心如秤)'** 보다 더 소중한 것은 없을 것이다. 특히 공직자, 판사, 심사위원, 언론인 등은 저울 같은 균형감각이 엄중하게 요구되는 직업이다. LH사건으로 민심이 분노하고 있는 것도 비정상적인 것이 관행이 되고, 강직하고 투철한 공직상이 무너졌기 때문이다.

60 子亦猶是 〈자역유시〉

子:아들 **자** 亦:또 **역** 猶:같을 **유** 是:이 **시**

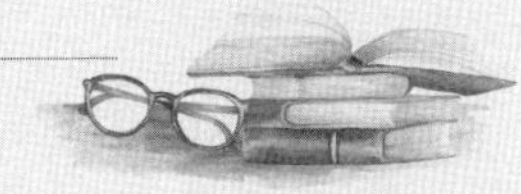

'너 또한 이와 같을 것이다'라는 뜻. 똑같은 상황에 처하게 되면 누구나 그럴 수밖에 없음을 비유하는 말.

유래 《한비자(韓非子)》의 〈설림(說林)〉편과 《열자(列子)》의 〈설부(說符)〉편에 실려 있음.

중국 전국시대의 사상가인 양주(楊朱)의 동생 양포(楊布)가 어느 날 흰 옷을 입고 외출을 하였는데 비가 많이 내렸다. 양포는 검은 옷으로 갈아 입고 집으로 돌아왔는데, 집에서 기르는 개가 그를 알아보지 못하고 짖어댔다.

양포는 주인도 몰라본다며 화가 나서 개를 때리려 하자 양주가 타일렀다. "때리지 말아라. 너 또한 마찬가지일 것이다. 네가 기르는 저 개가 나갈 때는 흰 털이었다가 검은 털이 되어서 돌아온다면 너도 어찌 이상하게 여기지 않을 수 있겠느냐(子無撲矣. 子亦猶是也. 嚮者使汝狗白而往, 黑而來, 豈能無怪哉)"라고 말하였다.

누구나 같은 상황에 처하게 된다면 마찬가지의 입장이 될 수밖에 없음을 비유한 것이다. 백왕흑귀(白往黑歸) 또는 양포지구(楊布之狗)라는 성어도 이 고사에서 유래되었다.

응용 스스로에 대한 성찰이 없는 사람, 자신의 잘못은 개의치 않고 남만 탓하는 사람은 '**자역유시(子亦猶是)**'를 잊고 사는 불쌍한 사람이다. 그런 사람은 교우관계나 사업이 잘될 리가 없다. 소크라테스가 이야기한 '너 자신을 알라'와 역지사지(易地思之)를 늘 되새겨 볼 일이다.

61 尺短寸長 〈척단촌장〉

尺:자 **척** 短:짧을 **단** 寸:마디 **촌** 長:길 **장**

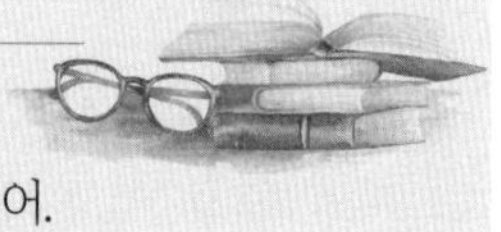

'척(尺)도 짧을 때가 있고, 촌(寸)도 길 때가 있다'라는 뜻.
사람이나 물건은 장점도 있고 단점도 있음을 비유하는 고사성어.

유래

중국 초(楚)나라의 굴원(屈原)이 지은 《초사(楚辭)》의 〈복거(卜居)〉에서 유래됨.

굴원은 한때 왕의 총애를 받아 고위 관직에 올랐으나, 주위의 시기와 모함으로 관직을 박탈당하고 유배 생활을 하였다. 그는 태복(太卜) 정첨윤(鄭詹尹)에게 답답한 심정을 토로하면서 끝까지 충정을 지켜는 것이 좋은지 아니면 뜻을 굽히는 것이 좋은지 점을 쳐 달라고 부탁하였다.

정첨윤은 "무릇 척도 짧을 때가 있고, 촌도 길 때가 있으며, 물건도 부족할 때가 있고, 지혜도 밝지 못할 때가 있으며, 점복도 미치지 못하는 것이 있고, 신령함도 통하지 못하는 것이 있습니다(夫尺有所短, 寸有所長, 物有所不足, 智有所不明, 數有所不逮, 神有所不通)"라고 대답하며, 점을 쳐서 알 수 있는 일이 아니라고 했다.

(1촌은 약 3.3㎝이며, 1척은 10촌이므로 약 33㎝)

응용

우리 속담에 '길고 짧은 것은 대봐야 안다'는 말이 있다. 지혜로운 사람도 어떤 일에는 어리석은 사람보다 쓸모가 없고, 어리석은 사람도 어떤 일에는 지혜로운 사람보다 더 쓸모가 있는 경우도 있다.

일의 종류나 상황의 변화에 따라 우열이 다르게 나타날 수 있으므로 늘 '**척단촌장(尺短寸長)**'의 대응자세가 필요하다. 특히 우리 삶에 있어서 미리 예단하거나 쉽게 단정 짓는 태도는 십분 경계해야할 대목이다.

62 他人鼾睡 〈타인한수〉

他 : 다를(남) **타**　人 : 사람 **인**　鼾 : 코고는 소리 **한**　睡 : 잠잘 **수**

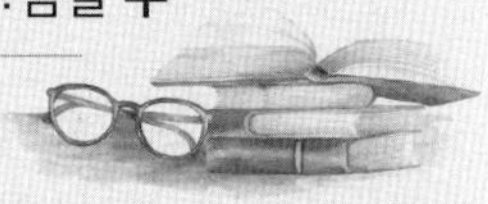

남의 코 고는 소리. 반드시 잘못한 일은 아니지만 자기에게 방해가 되면 그냥 둘 수 없음을 비유하는 말.

유래

송나라의 증조(曾慥)가 지은 《유설(類說)》에 나옴.

후주(後周)의 친위대장이던 조광윤(趙匡胤)은 후주의 5대 왕인 일곱 살의 공제(恭帝)로부터 선양받는 형식으로 송(宋)나라를 건국하게 된다. 그 후 조광윤은 중국 대륙을 대부분 병합하여 황제가 되었다. 그런데 장강(양쯔강) 남쪽의 10국 중에서 강남 지방의 남당(南唐)왕 이욱(李煜)만이 금릉(金陵:난징)을 근거지로 하여 독립을 유지하고 있었다.

송 태조는 평화적으로 남당을 합병하기 위해 노력하였으나 이욱은 듣지 않았다. 송의 대군이 몰려오자 이욱은 서현(徐鉉)을 사신으로 보내 "강남땅은 죄가 없으니 공격하지 말아 달라"고 요청했다. 그러자 송 태조는 칼자루에 손을 얹으며 다음과 같이 말했다.

"강남의 무죄는 알고 있다. 그러나 천하는 일가(一家)이므로, 침대 곁에서 다른 사람이 코고는 소리는 들을 수 없다[知無罪江南. 但天下一家 臥榻之側 豈容他人鼾睡乎]" 송 태조의 이 말에 이욱은 겁을 먹고 송에 항복하고 말았다.

응용

최근 일본 정부는 후쿠시마 원전의 오염수를 해양에 방류하기로 결정했다. 결코 한국의 피해는 없을 것이라고 강변하고 있지만, **'타인한수(他人鼾睡)'**가 아닌가? 우리 어민들뿐만 아니라 수입된 일본 수산물을 먹는 소비자 입장에서는 매우 우려스러운 사안이다. 일본의 안전수칙 준수와 국제적인 검증이 요구된다.

63 破竹之勢 〈파죽지세〉

破 : 깨뜨릴 **파**　竹 : 대 **죽**　之 : 갈(의) **지**　勢 : 형세(기세) **세**

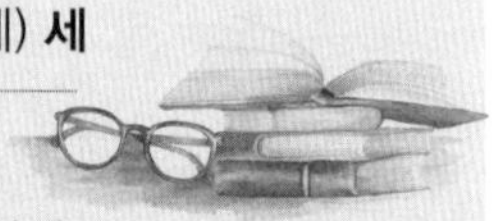

대나무를 쪼개는 기세(氣勢)라는 뜻. 세력이 강대하여 대적할 상대가 없음을 비유하는 말. 또는 일이 거침없이 잘 풀리는 모양새.

유래

《진서(晉書)》〈두예전(杜預傳)〉에 나오는 이야기.
위(魏)나라의 권신 사마염(司馬炎)은 원제(元帝)를 폐한 뒤, 스스로 제위에 올라 무제(武帝)라 일컫고, 국호를 진(晉)이라고 했다. 그 후 무제는 진남대장군 두예(杜預)에게 오(吳)나라 정벌을 명하였다. 두예가 무창(武昌)까지 공략하였을 때 휘하 장수들은 '강물의 범람과 전염병의 우려'를 들면서 일단 철군했다가 겨울에 다시 공격할 것을 건의하였다. 그러나 두예는 「지금 아군의 사기는 마치 '대나무를 쪼개는 기세'이다. 대나무란 처음 두세 마디만 쪼개면 그 다음부터는 칼날이 닿기만 해도 저절로 쪼개지는 법인데, 어찌 이런 절호의 기회를 버린단 말인가.」 라고 단호하게 반박하며, 곧바로 전군을 휘몰아 오나라의 도읍 건업(建業)으로 진격하여 단숨에 공략했다. 이에 오왕 손호(孫皓)가 항복함으로써 마침내 진(晉)나라는 삼국(三國)시대의 종지부를 찍고 천하를 통일했다.

응용

1989년 가스신문이 창간할 당시, 가스수요는 하루가 다르게 급증하는 시기였다. 편리하고 청정한 에너지에 대한 국민적인 열망이 가스레인지에 집중되었고, LPG수요는 전국적으로 요원의 불길처럼 번져 가히 '**파죽지세(破竹之勢)**'의 형국이었다. 그 때 천연가스(도시가스)도 본격적인 보급을 개시하면서 우리나라는 세계사에 유래가 없는 국민연료의 현대화를 조기에 이룩한 것이다.

64 河淸難俟 〈하청난사〉

河:황하 **하**　淸:맑을 **청**　難:어려울 **난**　俟:기다릴 **사**

황하가 맑아지기를 기다리기 어렵다는 뜻. 아무리 기다려도 이루어지기 힘든 일이나 기대할 수 없는 일을 비유하는 말.

유래

《좌전(左傳)》〈양공(襄公) 8년〉에 나오는 말.

춘추시대 소국인 정(鄭)나라가 강대국 초(楚)나라의 침공에 직면하자, 경대부 여섯 명이 대책회의를 열었는데, 진나라에 원병을 요청하자는 주장과, 초나라와 강화하자는 주장이 반반으로 나뉘어져 팽팽하게 맞섰다.

이때 화친을 주장하던 자사(子駟)는 "주시(周詩)에 이런 말이 있습니다. 「황하(黃河)의 물이 맑기를 기다리지만 사람 수명은 얼마나 되는가. 이렇게 저렇게 점을 치지만 그물에 얽힌 듯 갈피를 잡지 못하네.」 우선 초나라와 강화를 해서 백성들을 위험에서 구하고 그 다음에 진나라가 오면 따르는 것이 좋을 것입니다." 라고 말하였다. 정나라는 자사의 말에 따라 초나라와 화친하여 위기를 모면했다.

황하는 강의 상류지역이 황토모래 사막지역이라 강의 하류는 맑은 물을 볼 수가 없다. 천년에 한번은 맑아진다는 전설이 있으나, 사실 그런 날은 없었다고 한다. '백년하청(百年河淸)'도 같은 뜻이다.

응용

미얀마 비상상황이 3개월 넘게 지속되고 있다. 군부 쿠데타를 반대하는 국민의 시위를 무자비하게 유혈진압하면서 벌써 730명이 넘는 사망자가 발생했다고 한다. 세계는 미얀마 국민의 민주화 투쟁을 응원하고 있지만, 현실적으로는 '**하청난사(河淸難俟)**'라고 한다. 미얀마는 오랜 세월 군부가 뿌리 깊게 정치 경제를 장악하고 있는데다, 135개의 민족으로 구성된 다민족 국가라서 소수민족 간의 오랜 갈등이 얽히고 설켜 있기 때문이다.

65 開源節流 〈개원절류〉

開:열 **개**　源:근원 **원**　節:절약할 **절**　流:흐를 **류**

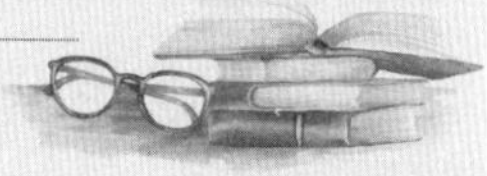

재원(財源)을 개발하고 지출을 줄인다는 뜻으로,
부를 이루기 위하여 지켜야 할 원칙을 비유한 말.

유래

순황(荀況)이 지은 《순자(荀子)》의 〈부국(富國)〉 편에서 유래.

순자는 국가의 강약과 빈부에 대해 설명한 글에서 경제를 물에 비유하여 생산과 수입은 원천(源)으로, 비용과 지출은 흐름(流)으로 파악하였다. 그는 부국의 요체는 바로 원천을 늘리고(開源) 흐름을 줄이는(節流) 것으로 보았다.

"백성들이 천시(天時)의 화기(和氣)를 얻고, 사업을 절차에 맞게 하는 것이 재화의 원천이다. 세금을 걷어 국고에 비축한 것은 아무리 많다 하더라도 다 써 버릴 수 있는 것이므로 이는 재화의 흐름이다. 그러므로 현명한 군주는 반드시 신중하게 화기를 길러 재화의 흐름을 절제하는 한편, 재화의 원천을 개발해야 한다(故明主必謹養其和, 節其流, 開其源)"고 말했다. 이러한 이론은 국가재정에만 국한되지 않고 백성들도 부를 이루기 위해서는 '증산과 절약의 원칙'이 중요하다는 의미로 사용되고 있다.

응용

지금 우리나라의 국가부채는 1,985조(GDP대비 103% 상회), 가계부채는 1,726조, 기업부채는 1,233조라고 한다. 물론 코로나19에 따른 경제대응 영향도 커지만, 양식 있는 국민은 정부의 확장적인 재정정책에 대하여 후대의 부담을 많이 염려하고 있다. 물론 돈을 잘 벌게 되면 부채는 큰 문제가 아닐 것이다. 그러나 이제는 정부도 기업도 가계도 불요불급한 지출을 줄이면서 '**개원절류(開源節流)**'에 충실해야 할 때라고 생각한다.

66 亂臣賊子〈난신적자〉

亂:어지러울(반역) **난**　臣:신하 **신**　賊:도둑(해칠) **적**　子:아들 **자**

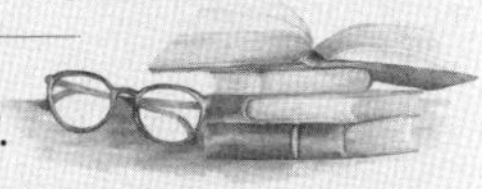

나라를 어지럽히는 신하와 어버이를 해치는 자식을 일컫는 말.

유래

《맹자(孟子)》〈등문공하(滕文公下)〉 ‘부자호변장(夫子好辯章)편에 나옴. 즉 맹자는 그의 제자 공도자(公都子)와 대화하면서 천하의 도의를 위하여 우(禹)임금, 주공(周公), 공자(孔子) 등 세 성인(聖人)을 계승하는 것이 자신의 뜻임을 밝히고 다음과 같이 말하였다.

「세상이 쇠퇴하고 정도가 희미해져서 사설(邪說)과 폭행이 일어났다. 신하가 자기 임금을 죽이는 일이 생기고 자식이 아비를 죽이는 일이 생기게 되었다. 공자가 이를 우려하여 《춘추(春秋)》를 지었다. -중략-

옛날에 우임금이 홍수를 막으니 천하가 태평해졌고, 주공이 오랑캐를 아우르고 맹수를 몰아내니 백성들이 편안해졌으며, 공자께서 《춘추》를 완성하니 나라를 어지럽히는 신하와, 어버이를 해치는 자식들이 두려워하게 되었다(昔者禹抑洪水而天下平 周公兼夷狄驅猛獸而百姓寧 孔子成春秋而亂臣賊子懼)」

난신적자는 윗글의 ‘공자성춘추이난신적자구’에서 따온 것이다. 공자가 살았던 춘추시대는 도의가 땅에 떨어지고 세상이 혼란했던 시대였다.

응용

어느 시대이나 나라를 어지럽히는 불충한 무리들은 있기 마련이지만, 요즘은 부모가 가진 재산 때문에, 혹은 꾸중에 격분하여 부모를 해치는 자식들이 있으니 참으로 통탄할 일이다. 혹시 윤리도덕이 뒷전으로 밀리고 성적과 출세를 지상목표로 삼는 우리의 교육이 ‘**난신적자(亂臣賊子)**’를 만들고 있는 것은 아닌지, 국가와 가정이 다함께 문제의식을 가지고 교육적인 해결방안을 찾아야 하겠다.

67 簞食瓢飮 〈단사표음〉

簞:대광주리 **단**　食:밥 **사**(식)　瓢:표주박 **표**　飮:마실 **음**

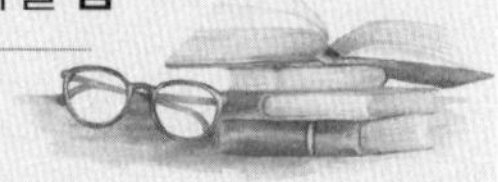

대광주리에 밥을 먹고 표주박으로 물을 마신다는 뜻.
매우 소박하고 청빈한 생활을 비유하는 말.

유래 《논어(論語)》 옹야편(雍也篇)에 나오는 말.

공자는 무려 3천 명의 제자를 두었는데, 그 가운데는 자공(子貢)처럼 이재(理財)에 밝은 사람이 있었는가 하면, 자로(子路)처럼 벼슬길에 나아가 성공한 사람도 있고, 안회(顔回)처럼 가난하지만 학문을 좋아하는 사람도 있었다. 그 중에서 공자가 가장 사랑하고 아끼던 제자는 안회였다.

안회는 워낙 학문을 좋아하여 나이 29세에 벌써 백발이 되었다고 한다. 그러나 안회는 찢어지게 가난하여 끼니 거르기를 밥 먹듯 했으며 평생 지게미조차 배불리 먹어 본 적이 없을 정도였다. 그러나 그는 가난을 부끄럽게 여기지 않고 학문에만 열중했다. 이런 안회를 보고 공자가 칭찬하였다. "어질도다, 안회여. 한 소쿠리의 밥과 한 표주박의 물로 누추한 곳에 거처하며 산다면, 다른 사람은 그 근심을 견디어 내지 못하거늘 안회는 즐거움을 잃지 않는구나. 어질도다 안회여(賢哉回也 一簞食一瓢飮在陋巷 人不堪其憂 回也不改其樂 賢哉回也)." 공자는 두 번이나 '어질도다 안회여.'라고 찬미한 것이다.

응용 소박한 밥상이나 변변찮은 음식을 좋아할 사람은 없다. 그러나 가난했던 예전에는 '**단사표음(簞食瓢飮)**'도 감사하며 일과 공부에 정진해서 성공한 사람들이 많았다. 모든 것이 풍요로운 오늘날에는 오히려 환경을 탓하는 사람들이 더 많다. 성취하기 전까지는 분수껏, 형편껏, 생활에 만족하는 삶을 결코 부끄럽게 생각하지 말아야 하겠다.

68 馬革裏屍 〈마혁과시〉

馬:말 **마**　革:가죽 **혁**　裏:쌀 **과**　屍:시체 **시**

말가죽으로 시체를 싼다는 뜻.
전쟁터에 나가서 죽을 각오로 임하겠다는 말.

유래

《후한서(後漢書)》 마원전(馬援傳)에 나오는 이야기.

마원(馬援)은 후한(後漢) 광무제(光武帝) 때 용맹과 인격이 뛰어난 명장이었다. 남방의 교지(交趾)지역을 평정하고 낙양으로 개선하였는데, 맹익(孟翼) 등 많은 유명 인사들이 그를 환영하며 의례적인 축하인사를 하자 이렇게 대답했다. "지금 흉노(匈奴)와 오환(烏丸)이 북쪽 국경을 시끄럽게 하고 있으니 이들의 정벌을 천자께 청하리라" 하고는 "대장부는 마땅히 싸움터에서 죽어 말가죽으로 시체를 싸 가지고 돌아와 장사를 지낼 뿐이다. 어찌 침대 위에 누워 여자의 시중을 받으며 죽을 수 있겠는가(男兒要當死於邊野, 以馬革裏屍還葬耳, 何能臥床上在兒女子手中邪)"하였다.

마원이 다시 싸움터에 나가게 되었을 때 황제는 조서를 내려 백관이 모두 그를 전송하도록 했다. 흉노와 오환의 토벌이 끝난 후에도 마원은 노구를 이끌고 남방의 만족(蠻族)을 정벌하러 출정했다가 전염병에 걸려 어려운 처지에서도 전투를 독려하다가 끝내 진중에서 전사하고 말았다.

응용

국가안보 태세가 확립돼 있다고 믿지만, 오늘날 군을 보면 복무기간도 지나치게 단축되고, 때론 군기마저 해이해져 경계실패와 어처구니없는 사건·사고 등도 많다. 시대변화에 따른 현상이라고 하지만, 보국충성을 위하여 **'마혁과시(馬革裏屍)'**를 하겠다는 비장한 각오를 다지는 군인정신을 쉽게 찾아보기 어려운 것은 필자만의 느낌일까?

69 返老還童 〈반로환동〉

返:돌이킬 **반**　老:노인 **로**　還:돌아올 **환**　童:아이 **동**

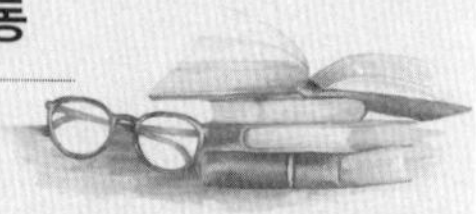

늙은이가 어린아이로 변한다는 뜻.
노인의 건강이 아주 좋아져서 젊어짐을 비유함.

유래

《신선전(神仙傳)》에 나오는 이야기. 송(宋)나라 때 장군방(張君房)이 편찬한 도교 교리 개설서 《운급칠첨(雲笈七籤)》에도 언급됨.

중국 전한(前漢)시대 회남왕(淮南王) 유안(劉安:BC 179~BC 122)은 문학애호가로서 《회남자(淮南子)》를 저술하였는데, 선도(仙道)를 즐겨하며 오래 살고 늙지 않는 장생불로(長生不老)의 비법을 구하려고 하였다.

이 소식을 듣고 팔공(八公)이라 하는 여덟 명의 노인들이 찾아와서 늙는 것을 물리치는 기술을 알려주겠다고 하자, 회남왕은 노인들도 깡마르고 늙은 몸인데 어떻게 각로지술(却老之術)을 가졌는지 믿을 수가 없어 자신을 속이려고 하는 노인네들로 여겼다. 그러자 여덟 명의 노인들은 "우리들의 늙은 모습을 보고 왕께서 싫어하시는 것 같은데 아직은 젊습니다"라고 말한 뒤에 몸가짐을 가다듬자 모두 어린아이의 모습으로 변하였다고 전해진다. 훗날 회남왕은 팔공들의 가르침을 받아 신선이 되었다는 전설이다.

응용

인간의 생로병사는 태초에 조물주가 만든 어김없는 순환 사이클이다. 나이가 많아짐에 따라 신체적·정신적인 기능이 쇠퇴하는 것을 그 누구도 막을 수는 없다. 다만 현대는 의료기술과 영양섭취 등 삶의 질이 향상되면서 평균수명이 연장되는 추세이다. 또한 '**반로환동(返老還童)**'은 아닐지라도 건강관리를 열심히 해서 생체나이가 훨씬 젊게 보이는 어르신들이 늘어나는 것은 매우 바람직한 현상이다.

70 斯文亂賊 〈사문난적〉

斯:쪼갤 **사** 文:글 **문** 亂:어지러울 **란** 賊:도둑 **적**

유교의 학문을 쪼개는(斯文) 난적(亂賊). 즉 주자의 해석을 벗어난 학설을 펼치는 사람을 비방할 때 쓰는 말. 이단적인 학설 또는 정통에 어긋나는 학설을 주장하는 사람들을 가리킬 때 쓰는 표현.

유래

공자가 광(匡)마을에서 포악한 장군 양호(陽虎)로 오인 받아 위험에 처했을 때 자신은 문왕과 주공이 남긴 학문과 사상을 이어받았기 때문에 천명으로 결코 위험에 빠지지 않을 것이라고 했다. 여기에서 '사문(斯文)'이 유래하였다.

우리나라의 경우, 조선 중엽부터 성리학적 명분론이 점차 강화되고, 당쟁이 격렬해지면서 그 뜻이 매우 배타적으로 되어 유교의 교리 자체를 반대하지 않더라도 그 교리의 해석을 주자(朱子)의 방법에 따르지 않는 사람들까지도 사문난적으로 몰았다.

송시열(宋時烈, 1607~1689)을 비롯한 노론에서는 성리학적 의리를 실현시켜 흐트러진 사회 질서를 회복한다는 명분으로 윤후, 박세당, 허목, 윤 증 등 소론의 개혁적인 인사들을 '사문난적'이라고 공격하여 사사하거나 귀양을 보냈다.

응용

조선 후기 고착화된 성리학의 '**사문난적(斯文亂賊)**' 논란은 조선의 학풍을 더욱 폐쇄적으로 만들었고, 또 정적들을 제거하기 위한 수단으로 악용되는 부작용도 나왔다. 한때 광풍처럼 불었던 '적폐청산(積弊淸算)'이 연상되는 것은 무슨 까닭일까. 자신들도 나중에는 청산 대상이 될 수 있는데, 자체 개혁과 개과천선 없이 상대만 적폐로 공격하는 것을 과연 간사한(?) 민심들이 다음에는 어떻게 볼지 궁금하다.

71 我將東徙 〈아장동사〉

我:나 **아** 將:장차 **장** 東:동녘 **동** 徙:옮길 **사**

'나는 장차 동쪽으로 이사를 가려 한다'라는 뜻.
자신의 잘못이나 허물을 고치려 하지 않고 남의 탓만 하는 것을 비유하는 말.

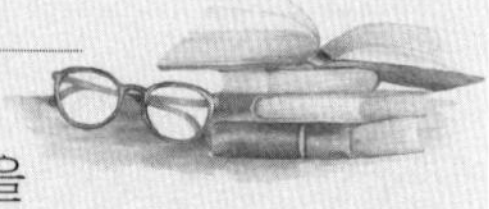

유래 중국 전한(前漢)시대 유향(劉向)이 지은 《설원(說苑)》의 〈담총(談叢)〉편에 실린 올빼미 우화에서 유래됨.

비둘기[鳩]가 올빼미[梟]를 만나 어디로 가는지 물었다. 올빼미는 "나는 동쪽으로 이사를 가려고 한다(我將東徙)"고 하였다. 비둘기가 무슨 까닭이냐고 물었더니, 올빼미는 "마을 사람들이 모두 나의 울음소리를 싫어하기 때문이다"라고 하였다. 그러자 비둘기는 올빼미에게 "너의 울음소리를 고치는 것이 옳은 일이다. 울음소리를 고칠 수 없다면 동쪽으로 이사를 가더라도 그곳 사람들은 여전히 너의 울음소리를 싫어할 것이다"라고 하였다.

올빼미가 그 특유의 울음소리를 고치지 않고서는 어디를 가더라도 사람들이 싫어할 것인데, 올빼미는 자신의 허물을 고치려 하지 않고 자신의 울음소리를 싫어하는 사람들만 탓하면서 단지 사는 곳을 옮김으로써 문제를 해결하려 한 것이다.

응용 우리 속담에 '잘되면 제 탓, 못되면 조상 탓'이란 말이 있다. 옛날부터 자신이 잘못해 놓고도 항상 **'아장동사(我將東徙)'**로 남의 탓만 찾는 사람들이 있었기 때문이다. 일이 안 되었을 때 무엇이 잘못되었을 때 그 책임을 남에게 돌리는 태도는 비겁한 행동이다. 자기 스스로를 제어하는 사람은 결코 남을 원망하지 않는다.

72 自暴自棄 〈자포자기〉

自:스스로 **자** 暴:사나울 **포** 自:스스로 **자** 棄:버릴 **기**

옛날에는 예의를 헐뜯기만 하고, 인의(仁義)를 따르지 않는 것을 비판하는 말이었으나, 오늘날에는 절망에 빠져 자신을 스스로 포기하고 체념한다는 뜻으로 사용함.

유래

《맹자(孟子)》의 〈이루상편(離婁上篇)〉 나오는 말.

맹자는 '스스로를 해치는 사람과는 더불어 이야기할 수 없고, 스스로를 버리는 사람과는 더불어 일할 수 없다. 말로 예의(禮義)를 비난하는 것을 스스로 자기를 해치는 자포(自暴)라 하고, 내 몸이 인(仁)에 살고 의(義)를 따라 행하지 않는 것을 스스로를 버리는 자기(自棄)라 한다. 인은 사람의 편안한 집이고, 의는 사람의 올바른 길이다. 편안한 집을 비워 두고 살지 않고, 바른 길을 버리고 행하지 않으니, 슬픈 일이다.'

〔自暴者 不可與有言也 自棄者 不可與有爲也 言非禮義 謂之自暴也 吾身不能居仁由義 謂之自棄也 仁 人之安宅也 義 人之正路也 曠安宅而弗居 舍正路而不由 哀哉〕

이 말은 맹자가 인의를 설명하기 위해 사용한 철학적 성격을 띤 말로, 즉 인간의 도리를 망각한 자와는 상종을 말라는 경고이다.

응용

젊은이들이 신변을 비관하며 **'자포자기(自暴自棄)'** 상태에서 목숨을 끊는 안타까운 뉴스가 자주 등장하고 있다. 우리나라는 유엔이 인정한 명실상부한 선진국이다. 그런데 삶의 행복지수는 OECD 35개국 중에서 33위라고 하니 매우 서글픈 현실이다.

푼돈 몇 푼이 아니라, 젊은이들이 꿈과 희망을 가질 수 있도록 하는 정부정책과 격려하는 사회적 분위기 조성이 시급한 때이다.

73 嗟來之食 〈차래지식〉

嗟:탄식할 **차** 來:올 **래** 之:갈 **지** 食:먹을 **식**

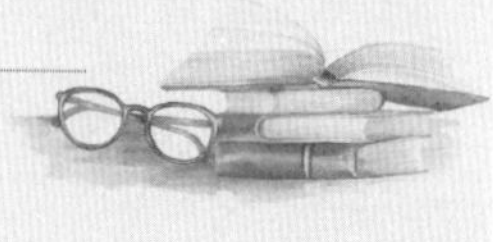

무례한 태도로 불러서 주는 음식.
즉 업신여기며 푸대접으로 주는 음식이라는 뜻.

유래 《예기(禮記)》의 〈단궁하편(檀弓下篇)〉에서 유래됨.

춘추시대 제(齊)나라에 큰 기근이 들어 많은 사람들이 굶주려 쓰러졌다. 이때 금오라는 부자가 자신의 덕을 널리 알리기 위해 길가에 음식을 늘어놓고는 지나가는 굶주린 사람들에게 나누어 주었다. 하루는 굶어서 부황(浮黃)이 든 너덜너덜한 옷을 입은 한 사나이가 찾아왔다. 지팡이에 의지한 그의 몸은 당장이라도 쓰러질 것만 같았다. 이 모습을 본 금오가 왼손에 밥, 오른손에는 마실 것을 들고 행인에게 거만한 태도로 말하였다. "이봐, 이리 와서 이걸 먹어라." 이렇게 말하면서, 금오는 그 행인이 기뻐 눈물을 흘릴 것으로 생각하였다.

그러나 그는 기뻐하기는커녕, 금오를 매섭게 쏘아보면서 "내가 이런 차래지식(嗟來之食) 따위를 먹으려 하지 않았기 때문에 지금과 같은 꼴이 되고 말았다. 가짜 선심은 그만둬라" 하고는 그대로 가버렸다. 물론 그 사나이는 무례한 음식을 거부한 대가로 굶어죽고 말았다.

응용 요즘도 사회복지의 사각지대가 있어서 가끔 굶어 죽는 사람이 있다. 특수한 사정이야 있겠지만, 왜 무료급식소라도 이용하지 않았을까하는 안타까운 생각이 들 때가 많다. 우리 속담에 '수염이 대 자라도 먹어야 양반이다'란 말이 있다. 물론 무료급식소에서는 이용하는 분들을 '**차래지식(嗟來之食)**'으로 대하지는 않겠지만, 늘 최소한의 자존심과 체면은 고려해야 하겠다.

 신문게재일자 – 2021.7.21

74 打草驚蛇 〈타초경사〉

打:칠 **타** 草:풀 **초** 驚:놀랄 **경** 蛇:뱀 **사**

풀을 쳐서 뱀을 놀라게 한다는 뜻.
한쪽을 징벌해서 다른 한쪽을 경계하도록 하는 것을 비유하는 말.

유래

중국 송(宋)나라 때 정문보(鄭文寶)의 책 《남당근사(南唐近事)》에 나오는 이야기. 당나라 때, 왕로(王魯)라는 지방 현령이 탐관오리로서 온갖 비리로 사복을 채우자, 견디다 못한 백성들이 일부러 그 현령의 부하인 주부(主簿)의 부정부패 사실과 비리를 열거해 왕로에게 고발장을 올렸다.

고발장을 읽어보던 왕로는 깜짝 놀라며 판결문에 '여수타초 오이경사(汝雖打草吾已驚蛇)'라는 글귀를 적었다고 한다. 즉 '그대들이 비록 풀밭을 건드렸지만 이미 나는 놀란 뱀이 되었다'라는 뜻으로, 이것은 백성들이 자기 부하의 비리를 고발한 것은 곧 우회적으로 자신의 비리를 고발한 것이라고 생각하고 지레 겁을 먹은 것이다. 이렇게 해서 을을 징계해서 갑을 각성하게 하려 한 백성들의 의도는 충분히 달성되었다.

요즘은 '한 사람을 경계하여 다른 사람을 각성케 함' 또는 '공연히 문제를 일으켜 화를 자초함'이란 뜻으로 사용되고 있다.

응용

요즘 집권 여당의 대통령 후보 선출을 위한 경선 과정을 지켜보면, 국민이 잘 알지 못했던 6용 후보들의 과거 전력들이 속속 드러나고 있다. 여기에 주로 등장하는 전술들이 변죽을 울려 경쟁상대의 정체를 드러나게 하는 '**타초경사(打草驚蛇)**'이거나, 본류와 결부되는 지류 타격기법들이라서 매우 흥미진진해진다. 다만 지나친 네거티브공세는 진흙탕 싸움 같아서 우려되는 대목이다.

75 破甑不顧 〈파증불고〉

破:깨뜨릴 **파** 甑:시루 **증** 不:아니 **불** 顧:돌아볼 **고**

깨진 시루는 돌아보지 않는다는 뜻.
지나간 일은 아쉬워해도 소용이 없으므로 깨끗하게 단념하라는 말.

유래

《후한서(後漢書)》 〈곽태전(郭泰傳)〉에 나오는 이야기.
거록(巨鹿)사람인 맹민(孟敏)은 태원(太原)에서 타향살이를 하였다. 어느 날 시루를 등에 지고 가다가 실수로 땅에 떨어지자 뒤도 돌아보지 않고 가버렸다.(荷甑墮地, 不顧而去) 이를 지켜보던 대학자 곽태(郭泰/자는 林宗)가 맹민의 행동이 보통 사람과는 다른 점이 있으므로 그에게 무슨 생각으로 그랬는지 물어 보았다.
그러자 맹민은 "시루가 이미 깨졌는데 돌아본다고 무슨 도움이 되겠습니까?"라고 말했다. 곽태는 맹민의 비범함을 알아보고 학문에 힘쓰도록 권유하였다. 10년이 지나 맹민은 이름이 천하에 알려지고 삼공(三公)의 지위에 올랐다.
그 후 파증불고는 과거를 돌아보지 않고 앞으로 전진하는 용기와 담담함을 상징하는 말이 되었다.

응용

살다보면 과거의 실수나 기회를 놓친 것을 자책하거나 두고두고 아쉬워할 때가 많다. 그러나 이미 '엎질러진 물'이나 '쏘아 놓은 화살'처럼 되돌릴 수 없는 일에 집착해 봐야 지금의 나에게 도움이 될 것이 별로 없다.
삶에 있어서 때로는 '**파증불고(破甑不顧)**'의 담대한 단념이 필요하다. 과거에서 교훈은 얻을 수 있어도 과거 속에서 살 수는 없기 때문이다.

76 下筆成文 〈하필성문〉

下:아래 **하** 筆:붓 **필** 成:이룰 **성** 文:글월 **문**

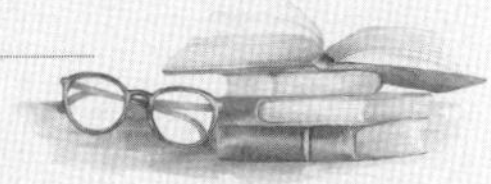

'붓을 들어 쓰기만 하면 문장이 이루어진다'라는 뜻.
글재주가 뛰어난 것을 비유하는 고사성어.

유래

《삼국지(三國志)》의 〈위서(魏書)·진사왕식전(陳思王植傳)〉

중국 삼국시대 위(魏)나라의 시인 조식(曹植)은 조조(曹操)의 셋째 아들로, 건안문학(建安文學)의 대표적 시인이다. 어느 날 조조는 조식이 쓴 문장을 보고 그 출중함에 매우 놀라며 "누가 대신 써 준 것이 아니냐?"라고 물었다. 조식은 "제가 말을 하면 경륜이고, 붓을 드리우면 문장이 이루어지는데(言出爲論, 下筆成章), 누구에게 대신 써 달라고 할 필요가 있겠습니까." 라고 대답하였다.

그 무렵 조조가 세운 동작대(銅雀臺)가 완성되어, 조조는 축성식에 참석한 아들들에게 동작대를 주제로 하여 부(賦)를 한 편씩 지어 보라고 하였다. 그러자 조식은 순식간에 한 편의 빼어난 작품을 완성하여 사람들을 탄복하게 하였으니, 이것이 유명한 《동작대부(銅雀臺賦)》이다.

'하필성문'은 '하필성장(下筆成章)' '하필성편(下筆成篇)'이라고도 한다.

응용

한때 청와대 국민청원에 올라 43만 명 이상의 공감을 받으면서 시중에 화재가 되었던 '진인(塵人) 조은산이 시무7조를 주청하는 상소문을 올리니 삼가 굽어 살펴주시옵소서'라는 글은 가히 **'하필성문(下筆成文)'**이었다.

그의 글은 정치문제는 차치하고서라도 고단한 민초들이 삶의 현장에서 공감하는 것들을 담대하게 담아내면서, 풍자와 직설이 어우러진 정말 시원하고 꿀맛 나는 글이었다.

77 刻畫無鹽 〈각화무염〉

刻:새길 **각**　畵:그림 **화**　無:없을 **무**　鹽:소금 **염**

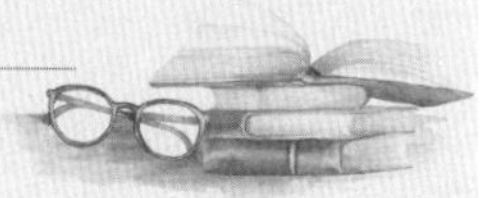

추녀(무염)가 아무리 화장을 해도 미인과는 비교할 수 없다.
차이가 많이 나서 전혀 비교가 되지 않음을 비유하는 말.

유래

《진서(晉書)》〈주의전(周顗傳)〉

중국 전국시대(戰國時代) 제(齊)나라 무염(無鹽)읍이라는 지방에 40세가 되어도 시집을 못간 종리춘(鐘離春)이라는 못생긴 여자가 살았다. 종리춘은 어느 날 제 선왕(宣王)을 찾아가 앞으로 제나라에 닥칠 네 가지 어려운 문제와 그에 대한 해결책을 제시했다. 그의 재능에 감복한 선왕은 종리춘을 무염군(無鹽君)에 봉하고 황후로 삼았다.

진(晉)나라 원제(元帝) 때 주의(周顗)라는 훌륭한 신하가 있었는데, 주위사람들이 그를 '악광(樂廣)과 같이 고결한 사람'이라고 하자 주의는 악광과는 비교될 수 없다면서 "어찌 무염에게 화장을 한다고 하여 갑자기 서시(西施)가 되겠는가[何乃刻畫無鹽 唐突西施也]"라고 말하면서 겸손함을 나타냈다고 전해진다.

무염은 고대 중국의 대표적 추녀(醜女)이고, 서시는 춘추시대 월(越)왕 구천이 오(吳)왕 부차를 멸망시키기 위하여 미인계로 보낸 절세미인이다.

응용

어느 시대나 자기 잘난 맛에 사는 사람들이 많지만, 요즘 수많은 대선 예비후보군을 보면 더욱 그렇다. 일부 후보들의 몰지각한 과거 행적과 수준을 국민은 익히 알고 있는데, '**각화무염(刻畫無鹽)**'도 유분수이지 어느 날 갑자기 분 바르고 나타나 자기 주제를 모르고 나라를 경영하겠다고 설치고 있으니 참으로 한심스럽다.

78 內助之功 〈내조지공〉

內:안 **내**　助:도울 **조**　之:갈 **지**　功:공 **공**

「내부에서 돕는 공(功)」이란 뜻.
아내가 집안일을 잘 다스려 남편을 돕는 것을 비유하는 말.

유래 삼국지(三國志)·위서(魏書)》〈후비전(后妃傳)〉에 나옴.

위(魏)나라 왕 조조는 후계자로 장자(長子)인 조비(曹丕)와 똑똑하고 문장이 뛰어난 조식(曹植)중에서 고심하다가 나이와 장자라는 명분으로 조비로 정했는데, 그 이면에는 훗날 조비의 황후가 된 곽씨(郭氏)의 도움이 컸다고 한다. 곽씨는 남군태수 곽영의 딸로 어려서부터 영특하여 곽영이"내 딸은 여자 중의 왕이다"라 칭하며 '여왕'이라 불렀다. 조비 등극 후 잔잠(棧潛) 등의 반대에도 내조의 공으로 결국 황후가 된다.

옛날부터 '제왕은 천하를 다스림에 있어, 밖에서 돕지 않으면 안에서 돕는 것이 있었다. 〔재석제왕지치천하(在昔帝王之治天下), 불유외보 역유내조(不惟外輔 亦有內助)〕'

이러한 내조사례는 우리나라 고서에도 많이 등장한다. 〈삼국사기〉에는 '주몽이 나라의 기초를 개척하여 왕업을 창시함에 있어서 소서노의 내조가 매우 많았다'고 적고 있다. 또한 고려 말 공민왕의 왕비인 노국공주(원나라 세조의 딸)의 헌신적인 내조도 유명하다.

응용 오늘날 여성과 남성의 권리 및 기회의 평등을 핵심으로 하는 페미니즘이 보편적으로 통용되면서 '내조'라는 말은 무색해지고 있다. 그러나 남편의 사회생활이나 출세에 미치는 아내의 **'내조지공(內助之功)'**은 값진 가치이다. 반대로 아내가 사회생활의 전면에 나설 경우에는 남편의 적극적인 '외조'도 필요한 시대이다.

79 簞食壺漿 〈단사호장〉

簞:대광주리 **단** 食:밥 **사** 壺:병 **호** 漿:미음 **장**

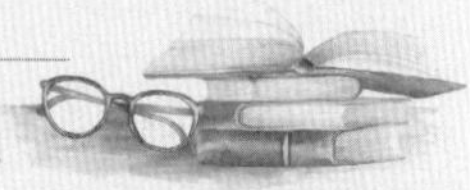

대소쿠리(도시락)에 담은 밥과 단지에 넣은 미음(음료)이란 뜻.
백성들이 소박한 정성(음식)으로 군대를 환영함을 이르는 말.

유래

《맹자(孟子)》의 〈양혜왕장구하편(梁惠王章句下篇)〉에 나옴.

중국 제(齊)나라가 내전으로 혼란에 빠져있던 연(燕)나라에 쳐들어가서 승리하자 연나라 백성들은 기뻐하며 제나라 군대를 환영하였다. 그러나 제나라를 비난하는 여론도 비등하였는데, 제의 선왕(宣王)은 맹자를 찾아가 자신의 침략행위에 대한 정당성을 물었다.

이에 맹자는 "연나라 백성들이 대그릇에 담은 밥과 호리병에 넣은 음료수를 가지고 나와 임금의 군사들을 맞이하는 것은 〔簞食壺漿 以迎王師〕 어려움(폭정과 내전)에 처한 백성들을 구하지 않았다면 연나라의 백성들은 임금의 군대를 환영하지 않을 것이다."라고 말하였다.

조선의 용비어천가[권제2 제10장]에도 태조 이성계의 위화도 회군을 이렇게 정당화하고 있다. '광부가 사학함으로, 백성들은 태조의 의기를 기다려, 단사호장으로, 태조 오시기를 길에서 바라니 〔狂夫肆虐 爰徯義旗 簞食壺漿 于路望來〕'

응용

고대이던 현대이던 전쟁을 하는데 있어 원활한 보급이 없다면 재대로 싸울 수가 없다. 만주에서 독립군들이 활약할 수 있었던 것도 그 누군가가 의류와 식량 등을 대주었기 때문이다. 비록 '**단사호장(簞食壺漿)**'일지라도 독립군들이 굶지 않고 싸울 수 있도록 뒷바라지 해준 드러나지 않았던 인물들의 독립유공도 높이 포상해야 하겠다.

80 邈姑射山 〈막고야산〉

邈 : 멀(아득할) **막**　姑 : 시어머니 **고**　射 : 벼슬(산)이름 **야**　山 : 뫼 **산**

옥황상제가 산다는 산. 신선들이 살고 있다는 전설 속의 산.

유래

《장자(莊子)》의 〈소요유편(逍遙遊篇)〉에 나옴.

전설상의 신선인 견오(肩吾)와 연숙(連叔)의 대화중에서 견오가 "초나라의 은사 접여(接與)의 말로는 막고야산에 신인이 살고 있는데, 피부는 얼음이나 눈처럼 희고, 몸매는 처녀같이 부드럽다네. 오곡을 먹지 않고 바람과 이슬을 빨아들이며, 구름의 정기를 타고 비룡을 부리면서 세상 밖에까지 나가 논다고 하네. 그가 정기를 한곳에 모으면 만물이 병들지 않고 곡식이 잘 영근다네. 하도 허황된 이야기라서 믿어지지가 않는군."

그러자 연숙은 "장님은 색깔의 아름다움을 보지 못하고, 귀머거리는 종과 북소리를 듣지 못하네. 어찌 형체에만 장님과 귀머거리가 있겠는가. 지식에도 그와 같으니, 지금 자네 같은 사람을 두고 이르는 말일세. 신인의 덕은 만물을 섞어 하나로 만들려는 것이라네. 세상은 그가 천하를 다스릴 것을 바라고 있으나, 먼지나 때, 작은 겨자씨로도 능히 요와 순을 만들 수 있는 사람인데 그가 무엇 때문에 굳이 천하를 다스리려 하겠는가."라고 말하였다.

응용

에디슨은 '이 세상에서 가장 행복한 사람은 일하는 사람, 사랑하는 사람, 희망이 있는 사람이다'라고 했다. 비록 소박하지만 알뜰한 꿈을 향하여 근검절약하고 열심히 노력한 사람은 행복한 노후가 보장될 것이다. 그러나 무위도식하면서 세상 탓만 하거나 그저 한탕을 꿈꾸는 사람은 '**막고야산(邈姑射山)**'과 같은 허황된 별천지를 갈구하는 것이나 다름 아니다.

81 半面之交 〈반면지교〉

半:절반 **반** 面:얼굴 **면** 之:어조사 **지** 交:사귈 **교**

잠깐 만나 얼굴을 제대로 기억할 수 없는 사이.
친분이 돈독하지 않은 사이를 이르는 말.

유래

《후한서(後漢書)》의 〈응봉전(應奉傳)〉에 나오는 이야기.
허난성(河南省)의 유명한 학자 응봉(應奉)은 기억력이 비상하여 한번 보거나 경험한 것은 절대로 잊어버리지 않았다. 그가 20세가 되던 어느 날, 팽성(장쑤성) 태수인 원하(袁賀)의 관아를 찾아갔는데 이 때 수레를 만들던 목수 관원이 나와 "대인은 외출 중이다. 내가 말씀을 전해드리겠다"고 차갑게 몇 마디 던지고는 귀찮다는 듯이 대문을 닫아 버렸다.
수십 년이 흐른 어느 날, 응봉은 우연히 길에서 그 목수 관원을 만나 알아보고 아는 체 하였다. 그러나 목수는 응봉이 어째서 자기를 알고 있는지 도저히 알 도리가 없어 그저 어리둥절할 뿐이었다. 그래서 응봉은 자기가 왜 기억하고 있는지를 자초지종 설명해 주니 비로소 목수는 옛날 일을 기억해 냈다고 한다.
반면식(半面識), 일면식(一面識), 일면지교(一面之交), 반면지분(半面之分)이라고도 한다.

응용

소위 잘나가던 사람일수록 어떤 문제가 터지면, '가짜뉴스'라고 언론 탓부터 한다. 그리고 사건 연루자와의 교분이 자신에게 불리하게 작용할 것 같으면 '오다가다 만난 **반면지교(半面之交)**에 불과하다' '일면식도 없는 사이라서 기억나지 않는다'고 강변한다.
최근 저명인사 두 분의 공방도 세간의 화제꺼리다. '술자리를 한 적이 없다' '난 다 적는다. 누굴 저능아 취급하나' 두고 볼 일이다.

 신문게재일자 – 2021.9.29

82 事半功倍 〈사반공배〉

事:일 **사** 半:절반 **반** 功:공로 **공** 倍:곱(더할) **배**

일은 절반밖에 하지 않았으나, 그 공로는 배나 된다는 뜻.
조금밖에 노력하지 않았는데도 그 일의 성과가 매우 큰 것을 비유함.

유래 《맹자(孟子)》 〈공손추상(公孫丑上)〉에 나옴.

맹자의 제자 공손추가 춘추시대 제나라의 재상 관중과 안자의 공적을 치켜세우며, 맹자 역시 제나라의 요직을 맡는다면 그런 공적을 이룰 수 있는지를 물었다. 그러자 맹자는 천리 이상의 땅을 차지하고 있는 제나라에서 어진 정치를 펴는 것은 손바닥 뒤집는 것처럼 쉬운 일임에도 관중과 안자는 그러하지 못하였는데, 어찌 자신과 비교할 수 있느냐며 다음과 같이 말하였다.

"지금과 같은 만승(萬乘:1만 채의 수레를 갖춘 천자의 나라)때를 맞아 인정(仁政:어진 정치)을 행한다면 백성들이 기뻐할 것이니, 마치 거꾸로 매달렸다가 풀려난 것과 같을 것이다. 일은 옛 사람이 한 것의 반만 하고도 공은 반드시 곱이 될 것이니, 오로지 지금만이 그렇게 할 수 있는 때다(當今之時 萬乘之國 行仁政 民之悅之 猶解倒懸也 故事半古之人 功必倍之 惟此時爲然)."

응용 지금 국민들은 '대장동 개발'을 둘러싼 썩은 냄새가 진동하는 돈 잔치에 분노하고 있다. 쥐꼬리 출자금으로 4천억원대의 배당금과 수천억원대 분양 이익을 챙긴 것으로 추정되는 화천대유는 자회사(천화동인) 측근들과 유명 법조인, 임직원에게 돈을 물 쓰듯 썼다. 과연 **'사반공배(事半功倍)'**의 탁월한 선택의 결과인지, 권력과 야합한 종합 비리세트의 결과인지 우리 국민들은 두 눈을 부릅뜨고 지켜봐야겠다.

84 子虛烏有 〈자허오유〉

子:아들 **자** 虛:빌 **허** 烏:까마귀 **오** 有:있을 **유**

실제로는 없는 허구의 인물이나 그러한 일을 비유하는 말.

유래

《사기(史記)》〈사마상여열전(司馬相如列傳)〉에 나옴.
중국 한(漢)나라 때 사마상여(司馬相如)가 지은 〈자허부(子虛賦)〉에서 유래됨.
사냥을 무척 즐겼던 한나라 무제는 초(楚), 제(齊), 주(周)나라 제왕들의 성대한 사냥행사를 묘사한 〈자허부〉를 읽고는 훌륭한 작품이라고 칭찬하면서 작가와 동시대에 살지 못하여 만나보지 못함을 안타까워하였다. 그때 구감(狗監: 황제의 사냥개를 관리하는 직책) 양득의(楊得意)가 그 말을 듣고는 작가가 자신의 고향 사람이라며 사마상여를 소개했다.
무제가 사마상여를 만나 〈자허부〉를 크게 칭찬하자, 사마상여는 〈자허부〉의 속편인 〈상림부(上林賦)〉를 지어 헌상했다.
자허부에 등장하는 세 사람은 모두 가공인물인데 그 이름이 흥미롭다. 자허(子虛)는 빈말·허언(虛言), 오유(烏有)는 '어찌 이런 일이 있겠는가', 무시공(無是公)은 '이 사람이 없다'는 뜻이다. '아무 것도 없음, 모조리 사라진다'는 성어 '자허오유(子虛烏有)'가 여기서 나왔다.

응용

북한은 10월 11일 국방발전전람회에서 韓, 日, 美 본토 타격이 가능한 ICBM 등 각종 신형 미사일을 선보인 바 있다. 특히 군사전문가들은 9월 28일 북한이 발사한 '화성8-극초음속 미사일'에 대해 깊은 우려를 표하고 있다. 요격이 불가능할 정도로 빠르고, 정확도가 뛰어나면서 핵탄두를 탑재할 가능성이 높기 때문이다. 이처럼 북한의 미사일 위협은 결코 허상이 아닌 실체인데, 일부 정치인들이나 국민은 '**자허오유(子虛烏有)**'로 보고 있어 우리의 국가안보태세가 심히 걱정스럽다.

85 天高馬肥 〈천고마비〉

天:하늘 **천** 高:높을 **고** 馬:말 **마** 肥:살찔 **비**

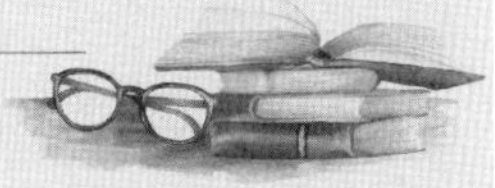

하늘은 높고 말은 살찐다는 뜻으로, 오곡백과가 풍성한 가을은 최상의 절기(節氣)임을 일컫는 말.

유래

《한서(漢書)》의 〈흉노전(匈奴傳)〉에 나옴.

중국 북방의 유목민족 흉노가 활동하기 가장 좋은 계절이라는 뜻으로, 그들은 해마다 가을철에 중국 북방 변경의 농경지대를 약탈하여 기나긴 겨울 동안의 양식을 마련했다. 따라서 북방 변경의 중국인들은 '하늘이 높고 말이 살찌는(天高馬肥)' 가을만 되면 언제 흉노의 침입이 있을지 몰라 전전긍긍했다고 한다. 원래는 추고마비(秋高馬肥)라고 하였으나 오늘날에는 천고마비로 사용되고 있다. 추고마비는 당나라 초기의 시인 두심언(杜審言:두보의 조부)의 시 '증소미도(贈蘇味道)'에서 유래되었다.

구름은 깨끗한데 요사스런 별이 떨어지고 [雲淨妖星落]
가을이 깊으니 변방의 말이 살찌는구나 [秋深塞馬肥]
말 안장에 의지하여 영웅의 칼을 움직이고 [馬鞍雄劍動]
붓을 휘두르니 격문이 날아온다 [搖筆羽書飛]

응용

2019년 11월 중국에서 발생한 코로나19로 인류의 삶은 지난 2년 동안 너무나 고통스럽다. 아름다운 '**천고마비(天高馬肥)**'의 계절을 만끽하지도 못하고 또 속절없이 가을이 가고 있다. 이제는 오랜 봉쇄에 지친 국민들의 일상과 침체에 빠진 경제 회복, 사회적 거리두기에 따른 막대한 비용 및 의료비 부담 등을 줄이기 위해서라도 새로운 방역체계로 가야할 것이다. 11월부터는 「위드 코로나」로 전환되기를 간절히 희망한다.

86 擢髮難數 〈탁발난수〉

擢:뽑을 **탁**　髮:터럭 **발**　難:어려울 **난**　數:헤아릴 **수**

'머리카락을 뽑아 다 헤아리기 어렵다'라는 뜻.
지은 죄가 헤아릴 수 없이 많은 것을 비유함.

유래

《사기(史記)》의 〈범저채택열전(范雎蔡澤列傳)〉에 실려 있다.
중국 전국시대(기원전 403년~221년) 魏(위)나라의 중대부(中大夫) 수가(須賈)가 출중한 동료인 범저(范雎)를 적국과 내통한다고 모함하였다.
범저는 위제(魏齊)의 혹독한 고문을 받아 죽다가 살아난 뒤 '장록'이라고 이름을 고치고 숨어 살다가 진(秦)으로 달아나 재상이 되었다. 그리고 몇 년 뒤 진의 공격을 피하기 위해 위나라는 수가를 진나라에 화친 사신으로 보내게 된다.
그때 장록을 만나본 수가는 그가 바로 범저인 것을 알고 혼비백산해 머리를 조아리며 용서를 구했다. 범저가 "너의 죄가 얼마나 되겠느냐"라고 묻자 수가는 이렇게 대답했다. "제 머리털을 모두 뽑아서 잇는다 하더라도 죄가 모자랄 것입니다.(擢賈之髮 以續賈之罪 尙未足)" 즉 지은 죄가 머리카락 수만큼 헤아릴 수 없이 많다는 말이다. 이에 범저는 수가의 목숨은 살려 주겠지만, 위제는 용서할 수 없으니 그의 목을 베어 자신에게 보내라고 하였다.

응용

북한이 드디어 김정은 국무위원장에 대해 김일성 때 부르던 '수령'이라는 호칭을 쓰기 시작했다. 3부자 세습독재의 절대권력 정권이니 무슨 호칭이던지 못쓰겠냐만, 왠지 '**탁발난수(擢髮難數)**' 같은 그 죄상이 먼저 떠올라 씁쓸하다. 그 중에서도 천안함 폭침, 고모부 처형, 이복형 살해 등은 결코 잊을 수 없는 충격적인 만행이다.

87 八徵九徵 〈팔징구징〉

八:여덟 **팔** 徵:징조 **징** 九:아홉 **구** 徵:징조 **징**

여덟 가지 징조와 아홉 가지 조짐이라는 뜻.
사람의 됨됨이(성품)를 판단하는 기준이나 방법을 일컫는 말.

유래 《육도(六韜)》〈선장(選將 : 장수를 선발함)〉편에 태공망(太公望)이 주(周)나라 무왕(武王)에게 인재 선발의 8가지 기준에 대해 설명함.

「첫째, 질문을 하여 상세한 지식을 살피고, 둘째, 말로써 궁지에 몰아넣어 변화를 살핀다. 셋째, 주변사람에게 물어 그 성실함을 살피고, 넷째, 명백하고 단순한 질문으로 덕성을 살핀다. 다섯째, 재물을 다루게 하여 청렴함을 살피고, 여섯째, 여색으로 시험하여 정조를 살핀다. 일곱째, 어려운 상황을 알려 주어 용기를 살피고, 여덟째, 술에 취하게 하여 태도를 살핀다. 이와 같이 팔징을 시험해 보면 어진 사람인지 불초한 사람인지 구별할 수 있다(八徵皆備, 則賢不肖別矣)」라고 하였다.

또한 공자(孔子)는 구징(九徵)으로 「군자는 멀리 두고 부리면서 충성됨을 살피고, 가까이 두고 부리면서 공경함을 살핀다. 번거로운 일을 시켜 능력을 살피고, 갑작스레 질문하여 지혜를 살핀다. 갑작스레 약속을 하여 신의를 살피고, 재물을 맡겨 어짊을 살핀다. 위태로운 상황을 알려 줌으로써 절개를 살피고, 술에 취하게 하여 법도를 살피며, 남녀가 섞인 곳에 있게 하여 호색함을 살핀다. 이 아홉 가지 조짐을 시험하면 불초한 사람을 가려낼 수 있다」 고 했다. 《장자(莊子)》의 〈열어구(列御寇)〉편.

응용 시대가 변했지만 오늘날에도 **'팔징구징(八徵九徵)'**은 사람의 됨됨이를 판별하고 인재를 발굴하는 방법으로 여전히 유효할 것이다. 하물며 나라를 경영할 인물의 선택은 오죽하랴. 그런데 30%가 넘는 국민들은 차기 대통령으로 선택할 사람이 없다고 개탄한다. 참으로 안타까운 난세이다.

88 何必曰利 〈하필왈리〉

何:어찌 **하**　必:반드시 **필**　曰:가로 **왈**　利:이로울 **리**

하필이면 왜 이익이 되는 것만을 말하느냐는 뜻.

유래

《맹자(孟子)》의 〈양혜왕(梁惠王)〉 상편에 나오는 말.

맹자(孟子)가 전쟁광인 양(梁)나라 혜왕(惠王)의 초청을 받아 만났을 때 혜왕은 인사말 겸, "천리를 멀다하지 않고 와주셨으니 장차 우리나라를 이롭게 해 주시겠습니까?"하고 물었다. 그러자 맹자는 "왕께서는 하필 이(利)를 말씀하십니까? 오직 인(仁)과 의(義)가 있을 뿐입니다.(王 何必曰利 亦有仁義而已矣)"라고 대답했다.

이어서 "만약 왕께서 이익만을 생각한다면 모든 신하들도 따라서 내 가문의 이익만을 챙길 것이며, 선비나 백성들 역시 어떻게 하면 내 한 몸을 이롭게 할 수 있을까를 생각할 것입니다. 이렇게 윗사람이나 아랫사람 모두가 이익만을 취하게 되면 결국 나라는 위태로워질 것입니다.

(중략) 한 개인이 이익추구에 몰두하여 불의를 서슴지 않으면 몸을 망치게 마련이며, 한 가정에서 가족들이 저마다 이익에 급급하다보면 부모와 자식 사이에 불화가 생기고, 형제가 서로 다투어 그 집안은 결국 무너지게 됩니다. 듣건대 어진 사람이 그 부모를 버린 적이 없고, 의리가 있는 사람이 임금에게 등을 돌린 사람이 없는데 왕께서는 오직 인의(仁義)만을 말씀해야지 어찌 이익에 대해 말씀하십니까?"라고 했다.

응용

동서고금을 막론하고 '**하필왈리(何必曰利)**'의 인간 군상들은 허다하다. 특히 병든 자본주의 시장에서는 이익과 이권을 놓고 끊임없이 이해충돌이 일어나고 있다. 이럴 때 최종적으로 찾는 곳이 법정이다. 그런데 의로운 판결을 해야 할 법관들이 '대장동사건'처럼 이해당사자와 얽혀 있다면 최후의 보루에 대한 신뢰마저 무너지는 일이다.

89 開元之治 〈개원지치〉

開:열 **개** 元:으뜸 **원** 之:갈 **지** 治:다스릴 **치**

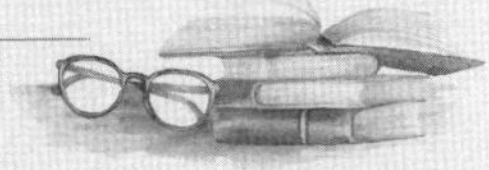

당나라 현종(玄宗) 연호인 개원(開元) 때의 치세.
정치가 잘 이루어져 태평성대를 누린다는 비유.

유래 당나라 제6대 황제인 현종이 즉위하면서 연호를 개원(開元)으로 하였는데, 이 시기 당은 29년 동안(713~741) 제2의 전성기를 이루었다.

스무 살에 황위에 오른 현종은 태종처럼 위대한 업적을 만들고자 진력했다. 즉위 초기부터 요숭(姚崇)을 비롯한 송경(宋璟), 장열(張說), 장구령(張九齡) 같은 현명한 신하들을 잇달아 재상으로 기용하여 선정을 폄으로서 민생안정과 국력을 튼실하게 하고, 측천무후의 전횡으로 빚어진 각종 폐단을 시정하였다.

특히 운하 개량과 둔전개발로 경제를 융성하게 하고, 신병제(新兵制)도입과 국경 방비를 튼튼하게 하여 동돌궐, 토번, 거란 등의 침입을 원천 차단했다. 이 시기를 당 태종(이세민)이 '정관지치(貞觀之治)'를 펼쳐 이룩한 태평성대에 버금간다하여 '개원지치'라고 칭한다. 또한 후세 사람들은 이 둘을 합쳐서 '정관지치, 개원성세(開元盛世)'라고도 한다.

그런데 아이러니하게도 이처럼 큰 업적을 남긴 현종이 745년 양옥환을 귀비로 맞으면서 서서히 몰락의 길로 들어서게 되고, 결국 안사(安史)의 난을 초래하는 치명적인 실정을 범한다.

응용 깨어있는 국민들은 한 줌의 허상에 불과한 인기에 연연하지 않고, 진정한 국리민복의 미래비전을 제시하며 정진하는 지도자를 갈망한다. 그러한 지도자는 국민에게 신뢰와 희망을 주면서 제2의 경제부흥으로 '**개원지치(開元之治)**'를 이룩할 수 있을 것이다.

90 煖衣飽食 〈난의포식〉

煖:따뜻할 **난** 衣:옷 **의** 飽:배부를 **포** 食:먹을 **식**

따뜻한 옷을 입고 배불리 먹는 편안한 삶.
의식(衣食) 걱정 없는 넉넉한 생활.

유래 《맹자(孟子)》 〈등문공(滕文公)〉 上 편에 나오는 이야기.

맹자가 등(滕)나라 문공(文公)에게 초대되어 갔을 때, 묵자(墨子)의 영향을 받아 자급자족 영농을 실천하고 있던 중농주의자 허행(許行)의 제자인 진상(陳相)이 찾아와 맹자에게, "등나라 임금도 백성들과 마찬가지로 손수 농사를 지어서 먹어야 하지 않느냐?"고 하였다.

이에 맹자는 "후직(后稷:순(舜)임금 때 농사일을 관장하던 관직)이 백성들에게 농사짓는 일을 가르치고 오곡을 심어 키우게 했는데, 오곡이 영글자 백성들이 잘살게 되었다. 그러나 사람에게 도(道)가 있으니 배불리 먹고 따뜻하게 입고 편안하게 살지라도 가르침이 없으면 금수에 가까워지게 된다[人之有道也 飽食煖衣逸居 而無教 則近於禽獸]. 성인이 이것을 근심하여 설(契)로 하여금 사도(司徒)로 삼아 인륜으로써 가르치게 하니[聖人有憂之 使契爲司徒 教以人倫], 부자(父子)사이에는 친함이 있고, 군신(君臣)사이에는 의가 있고, 부부사이에는 구별이 있고, 연장자와 연소자 사이에는 차례가 있고, 벗 사이에는 믿음이 있다[父子有親 君臣有義 夫婦有別 長幼有序 朋友有信]" 여기서 등장한 '포식난의'가 후에 '난의포식'으로도 통용되었다.

응용 요즘 세대도 애로사항이 많겠지만, 그래도 헐벗고 배고팠던 과거에 비하면 풍족한 세대이다. 가난했던 우리국민이 '**난의포식(煖衣飽食)**' 할 수 있게 되었던 것은 박정희 시대의 경제개발과 새마을운동이 기반이 되었다. 척박한 환경에서 경제를 일으킨 부모 세대의 고생을 잊지 말아야겠다.

91 斷章取義 〈단장취의〉

斷:끊을 **단**　章:글 **장**　取:취할 **취**　義:옳을 **의**

문장의 일부분을 끊어서 그 뜻을 취한다는 뜻.
원작자의 원래 의도와는 상관없이 자기가 필요한 문장만을 따서 마음대로 해석하여 쓰는 행위.

유래

《좌전(左傳)》〈양공(襄公)〉편.

진(晉), 노(魯)를 비롯한 10개국의 연합군이 진(秦)나라를 공격하였는데, 연합군은 경수(涇水)에 이르러 도강(渡江)여부를 놓고 논의했다. 이 때 진나라의 대부 숙향(叔向)이 노나라 경대부 숙손표(叔孫豹)에게 강을 건너야 할지 말아야 할지를 물어보자, 숙손표는 《시경(詩經)》의 '패풍(邶風)' 한 구절을 인용하여 '포유고엽(匏有苦葉)'이라고 답하였다.

'포유고엽'은 한 여인이 강가에서 연인을 기다리는 정경을 묘사한 시로 「박에는 마른 잎 달려있고, 제수에는 깊은 나루 있네. 깊으면 옷을 적시고 건너고, 얕으면 옷을 걷고 건너야지」 라는 내용이 담겨 있다. 즉 숙손표는 이 시를 단장하여 반드시 강을 건너라는 암시를 준 것이다.

중국 춘추시대 관리들은 회의나 외교활동 등에서 자기 의사를 직접 표현하는 대신에 《시경(詩經)》의 시구 중 일부만 따다가 읊어 품은 생각을 표시하는 것을 즐겨했는데, 이를 단장(斷章)이라 했다.

응용

정치인의 말과 글은 작은 실수도 큰 화젯거리가 된다. 경쟁상대의 말을 거두절미(去頭截尾) 재단하거나 오로지 흠집만 찾아내 **'단장취의(斷章取義)'** 하여 논란을 야기하는 경우가 흔하기 때문이다. 순간의 효과만 발휘하면 된다는 생각 때문이다. 분명 '펜은 칼보다 강하다' 민심을 움직이는 마력이 있기 때문이다. 그러나 양식 있는 국민들은 선동과 감성팔이, 품격 없는 언어유희에 식상하고 있다.

92 寞天寂地 〈막천적지〉

寞:쓸쓸할 **막** 天:하늘 **천** 寂:고요할 **적** 地:땅 **지**

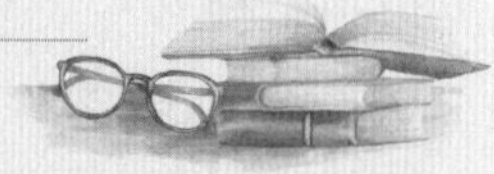

매우 쓸쓸하고 고요한 것을 이르는 말.
천지가 몹시 쓸쓸하고 적적(寂寂)하다는 뜻.

유래

중국 명(明)나라 때 문인 낭영(郎瑛:1487~?)이 지은 《칠수유고(七修類稿)》에서 유래한 말.

『어사가 임명받아 처음 부임할 때에는 하늘이 놀라고 땅이 움직인다.
(御史初至 則曰 驚天動地)
몇 개월 지나고 나면, 천지가 어둡고 캄캄해진다.
(過幾月 則曰 昏天黑地)
어사가 떠날 때에는 하늘과 땅이 쓸쓸하고 고요하다.
(去時 則曰 寞天寂地)』

탐관오리들이 백성을 수탈하는 형국을 풍자한 시(詩)이다.

어사(관리)가 임지에 부임할 때에는 수탈하기 위하여 경천동지(驚天動地) 하듯이 관내 백성들을 공포스럽게 기강을 잡는다. 그리고 부임 후 얼마 지나면, 가렴주구(苛斂誅求)의 수탈로 초토화, 암흑천지로 변한다. 탐관오리가 떠날 때에는 쓸쓸하고 황폐한 적막강산이 되어 버린다는 뜻. 적천막지(寂天寞地)와 적막강산(寂寞江山)도 같은 말.

응용

국내 코로나19 확진자 수가 연일 7000명 안팎을 기록하며, 위중증 환자와 사망자도 급증하는 추세이다. 백신 접종률이 올라가면 당연히 감염자가 줄어들 줄 알았는데 오히려 반대 현상이라니 할 말을 잃는다. 나중에 가서 '**막천적지(寞天寂地)**'가 되지 않으려면 당장 불편하더라도 거리두기 강화 등의 특단의 조치가 신속하게 시행되어야 할 것으로 보인다.

93 班門弄斧 〈반문농부〉

班:나눌 **반**　門:문 **문**　弄:희롱할 **롱**　斧:도끼 **부**

노반(魯班)의 문 앞에서 도끼질 자랑을 한다는 뜻.
재주가 뛰어난 사람 앞에서 함부로 재주 자랑하는 것.

유래

魯(노)나라 때 어떤 젊은 목수 한 사람이 하필이면 당대의 명공(名工)인 공수반(公輸班)의 집 앞에서 자기의 도끼질 솜씨가 최고라며 목공기술을 자랑하다가 공수반(노반)의 걸작을 보고 매우 부끄러워했다는 얘기에서 나온 사자성어. '공자 앞에서 문자 쓴다'와 같은 뜻.

당(唐)나라 때 시선(詩仙)으로 불렸던 이백(李白)의 무덤(의관총)이 채석기(采石磯)에 있는데, 그를 흠모했던 많은 사람들이 이곳을 찾아와 추모하는 시를 남겼다. 명(明) 말기 때 시인 매지환(梅之渙)도 이백의 무덤에 들렀는데, 많은 문필가들이 이백의 묘비에 써두고 간 수준 낮은 추모시를 보고 마음에 들지 않아 다음과 같은 〈제이백묘시(題李白墓詩)〉를 남겼다.

"채석 강변의 한줌 흙 / 이백의 이름은 천고에 더 높다 / 오가는 사람들이 시 한 수씩 지었는데 / 노반의 문 앞에서 큰 도끼질 자랑 하는구나 [魯班門前弄大斧]"

응용

우리 에너지업계에도 시류에 따라 여기 저기 기웃거리며 자칭 타천 전문가라는 사람들이 너무 많다. 그러다보니 정작 오랫동안 전문분야에 종사하면서 그 분야에 상당한 지식과 경험을 가진 분들은 오히려 나서기를 꺼려할 때가 있다. 이익을 좇아서 매사 아는 체하며 **'반문농부(班門弄斧)'** 하는 사람은 업계의 발전에 도움이 되지 않는다. 특히 중요한 프로젝트를 추진함에 있어서는 옥석을 구분하는 지혜가 요망된다.

94 四分五裂 〈사분오열〉

四:넉 **사** 分:나눌 **분** 五:다섯 **오** 裂:찢어질 **렬**

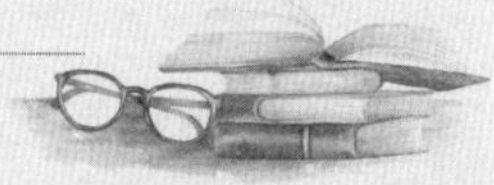

넷으로 나뉘고 다섯으로 찢어진다는 뜻.
의견, 지역, 세력 등이 분열되어 단결되지 못한 상황.

유래

중국 전국시대 전략가들의 여러 책략을 모은 《전국책(戰國策)》의 〈위책(魏策)〉편에 나오는 말.

세력이 강대한 진(秦)나라와 연(燕)·제(齊)·초(楚)·한(韓)·위(魏)·조(趙)나라가 중국을 분할하여 각축을 벌이고 있을 때, 전략가 소진(蘇秦)은 연나라가 다른 다섯 나라의 우두머리가 되어 진나라에 대항해야 한다면서 여섯 나라를 순회하며 종적연합, 즉 합종설(合從說)을 제안하였다.

이에 대해 위나라의 장의(張儀)는 왕에게 연횡설(連橫說)을 주장하며 종적연합으로는 최강대국 진나라를 이길 수 없으므로 형세에 따라 여섯 나라와 화친과 공격을 병행하되 진나라와는 동맹관계를 유지해야 나라가 멸망하지 않을 수 있다고 했다. 이는 이른바 사분오열 시키는 길이라 했다.[此所謂四分五裂之道也]

여섯 나라는 합종책과 연횡책이 수시로 이루어졌으나 결국 진나라의 막강한 국력에 견디지 못하고 차례로 멸망하였고, 기원전 221년 진시황에 의해 전국통일이 이루어진다.

응용

어떤 조직이나 단체도 무질서한 오합지졸 같은 구성원이나, 같이 행동하면서도 다른 생각을 품고 있는 동상이몽의 조직원들이 많다면 결국 '**사분오열(四分五裂)**'되고 망할 수밖에 없다. 각각의 사안에는 찬반양론이 있기 마련이고, 보통 이럴 때는 다수결과 힘이 동원된다. 그래서 큰 그림을 보고 지혜롭게 결정하는 사심 없는 지도자의 리더십이 중요하다.

95 安居樂業 〈안거낙업〉

安:편안할 **안** 居:살 **거** 樂:즐거울 **락** 業:업 **업**

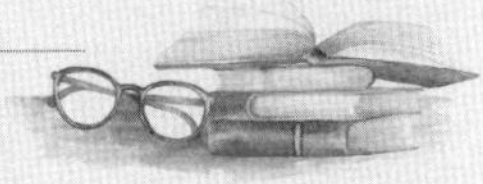

편안히 살고 즐겁게 일한다는 뜻. 생활에 만족하면서 즐거운 마음으로 일하는 것을 비유하는 말.

유래

《노자 도덕경》 등에서 유래됨.

노자는 작은 나라와 적은 국민의 소국과민(小國寡民)의 국가 형태가 이상적인 것으로 제시함. 즉 나라가 작고 백성이 적은 사회에서는 여러 사람 몫을 할 만한 인재가 있어도 부릴 데가 없고, 갑옷과 병장기가 있어도 쓸 데가 없다. 백성들은 음식을 달게 먹고, 입은 옷을 아름답다고 여기고, 그들이 사는 곳을 편안하게 여기고, 그 풍속을 즐거워 한다(甘其食, 美其服, 安其居, 樂其俗). 이렇게 각자의 생활에 만족하면서 사노라면 늙어 죽을 때까지 자기 나라를 떠나지 않게 된다는 것이다.

또한 《장자》의 〈거협〉편에도 "그 풍속을 즐거워하고, 그 거처를 편안하게 여긴다(樂其俗, 安其居)"라는 말이 있고, 《한서》의 〈화식열전(貨殖列傳)〉에도 "각자가 그 거처를 편안하게 여기고, 그 일을 즐거워한다(各安其居而樂其業)"라고 하였다. 후한(後漢) 시대의 중장통(仲長統)이 지은 《창언(昌言)》에도 "편안하게 살면서 자신이 하는 일을 즐거워하며 자손들을 기르면 천하가 편안해질 것이다(安居樂業, 長養子孫, 天下晏然)"라고 하였다.

응용

걱정 없이 살면서, 생업에 즐겁게 종사할 수 있는 삶은 국민 모두의 절실한 꿈이다. 대선 후보들이 연일 국민 삶의 질을 높이겠다며 여러 분야에서 달콤한 공약을 내놓고 있다. 그러나 표만 의식한 실현 불가능한 말이나 임기응변의 말들도 난무하고 있다. 진정으로 '**안거낙업(安居樂業)**'의 세상을 만들겠다면 새롭고 강력한 성장동력과 든든한 재정이 필요한데, 이에 대한 방안은 별로 보이지 않기 때문이다.

96 作法自斃 〈작법자폐〉

作:지을 **작**　法:법 **법**　自:스스로 **자**　斃:죽을 **폐**

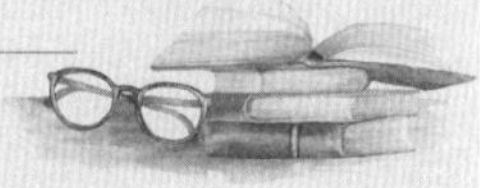

자기가 만든 법에 자신이 죽는다는 뜻. 자기가 한 일로 인하여 자신이 해를 입는 경우를 비유하는 고사성어.

유래

《사기(史記)》〈상군열전(商君列傳)〉에서 유래됨.

위(衛)나라 귀족의 아들이었던 상앙(衛鞅)은 진(秦)나라 효공(孝公)에게 등용되어 2차례의 개혁적인 변법(變法)을 단행하였다. 특히 귀족의 세습 특권 폐지, 연좌법 시행, 정전제 폐지, 토지매매 허가제, 도량형 통일 등의 수많은 혁신적인 제도를 실행하였다.

새로운 법령이 시행되자 왕족, 귀족뿐만 아니라 백성들의 불만과 불편이 많았지만, 강력한 형벌이 두려워 모두 새 법령을 따르게 되었다. 상앙의 법령이 공평무사하게 시행되면서 태자(훗날 혜왕)도 예외 없이 적용되어 그 사부를 묵형에 처하는 일도 있었다.

진나라는 상앙의 변법과 부국강병책에 힘입어 강대국으로 변모하면서 천하통일의 기반을 다지게 된다. 그러나 효공이 죽고 혜왕(惠王)이 즉위하자 귀족들은 상앙이 반란을 꾀한다고 모함하였고, 체포령이 떨어진 상앙은 도망치다가 주막에서도 연좌제를 이유로 투숙을 거절당하고, 모국인 위나라에서도 배척당해 결국은 거열형(車裂刑)에 처해져 죽었다. 자승자박(自繩自縛), 자업자득(自業自得)과 비슷한 뜻이다.

응용

'공수처법'이 입법될 때 많은 법률전문가들은 정치적 독립성과 중립성 확보가 생명이라 할 수 있는 수사기관을 '권력의 하명수행기관'으로 전락시키는 일이라고 심각한 우려를 표명했다. 그 폐해가 벌써부터 나타나고 있다. 그러나 정권은 유한한 것이기에 훗날 부메랑이 되어 '**작법자폐(作法自斃)**'하는 일이 생기지 않을지 국민은 흥미롭게 지켜보고 있다.

97 千金買笑 〈천금매소〉

千:일천 **천**　金:쇠 **금**　買:살 **매**　笑:웃음 **소**

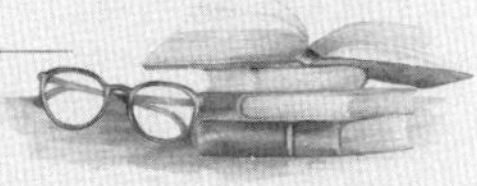

천금을 주고 웃음을 산다는 말. 지극히 어리석고 무모한 행동 또는 쓸데없는 일에 돈과 힘을 낭비한다는 뜻.

유래

《동주열국지(東周列國志)》에 있는 이야기.

열국지의 중국 4대 폭군은 걸주유려(桀紂幽厲)인데, 걸(桀)은 하(夏)나라를 망친 마지막 왕이고, 주(紂)는 상(商)나라를 망친 마지막 왕이며, 유(幽)는 서주(西周)의 마지막 왕으로 오랑캐의 칼에 맞아 죽었고, 여(厲)는 유왕의 조부로 백성들이 폐위시킨 왕이다.

유왕(幽王)이 요희(妖姬)인 포사(褒姒)에게 빠져, 왕후 신씨(申氏)와 태자를 폐한 다음, 포사를 왕후로 세웠다. 그런데 포사는 일찍이 한 번도 웃는 일이 없었다. 유왕은 포사의 환심을 사려고 별짓을 다하다가 “왕후를 웃게 하는 사람에게 천금 상을 내리겠다” 선포했다. 그러자 한 간신(괵석보)의 제안에 따라 나라의 위급을 알리는 봉화(烽火)를 올려서 제후들이 군대를 동원해 밤을 새워 달려오게 한 다음, 적의 침입이 아니라고 하자 어이없어 허탈하게 돌아가는 것을 보면서 드디어 포사가 웃었다. 유왕은 괵석보에게 천금 상을 내리고, ‘양치기 소년’처럼 자주 그런 짓을 하다가 결국 오랑캐(犬戎)에게 나라가 망하고 비참한 죽음을 당했다.

응용

코로나 펜데믹이 2년 이상 지속되면서 많은 사람들이 지쳐가고 있다. 그래도 대부분의 선량한 국민들은 거리두기를 철저하게 이행하며 방역대책에 적극 협조하고 있으나, 룸살롱과 노래주점 등에서 몰래 때지어 술판 벌이는 사람들이 자주 뉴스에 등장하고 있다. 쾌락에 취해 ‘**천금매소(千金買笑)**’ 하다가 망신당하고 몸까지 망치는 일이 없도록 그 어느 때보다 지각 있는 절제된 행동이 필요한 때이다.

신문게재일자 – 2022.1.26

98 彈冠相慶 〈탄관상경〉

彈:탄주할(탄알) **탄**　冠:모자 **관**　相:서로 **상**　慶:경사 **경**

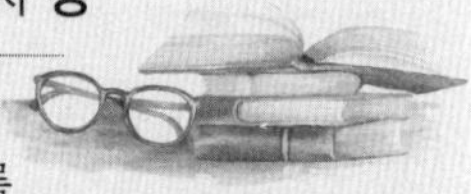

원래는 벗의 임관·승진을 축하한다는 뜻.
후에는 벗이 승진하거나 출세하면 자신도 임용되리라는 기대를 가지고 서로 축하한다는 뜻.

유래

《한서(漢書)》의 〈왕길전(王吉傳)〉
서한(西漢) 때 선비 왕길(王吉)은 품행이 단정하고 청렴결백한 관리였다. 한(漢)의 원제(元帝)가 이를 알고 낙향하여 초야에 있던 왕길을 불러들여 큰 벼슬을 제수하려고 하였다. 그와 교제하던 공우도 이 소식을 듣고 왕길이 황제의 부름을 받으면 자기에게도 출사의 기회가 왔다고 생각하고, 모자의 먼지를 툭툭 털면서 벼슬길에 나갈 준비를 하였다고 한다.
「왕길과 공우가 벗하자 세상 사람들은 "왕양이 자리에 오르자 공공이 모자(의 먼지)를 털었다"고 말들 했는데, 그들이 행적을 함께한 것을 말한 것이다.(吉與貢禹爲友, 世稱王陽在位, 貢公彈冠, 言其取舍也.)」
후에 〈소순(蘇洵)의 관중론(管仲論)〉에서는 탄관상경이란 말이 나쁜 사람들이 득의하는 모양을 풍자하고 비판하는 의미를 띠게 되었다.
「일단 관중(管仲)이 없어지게 되면 이 세 사람은 (앞으로 벼슬길에 쓰고 나갈) 모자의 먼지를 털면서 서로 축하를 했을 것이다.(一日無仲, 則三子者, 可以彈冠而相慶矣.)」

응용

이번 대선정국에서 회자되었던 유행어중 하나가 '윤핵관' '이핵관'이었다. 어느 정권에서나 그 정권 탄생에 공이 컸던 사람들이 요직을 차지했던 것은 그리 새삼스러운 일은 아니다. 그러나 시작부터 자신의 영향력 확대와 지분 확보의 냄새를 풍기며 미리 '**탄관상경(彈冠相慶)**'하는 모습은 보기에 추하다. 자신이 좋아하고 정견이 같은 후보의 당선을 위하여 아무 대가 없이 견마지로(犬馬之勞)를 다하고 있는 순수한 사람들과 비교가 된다.

99 敗軍之將 〈패군지장〉

敗:질 **패**　軍:군사 **군**　之:조사 **지**　將:장수 **장**

싸움에 진 장수라는 뜻. '패군지장 불어병(敗軍之將 不語兵)'의 준말로 패배한 장수는 병법과 용맹에 대해 말할 자격이 없다는 뜻.

유래

《사기(史記)》의 〈회음후 열전(淮陰侯 列傳)〉
한(漢)의 유방(劉邦)을 도와 천하통일 대업에 앞장섰던 한신(韓信)장군이 조(趙)나라 정벌 길(BC 204)에 정경의 협도(狹道) 앞에 이르렀다. 위험을 무릅쓰고라도 지나가야할 길이었지만, 협곡의 좁은 길에서 적군의 기습을 받으면 꼼짝없이 당할 수밖에 없는 처지였다. 그러나 적의 협도 공격이 없을 것임을 첩자를 통해 확인한 한신은 재빨리 통과하여, 조나라를 기습해서 승리를 거둘 수 있었다.
그때 조나라에서는 이좌거(李左車)라는 뛰어난 군략가가 정경 협도에서 기습할 것을 주장하였으나 대장군 진여(陳余)가 "기습은 군자가 할 도리가 아니다"라는 이유로 그의 제안을 묵살하여 결국 패배하고 말았다. 포로로 잡혀온 이좌거가 명장임을 알고 있던 한신이 그를 극진하게 대접하며 물었다. "나는 북으로 연나라, 동으로 제나라를 공격하고자 합니다. 좋은 계책을 알려주시오." 그러자 이좌거는 "패장은 용기를 말할 수 없고, 망한 나라의 대부는 국가의 보존을 꾀하지 않는다고 했습니다. 어찌 포로가 나라의 계책을 말할 수 있겠습니까?" 라고 했다.

응용

이번 베이징 동계올림픽에서 심판의 편파판정과 오심이 얼마나 심했으면 '눈뜨고 코베이징2022'이란 말이 유행되고 있다. 우리 속담에 '패장은 말이 없다'고 하지만, 이런 상황에서는 선수단장이나 감독들이 결코 '**패군지장(敗軍之將)**'이라고 할 말을 아껴서는 안 된다. 선수들의 기량이 비슷해진 오늘날 스포츠경기의 승패는 찰나에 달려있고, 첨단 IT기기들이 정밀하게 지켜보고 있기에 더욱 그렇다.

100 下學上達 〈하학상달〉

下:아래 **하** 學:배울 **학** 上:윗 **상** 達:통달할 **달**

아래에서 배워 올라가 위에 이른다는 말.
낮고 쉬운 것부터 배워서 깊고 어려운 것을 깨달음.

유래

《논어(論語)》의 〈헌문(憲問)〉

공자(孔子)는 '군자는 위로 통달하고, 소인은 아래로 통달하느니라(君子上達 小人下達)'라고 했다. 하학(下學)이란 실천을 통한 수양을 말하고, 상달(上達)이란 인(仁)과 의(義)에 통달하는 것을 말한다. 즉 학문과 도를 좋아하고 지켜나가는 군자는 날이 갈수록 인격이 완성되어 가지만, 재물과 명리에만 마음을 둔 소인은 날이 갈수록 인간성이 허물어지고 타락해진다는 것이다. 그러므로 군자는 점점 고상해지고 소인은 점점 천박해진다는 뜻이다. 여기서의 '학(學)'은 학문만을 말하는 것이 아니라 실천을 통한 인격의 수양을 의미한다.

공자는 이와 같은 의미로, '먹는데 배부른 것을 찾지 않고, 거처하는 데 편한 것을 찾지 않으며, 일에 민첩하고 말에 조심하며, 도(道)가 있는 사람에게 나아가 옳고 그른 것을 바로 배우기'를 권장하였다. 즉 아래로는 인간의 사리(事理)를 배우고, 위로는 하늘의 도리(道理)에 통하기 위하여 수양할 것을 강조한 것이다.

응용

요즘 우리 교육 현실은 입시로 가는 길목 같은 느낌이다. 공교육은 뒷전이고 아이들은 학원으로 내몰려서 좁은 강의실에 갇혀 시험문제에만 열중하는 형국이다. 교육은 백년지대계(百年之大計)인데, 성적순보다는 국가 사회적 차원에서 멀리 내다보는 참교육이 절실하다.

학교는 선생님들이 교과 지식 외에 공동체 의식, 협력, 소통, 인성, 자기 발전과정을 가르치는 '**하학상달(下學上達)**'의 전당이 되어야할 것이다.

101 巨卿之信 〈거경지신〉

巨:클 **거**　卿:벼슬 **경**　之:갈 **지**　信:믿을 **신**

「거경(巨卿)의 신의(信義)」 라는 뜻.
굳은 약속을 뜻하며 성실한 인품(人品)을 나타내는 말.

유래

《후한서(後漢書)》의 〈독행열전(獨行列傳)〉

후한(後漢) 때 금향(金鄕)의 선비 범식(范式)의 자는 거경(巨卿)인데, 어려서부터 태학(太學: 최고 학부)에서 공부하는 유생(儒生)이 되었다. 그곳에서 여남(汝南) 출신의 장소(張劭)와 친구가 되었는데, 서로 임지(任地)가 달라 헤어지게 되자 범식이 장소에게 말했다. "2년 후에 다시 만날 때는 먼저 자네 양친에게 절하고서 자네를 보겠네" 그렇게 기일을 약속하고 헤어졌다.

2년이 지나 그 약속한 날이 다가오자 장소는 어머니에게 그를 위해 음식을 준비해 줄 것을 부탁했다. 이에 장소의 어머니는 "2년간이나 헤어져 있었고, 천 리 먼 곳에 떨어져 있는 친구와의 약속인데 이를 지킬 수 있다고 보느냐?"고 말했다. 그러자 장소는 "거경은 신의가 있는 선비입니다. 반드시 약속을 어기지 않을 것입니다" 어머니는 "그렇다면 당연히 술을 준비해야지" 하고 말하였다. 그날이 되자, 거경은 과연 도착하였는데, 먼저 당(堂)에 올라 장소의 양친에게 절을 하고 나와 함께 술을 마시며, 밀린 회포를 푼 후에 헤어졌다고 한다.

응용

신의와 약속이행은 사람의 도리이다. 특히 국민의 선택을 받은 정치인은 그 누구보다 '**거경지신(巨卿之信)**'의 모범을 보여야 한다. 오늘밤(3월 9일) 우리 국민은 새로운 정권탄생을 밤잠을 설치면서 관전할 것이다. 그리고 향후에는 대선 때의 공약들이 어떻게 이행되는지 지켜볼 것이다. 물론 이행하기 어려운 것이 있겠지만, 신의를 지키려고 성실히 노력하는 모습은 꼭 보여주었으면 하는 바람이다.

102 難兄難弟 〈난형난제〉

難:어려울 **난** 兄:형 **형** 難:어려울 **난** 弟:아우 **제**

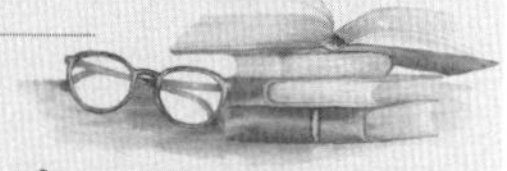

형이라 하기도 어렵고 아우라 하기도 어렵다는 뜻.
학문이나 재능이 비슷해서 우열을 가리기 곤란함을 비유하는 말.

유래

《세설신어(世說新語)》의 〈덕행(德行)〉
후한 말 작은 고을의 현령(縣令)이었던 진식(陳寔)은 '양상군자(梁上君子)'라는 고사성어를 만들어 낸 인물로 어질고 덕망이 높았다. 그에게는 진기(陳紀/ 자는 원방)와 진심(陳諶/ 자는 계방)이라는 두 아들이 있었는데, 그들 역시 아버지를 닮아 학문이 깊고 영특했다.
하루는 두 손자(진기의 아들 진군과 진심의 아들 진충)가 서로 자기 아버지의 학문이 더 깊고 훌륭하다며 입씨름을 벌이다가 그의 할아버지인 진식에 물었다.
난처해진 진식은 손자들 앞에서 진군의 아버지나, 진충의 아버지가 낫다고 할 수 없어서 잠시 생각하다가 이렇게 말했다.
"원방(元方)을 형이라 하기도 어렵고 계방(季方)을 아우라 하기도 어렵구나!"
진식은 둘 가운데 누가 더 나은지 알고 있었지만, 어느 한쪽 손자가 크게 상처 받을 것을 염려하여 굳이 어느 쪽이 더 낫다고 말하지 않았던 것이다. 비슷한 말로 '막상막하(莫上莫下)'가 있다.

응용

이번 대선은 막상막하의 박빙 승부로서 여야진영은 물론이고, 투표에 참가한 국민 모두가 피가 마르는 긴 긴장 끝에 0.73% 차이로 윤석열 후보가 승리했다. 따라서 당선자는 투표함 속에 녹아 들어있던 **'난형난제(難兄難弟)'**의 민심을 늘 겸허하게 상기해야 할 것으로 보인다. 특히 앞으로 '여소야대 정국에서의 국정 운영'이라는 무거운 짐이 태산처럼 크고 험난하다는 생각이 들기 때문이다.

신문게재일자 – 2022.3.16

103 簞瓢陋空 〈단표누공〉

簞:도시락 **단**　瓢:표주박 **표**　陋:누추할 **루**　空:공간(빌) **공**

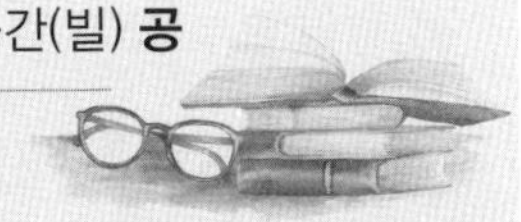

대광주리 밥그릇과 표주박이 자주 비는 누추한 삶이란 말.
청빈한 삶에 만족하면서 산다는 뜻.

유래

도잠(陶潛)의 〈오류선생전(五柳先生傳)〉

진(晉)나라 때 시인 도잠(도연명:오류선생)은 자서전 〈오류선생전〉 에서, 《논어(論語)》의 〈옹야(雍也)〉 선진편(先進篇)에서 공자(孔子)가 제자인 안회(顔回)가 일단식 일표음(一簞食 一瓢飮)의 가난 속에서도 학문에 정진했던 것을 칭찬한 대목을 인용하여 자신의 청빈한 삶을 비유한 말이다.

선생 집 주변에 버드나무 다섯 그루가 있었으니, 그것으로 호(號)를 삼았다. 방은 좁아 쓸쓸하고 조용하였으며, 바람과 햇빛을 가리지도 못하였다. 짧은 베옷을 기워 입고, 밥그릇이 자주 비어 가난한 생활이었지만 선생은 마음이 편하기만 하였다.(環堵蕭然 不蔽風日 短褐穿結 簞瓢屢空 晏如也.)

후대의 시인 검루(黔婁)는 『오류선생은 가난하고 천함을 근심하지 않으셨고, 부하고 귀한 것을 애쓰지 않으셨다. 술을 즐기고 시를 지어 그 뜻을 즐기셨으니, 무회(無懷)의 백성인가? 갈천(葛天)의 백성인가?』 라고 평하였다.

응용

6.25 한국전쟁을 경험한 선대 어르신이나 그 전후세대는 **'단표누공(簞瓢陋空)'**의 비애를 온몸으로 체험했기에 지금도 근검절약이 몸에 베여 있다. 그러나 풍요 속에 자라난 오늘날 세대는 의식주 해결의 귀중함을 잘 모르는 것 같아서 안타깝다.

굶주리고 있는 북한 동포들은 차치하고라도 세계 9대 경제대국인 대한민국에서 아직도 밥 굶는 사람이 있다는 것을 늘 염두에 두어야겠다.

104 萬夫之望 〈만부지망〉

萬:일만 **만**　夫:사내 **부**　之:갈 **지**　望:바랄 **망**

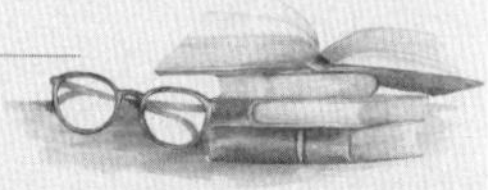

천하의 만인이 바라는 것.
모든 사람들이 우러러 사모함을 이르는 말.

유래

《주역(周易)》의 〈계사하전(繫辭下傳)〉

「공자(孔子)께서 말하기를, 기미(幾微:낌새)를 알아채는 것은 참으로 신기하다. 군자(君子)는 윗사람을 사귈 때는 아첨하지 않고 아랫사람을 사귈 때에는 모독하지 않는데, 이는 그 기미를 알기 때문이다. 기미는 움직임의 작은 징조이고 길흉(吉凶)을 미리 아는 것이니, 군자는 기미를 보고 마음으로 결정한 일을 시작하여 날이 다 지나도록 기다리지 않는다.

주역에서는 '돌같이 굳게 지켜 하루를 보내지 않으니 바르게 곧고 길하다'라고 하였다. 굳기가 돌처럼 굳으니 어떻게 하루를 다 보내겠는가. 일을 딱 잘라서 결정하는 것을 알 수 있다. 군자는 작은 기미도 알기 때문에 뚜렷함도 알며, 부드러움도 알기 때문에 강한 것도 안다. 그런 까닭에 만인이 받드는 것이다[君子知微知彰 知柔知剛 萬夫之望].」

일의 낌새를 알아차리는데 군자와 소인의 차이를 나타낸 글이다. 군자는 일의 작은 기미를 미리 알아서 판단하고 작정하여 스스로 적당한 조처를 취하는 능력을 가졌으므로 모든 사람들이 우러러 받든다는 뜻이다.

응용

미국 빌보드가 발표한 「2021년 글로벌 차트」 결산에서 그룹 방탄소년단(BTS)이 9관왕을 차지했다. BTS는 이제 한국인만의 스타가 아니라 세계인들의 **'만부지망(萬夫之望)'**으로 불세출의 스타가 된 것이다.

세계 젊은이들이 이토록 열광하는 것은 '갈등과 소외 속에서 하소연하고 위로받고 싶어 하면서도, 서로의 의지와 지혜를 모아 이를 이겨내고자 하는 젊은이들의 의식구조'를 사로잡았기 때문이다.

105 伴食宰相 〈반식재상〉

伴:짝 **반**　食:먹을 **식**　宰:재상 **재**　相:정승 **상**

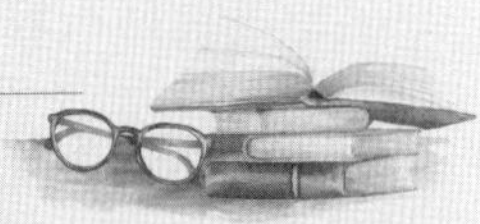

함께 자리하여 밥만 얻어먹는 재상.
자리만 차지하고 있는 무능한 벼슬아치를 빗댄 말.

유래

《당서(唐書)》의 〈노회신전(盧懷愼傳)〉

중국 최고 전성시대인 당나라 6대 황제 현종은 초기에는 '개원(開元)의 치(治)'라는 명성을 얻을 정도로 개혁군주로서의 칭송이 자자했다. 그런데 현종의 개혁정치가 성공한 배경에는 재상 요숭(姚崇)의 충실한 보좌가 있었다. 요숭은 조정의 사치를 배격하고 조세와 부역을 줄여 백성들의 부담을 덜어주는 등 과감한 개혁정치를 했기 때문이다.

어느 날 요숭이 휴가를 얻어 열흘간 자리를 비우게 되자 같은 재상자리에 있던 노회신(盧懷愼)이 정사를 대신하게 된다. 노회신도 청렴결백하고 부지런한 재상이었지만, 정작 요숭이 맡았던 정사를 재대로 처리하지 못해 쩔쩔매기만 했다. 결국 요숭이 휴가에서 돌아와 업무에 복귀하고 나서야 비로소 정사는 제자리를 찾을 수 있었다.

이로 인해 노회신은 자신의 능력이 요숭에 미치지 못함을 깨닫고 모든 일을 요숭과 일일이 상의해 처리했다고 한다. 이를 두고 사람들은 노회신을 가르켜 '반식재상(伴食宰相)'이라 불렀다.

응용

오늘날에도 전문성이나 능력과 관계없는 무능한 인사들이 자리를 차지한 '**반식재상(伴食宰相)**'의 사례는 수없이 많다. 지금 대통령직인수위원회도 문전성시라고 한다. '한자리' 욕심만으로 들락거리는 무능한 인물들을 십분 경계해야할 순간이다. 특히 국가의 주요 정책을 결정하고 집행하는 자리에 그런 사람이 앉게 된다면 심각한 문제이기 때문이다.

신문게재일자 - 2022.4.6

106 駟不及舌 〈사불급설〉

駟:말 네 필 **사** 不:아닐 **불** 及:미칠 **급** 舌:혀 **설**

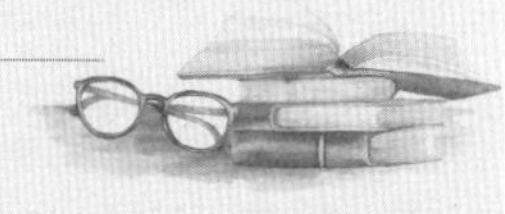

네 마리 말이 끄는 마차도 사람의 혀보다는 빠르지 못하다는 말. 소문은 빨리 퍼지므로 말조심하라는 뜻.

유래 《논어(論語)》의 〈안연편(顔淵篇)〉에 나오는 자공(子貢)의 말.

위(衛)나라 대부 극자성(棘子成)이 자공에게 말했다. "군자는 질(質)만 있으면 그만이지 문(文)이 무엇 때문에 필요하겠는가?" 그러자 자공은, "안타깝도다, 그대가 이런 식으로 군자를 말하는 것이 퍼져 나가면 네 마리 말이 끄는 수레로도 따라가기 어려울 것이오. 문채가 바로 질박과 같고 질박함이 바로 문체라 말하는 것은 털을 다 뽑아버린 호랑이나 표범의 가죽이 개나 양의 가죽과 같단 말인가"라고 그의 경솔한 말을 반박했다. 위에 나온 質(질)은 소박한 인간의 본성을 말하고, 文(문)은 인간만이 가지고 있는 예의범절 등 외면치레를 나타낸다.

명심보감의 존신편(3)에 나오는 '일언기출 사마난추(一言旣出 駟馬難追:한번 퍼진 말은 네 필의 말이 끄는 빠른 수레를 타고 쫓아가도 붙잡을 수가 없으므로, 말은 항상 신중하게 해야 한다)'도 같은 뜻이다.

응용 오늘날은 트위터, 페이스북, 인스타그램, 블로그, 카카오, 싸이월드 등의 SNS(social networking service) 전성시대라 해도 과언이 아니다.

이들의 특징은 정보 전달속도가 빠르고, 그 정보가 선택적이고 임의적이면서, 사람들이 불안하거나 위기·변화에 직면했을 때 활발하게 유포된다. 그래서 낭설(浪說)이 정설(正說)을, 오보(誤報)가 정보(正報)를 압도할 수 가 있다. **'사불급설(駟不及舌)'**을 되새기면서 가려서 듣고 걸러서 말하는 이성적 사고가 더욱 필요한 때이다.

107 按圖索驥 〈안도색기〉

按:살필 **안** 圖:그림 **도** 索:찾을 **색** 驥:천리마 **기**

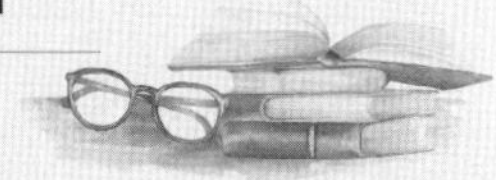

'그림에 그려진 대로 천리마를 찾는다'라는 뜻.
융통성 없이 원리원칙만 따져 일을 처리함을 비유하는 말.

유래

중국 춘추시대 《백락(伯樂)》의 〈상마경(相馬經)〉에 나오는 말.

춘추시대 진(秦)나라 사람 백락(본명:孫陽)은 말(馬)을 보는 안목이 뛰어났다. 말에 대한 자신의 지식과 경험을 정리하여 《상마경(相馬經)》을 지었는데, 여기서 '좋은 말은 이마가 불쑥 나오고 눈이 튀어 나왔으며, 발굽은 누룩을 쌓아 놓은 것 같아야 한다'고 기술했다.

백락에게는 우둔한 아들이 있었는데, 그 아들이 큰 두꺼비를 잡아와서는 "좋은 말을 찾았습니다. 불쑥한 이마와 툭 튀어 나온 눈이 아버지가 쓰신 책에 있는 그대로이고, 단지 발굽만 조금 다르게 생겼습니다"라고 말하였다. 백락은 기가 막혀 웃으며 "네가 찾은 말은 뛰기는 잘 하겠지만 수레를 몰 수는 없겠구나"라고 하였다.

백락의 아들은 좋은 말을 구별할 수 있는 지식과 경험은 전혀 없이 책에 쓰여 있는 내용에만 의존함으로써 어처구니없이 두꺼비를 좋은 말로 단정해 버린 것이다. 어리석은 사람을 비유하는 '백락자(伯樂子)'라는 고사성어도 여기서 유래되었다.

응용

세상을 살면서 원리원칙을 지키고자 하는 것은 대단히 소중한 가치이다. 그러나 이해가 상충되고 꽉 막혀 있을 때 이론대로 원칙대로 **'안도색기(按圖索驥)'**나 하다보면 실기(失機)를 하게 되고 모두가 피해를 보는 경우가 생기게 된다. 그래서 현장의 상황을 면밀하게 살펴보고 좀 더 폭넓은 안목에서 최대공약수를 찾아내려는 융통성을 발휘하는 자세가 필요하다.

108 殘杯冷炙 〈잔배냉적〉

殘:남을 **잔** 杯:술잔 **배** 冷:찰 **냉** 炙:고기구이 **적**

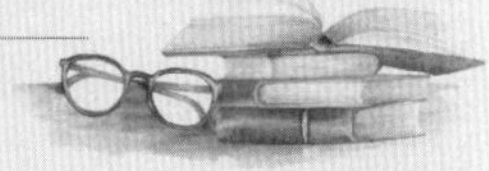

마시다 남은 술잔과 다 식은 산적이라는 뜻.
남에게 푸대접 받는 것을 비유하는 말.

유래

《안씨가훈(顔氏家訓)》 〈잡예(雜藝)〉
중국 양(梁)나라 때 권문세가의 자제들 사이에는 거문고 연주를 배우려는 것이 유행하였다. 거문고의 음은 안정되고 고아하여 깊은 맛이 있고, 정신을 맑고 너그럽게 해준다고 믿었기 때문이다. 이 때 거문고의 대가였던 안지추(顔之推)는 자식들에게 악사의 자존심을 일깨우기 위하여 이런 말을 한다.
'너희들은 거문고로 명성을 얻게 되어 공신이나 귀족가문에 불려가서 아랫자리에 앉아, 마시다 남은 술과 식어 빠진 고기 안주를 먹는 굴욕을 받으면 안된다. 대가인 대안도(戴安道)도 이런 꼴을 당했을 정도인데, 하물며 너희들이야 어떻겠느냐?'
한때 고관대작의 빈객이 되어 장안(長安)을 떠돌던 두보(杜甫)의 시 〈봉증위좌승장이십이운(奉贈韋左丞丈二十二韻)〉에도 잔배냉적이란 말을 빌려 자신의 굴욕적인 삶을 그리고 있다.

응용

5월 4일 오늘은 33년전 이 땅에 가스신문이 첫 선을 보인 날이다. 당시는 전문매체의 필요성을 모르던 시절이니 여기저기서 백안시(白眼視)했고, '**잔배냉적(殘杯冷炙)**'의 푸대접은 당연했다. 그 풍찬노숙(風餐露宿)시대가 있었기에 가스신문은 결코 자만하거나 교만하지 않을 것이다. 이제 가스신문은 가스업계와 동고동락을 같이하며 질풍노도(疾風怒濤)의 시대를 거쳐 성숙기를 향하여 정진하고 있다. 이 모두가 애독자들의 뜨거운 성원 덕분이다.

109 千慮一得 〈천려일득〉

千:일천 **천** 慮:생각할 **려** 一:한 **일** 得:얻을 **득**

천 번을 생각하면 한 가지라도 얻는다는 뜻.
'智者千慮 必有一失 愚者千慮 必有一得 (지혜로운 사람도 천 번 생각하면 한 번의 실수가 있을 수 있고, 어리석은 사람도 천 번 생각하면 한번은 얻음이 있을 수 있다)의 줄임말.

유래

《안자춘추(晏子春秋)·내편(內篇)》〈잡하(雜下)〉
제(齊)나라의 대부 안영(晏嬰)은 사람됨이 정직하고 검소하였으며 아주 청빈한 생활을 했다. 왕(경공)이 이 사실을 알고 사람을 시켜 안영에게 천금을 보냈으나 안영은 이 재물을 받지 않고 가지고 온 사람에게 돌려보냈다. 그러나 경공이 재차 보내자 안영이 경공을 직접 만났다.
이 때 경공은 "관중(管仲)은 환공(桓公)을 패자의 자리에 올리는 큰 공을 세우고 환공이 봉지를 내리자 사양하지 않고 받았소. 그런데 재상은 어째서 내가 보낸 재물을 받지 않으려는 것이오?"라고 물었다.
그러자 안영은 "제가 들으니 성인이라도 깊고 세밀하게 생각하면 분명 한 가지쯤은 착오가 있을 수 있고, 어리석은 사람이라도 깊고 세밀하게 생각하면 분명 한 가지라도 얻는 것이 있다고 합니다. 아마도 이것은 관중이 잃은 것이고 제가 얻은 것일 것입니다. 그래서 재배(再拜)하고 명을 받지 않은 것입니다."라고 사양했다.

응용

아무리 실력이 뛰어난 사람일지라도 삶의 순간에는 실수가 있기 마련이다. 평소에 '**천려일득(千慮一得)**'의 자세로 늘 겸손하게 자신을 낮출 수 있다면, 혹시 실수하더라도 세상은 그를 너그럽게 받아줄 것이다. 그러나 늘 자신보다 못한 사람을 무시하고, 매사 지나치게 자만하는 사람은 실수하는 순간 그 누구의 도움도 받을 수 없을 것이다.

110 奪胎換骨 〈탈태환골〉

奪:빼앗을 **탈** 胎:아이 밸 **태** 換:바꿀 **환** 骨:뼈 **골**

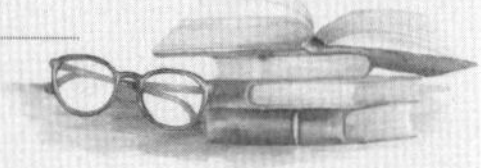

태를 빼앗고 뼈대를 바꾼다는 뜻. 선인(先人)의 시문(詩文)을 본떠서 더욱 아름답고 새로운 글로 재탄생 시킴을 이르는 말.

유래 남송(南宋) 때 혜홍(惠洪)의 《냉재야화(冷齋夜話)》

본래는 도교(道教)의 연단술에서 나온 말인데, 신선이 되기 위하여 비방의 선단을 사용해서 범부(凡夫)의 뼈를 신선이 되기 위해 꼭 필요한 '선골(仙骨)'로 바꾼다는 뜻이다.

남송 때 시인 황정견(黃庭堅)은 옛사람이 지은 시문(詩文)의 취지를 취하여 그 뜻을 바꾸지 않고 새로운 말을 만드는 것을 환골법이라 하고, 그 뜻을 본받아 아름답게 꾸미는 것을 탈태법이라 하였다. 즉 남의 글을 본떠 지었으나 어구(語句)나 결구(結構)만을 바꾸는 기법으로 그 짜임새와 수법이 전혀 딴판으로 잘된 것을 탈태환골이라 하였다.

무협지를 보게 되면 절세 내공을 지닌 무림의 고수들이 변신하는 장면 중에 탈태환골이란 말이 많이 등장한다.

현대에서는 용모가 이전에 비하여 매우 새롭고 아름다울 때, 또는 낡은 제도나 관습 따위를 고쳐 모습이나 상태가 새롭게 바뀔 때 비유적으로 쓰는 말이다. 환골탈태(換骨奪胎)라고도 한다.

응용 개혁은 혁명보다 더 어렵다고 했던가. 특정 조직이나 그 구성원들의 구조나 정신상태를 일시적으로 뜯어고친다는 것은 대단히 어려운 일이다. 그러나 어떤 조직이든지 너무 매너리즘에 빠져 있다고 생각된다면 **'탈태환골(奪胎換骨)'**의 각오로 변화와 혁신의 길을 모색해야 퇴보하지 않을 것이다. 특히 오늘날과 같은 글로벌 경쟁시대에 대응하기 위해서는 더욱 발 빠른 변혁이 요구된다.

111 佩鈴自戒 〈패령자계〉

佩:찰 **패** 鈴:방울 **령** 自:스스로 **자** 戒:경계할 **계**

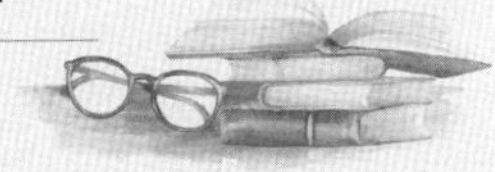

방울을 차고 스스로 경계한다는 뜻. 나쁜 습관이나 단점을 고치기 위하여 스스로 노력하는 자세를 비유하는 말.

유래 정재륜(鄭載崙: 효종의 부마)이 지은 《공사견문록(公私見聞錄)》

조선 선조와 광해군 때 이조 및 형조 판서 등을 지낸 이상의(李尚毅)와 관련된 고사(故事)에서 유래되었다.

이상의는 어린 시절 성격이 매우 경솔하였다. 앉아서는 오래 견디지 못하였고, 입을 열면 망발하는 경우가 일쑤였다. 그의 부모가 이를 걱정하여 자주 책망하자, 어느 날 이상의는 작은 방울을 허리에 차서 스스로 경계하였다(公佩少鈴以自戒). 방울소리가 날 때마다 더욱 경계하는 마음을 다잡았으며, 밖에 나갔으나 들어와서나, 앉았으나 누워서나 한시도 방울을 몸에서 떼어낸 적이 없었다.

그러자 시일이 흐를수록 방울소리는 조금씩 줄어들었고, 중년이 된 뒤에는 방울이 온전히 자신의 몸처럼 되었다.

이 이야기가 널리 알려져 후세에 경박한 자식들의 버릇을 고치려는 사람들은 반드시 그의 예를 모범으로 삼게 되었다.

응용 3세기 때의 철학자 디오게네스 라엘티오스는 '가장 어려운 일은 자기 자신을 아는 일이고, 가장 쉬운 일은 남에게 충고하는 일이다'고 했다. 그만큼 자신을 제대로 알기는 어렵고 남의 허물을 보기는 쉽다는 의미이다.

언제부터인가 우리 사회에는 '내로남불'이라는 낯 뜨거운 용어가 자주 등장하고 있다. 이번 6.1 지방선거에는 항상 '**패령자계(佩鈴自戒)**'의 몸가짐으로 자신을 깊이 성찰하고 지역사회를 위하여 진정으로 봉사할 사람이 많이 당선되었으면 하는 바람이다.

112 鶴立鷄群 〈학립계군〉

鶴:학 **학** 立:설 **립** 鷄:닭 **계** 群:무리 **군**

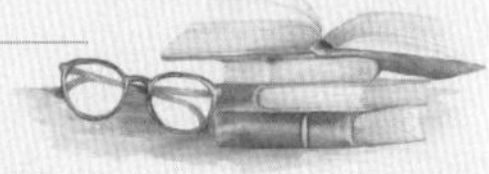

많은 닭 무리 중에 한 마리 학이 우뚝 서 있다는 뜻.
평범한 뭇사람 가운데 뛰어난 한 사람이 섞여 있음을 이르는 말.

유래

《진서(晉書)》〈혜소전(嵇紹傳)〉

위진시대(魏晉時代)에는 혼란스러운 세상을 피해 산속으로 들어가 문학과 청담(淸談)으로 세월을 보내던 선비가 적지 않았다. 그 대표적인 인물이 죽림칠현(竹林七賢)으로 불리는 완적(阮籍), 완함(阮咸), 혜강(嵇康), 산도(山濤), 왕융(王戎), 유령(劉伶), 향수(向秀) 등이다.

이들 가운데 혜강은 특히 문학적 재능이 뛰어났는데, 무고하게 죄를 뒤집어쓰고 처형을 당하였다. 당시 그에게 열 살 아들 혜소(嵇紹)가 있었는데, 나중에 장성하여 낙양(洛陽)으로 가던 날, 그의 모습을 지켜보던 이가 다음 날 왕융에게 "어제 구름같이 많은 사람 틈에 끼어서 궁궐로 들어가는 혜소를 보았습니다. 그 모습이 의젓하고 늠름하여 마치 닭의 무리 속에 있는 한 마리의 학 같았습니다[昻昻然如 野鶴之在 鷄群一鶴]"라고 하였다. 그러자 왕융은 "혜소의 아버지는 그보다 더 뛰어났었다네. 자네는 그의 부친을 본 적이 없었으니 말일세."

따라서 학립계군(鶴立鷄群)은 군계일학(群鷄一鶴), 계군고학(鷄群孤鶴) 등과 같이 통용된다.

응용

잉글랜드 프로축구 프리미어리그(EPL) 무대에서 아시아 선수로는 처음으로 득점왕을 차지한 손흥민 선수의 실력은 그야말로 '**학립계군(鶴立鷄群)**'이었다. 특히 이번에 획득한 '골든 부츠'는 페널티킥 골 없이 순수 필드골로만 이룬 업적이기에 그 감동은 더욱 크게 다가온다. 손흥민 선수 개인의 영예일 뿐만 아니라 아시아 축구계 모두가 축하해야 할 큰 경사라 하겠다.

신문게재일자 – 2022.6.1

113 肝腦塗地 〈간뇌도지〉

肝:간 **간**　腦:뇌 **뇌**　塗:진흙 **도**　地:땅 **지**

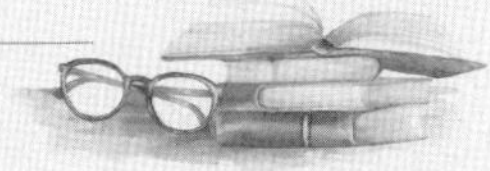

간과 뇌가 다 드러나 땅을 적실 만큼 끔찍하게 죽은 모습.
나라를 위해 목숨을 돌보지 않고 힘쓰는 모습을 가리킴.

유래

사마천의 《사기(史記)》 〈유경숙손통열전(劉敬叔孫通列傳)〉

한(漢)나라 5년, 제(齊)나라 사람 누경(婁敬)이 양가죽 옷을 입은 채 제나라 출신인 우장군(虞將軍)에게 고제(高帝-劉邦)를 알현하고 싶다고 했다. 우장군이 그에게 깨끗한 옷을 주려고 했으나, 그는 끝내 옷을 갈아입지 않은 채 유방을 알현하면서 낙양 도읍의 불가를 진언했다.

"폐하께서 천하를 차지하게 된 것은 주나라 경우와는 사정이 다릅니다… 큰 싸움 70회, 작은 싸움 40회를 치렀습니다. 이로 인해 백성들의 간과 뇌수가 땅바닥을 칠하게 되었고, 아버지와 자식이 들판에서 해골을 드러내게 된 것이 이루 헤아릴 수 없습니다. 울음소리가 끊이지 않고 다친 사람들이 일어나지 못하고 있는데 성강(成康)의 시대와 융성을 겨루고자 하다니, 신은 이를 꾀하지 않아야 한다고 생각합니다."

한편 삼국시대 사지(장판파)에서 유비의 아들을 구해온 조자룡에게 유비는 도리어 아두를 땅바닥에 집어 던지며, "이 아이 하나 때문에 출중한 장수를 잃을 뻔했구나!"하고 탄식하자 조자룡이 감복하여 "소장이 간과 뇌장을 쏟아내도 주공의 은공을 갚을 수 없겠습니다"라고 했다.

응용

러시아가 우크라이나를 침공하여 전쟁을 일으킨 지 벌써 4개월째 접어들고 있다. 독재자의 잘못된 판단으로 민간인 희생이 2만명이 넘고 있고, 러시아의 젊은 군인들도 3만명 이상이나 전사했다고 한다.

화면으로 접하는 폐허가 된 도시와 처참한 시신들의 모습은 차마 눈 뜨고는 볼 수 없는 '**간뇌도지(肝腦塗地)**' 참상 그 자체이다. 이 미친 전쟁이 하루속히 종식되어야 할 것이다.

114 南柯一夢 〈남가일몽〉

南:남녘 **남**　柯:가지 **가**　一:한 **일**　夢:꿈 **몽**

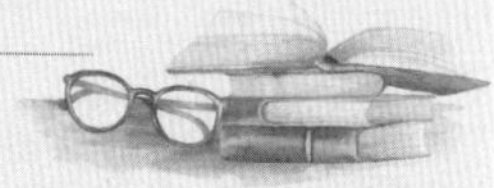

남쪽 나뭇가지 아래에서의 한바탕 꿈.
헛된 꿈 또는 인생의 덧없음을 비유하는 말.

유래 당(唐)나라 이공좌(李公佐)의 소설 《남가태수전(南柯太守傳)》

당나라 덕종 때 양주(揚州)에 순우분(淳于棼)라는 선비가 있었다. 그의 집 남쪽에는 아름드리 회화나무 고목이 있었는데, 여름철이면 친구들과 어울려 그 나무 그늘에서 술을 마시며 즐기곤 했다.

하루는 술에 만취하여 잠들었는데 꿈속에서 두 관리가 엎드려 절하며, 괴안국(槐安國) 국왕의 어명을 받고 모시러 왔다고 해서 따라갔다. 괴안국 왕은 그를 부마(駙馬/사위)로 삼고 남가군의 태수로 임명하여 20년 동안 고을을 태평하게 다스리며 5남 2녀를 낳아 행복하게 살았다.

20년이 되던 해 단라국(檀羅國) 군대가 쳐들어와 싸웠으나 크게 패하고, 아내까지 급사한 뒤 벼슬을 사임하고 서울로 돌아왔다. 그러나 그의 명성 때문에 찾아오는 사람이 많아지자 역모 투서가 들어오게 되고, 왕으로부터 낙향하여 근신하라는 명을 받게 되는데, 놀라 깨어보니 그의 잠자리 아래에는 큰 개미 굴이 있었다.

응용 두 대통령과 수많은 사람을 감옥에 보냈던 '적패청산(積敗淸算)'의 서슬 시퍼런 칼날이 이제는 부메랑이 되어 당시의 권력자들에게 되돌아오는 형국이다.

정치도 인생처럼 **'남가일몽(南柯一夢)'**이나 다름없는 일장춘몽(一場春夢)에 불가한 것인데, 권력이 잡았을 때는 왜 그것을 느끼지 못하고, 그 한 줌의 권력이 영원할 것처럼 행동하는지 참 안타까울 뿐이다.

115 談笑自若 〈담소자약〉

談:말씀 **담**　笑:웃을 **소**　自:스스로 **자**　若:같을 **약**

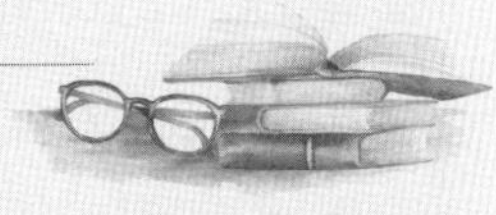

태연하게 담소를 즐긴다는 말. 근심이나 놀라운 일을 당하였을 때도 보통 때와 같이 웃고 이야기함.

유래

《삼국지(三國志)》〈오서(吳書) 감녕전(甘寧傳)〉

삼국시대 오(吳)나라의 장수 감녕(甘寧)은 지략과 용맹이 뛰어나 적벽대전 때 주유의 참모로서 공을 세웠다.

조조가 스스로 40만의 대군을 이끌고 합비를 공격하자 감녕은 이릉성에서 1천 명의 군사를 지휘하며 진을 쳤는데, 조조 휘하의 조인 장군이 군사 5천여 명으로 이릉성을 포위하자 오나라 군사와 성안의 백성들은 적의 군세를 보고 혼란에 빠졌다.

위군은 흙으로 성벽보다 높은 누대를 쌓은 후 그 위에서 성안을 내려다보면서 화살을 비처럼 쏟아 부었으나, 감녕은 병사들에게 철통같은 방비 태세를 갖추라고 독려하면서도 정작 자신은 태연자약하게 평소와 다름없이 담소를 즐길 뿐이었다. 기병 백 명으로 기습대를 편성하고는 그들과 같이 술과 고기로 회식을 한 후 조조군을 기습하여 큰 혼란에 빠뜨렸다. 그러자 주유의 지원군이 도착했고, 따라서 양면 공격을 당하게 된 위군은 이릉성 공략을 포기한 채 패주하고 말았다.

응용

미국의 긴축정책과 러시아의 우크라이나 침공이 맞물리면서 글로벌 경기 상황이 심각하게 침체 중이다. 우리나라 역시 예외가 아니라서 각종 생활물가는 하루가 다르게 오르고, 증시도 큰폭으로 폭락했다.

선부른 판단과 선택도 경계해야겠지만, **'담소자약(談笑自若)'**하며 시간을 허비할 때가 아닌 것 같다. 선진국에 진입했다는 지나친 자부심이 오히려 IMF 환란과 같은 경제위기를 다시 불러올까 걱정되는 순간이다.

116 萬死一生 〈만사일생〉

萬:일만 **만** 死:죽을 **사** 一:한 **일** 生:날 **생**

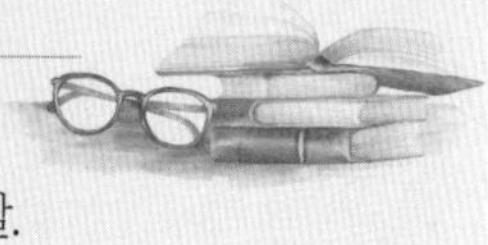

만 번의 죽을 고비에서 살아났다는 뜻.
매우 위태로운 처지에서 놓여 있다가 겨우 살아남을 이르는 말.

유래 당(唐)태종의 이야기를 기록한 《정관정요(貞觀政要)》

수(隋)나라 말엽 전국 각지에서 반란이 일어났다. 양제(楊帝)는 이연(李淵)에게 반란을 진압할 것을 명령하자 이연은 아들 이세민(李世民)을 데리고 출정했다. 이연은 성격이 호탕하여 천하의 호걸들과 많은 친분을 맺고 있었는데, 이 때문에 양제는 사람을 시켜 그를 감시했다.

이를 눈치챈 이세민이 아버지에게 이 기회에 아예 정권을 잡을 것을 권유했다. 이에 이연은 돌궐의 도움을 받아 장안을 점거한 후 이듬해 수양제가 살해되자 스스로 황제가 되었다. 이 과정에서 이세민은 아버지로부터 "천하는 모두 네가 이룩해 놓은 것"이라는 찬사를 받았다.

이연이 죽은 후 이세민이 태종으로 즉위하자 자신을 도운 개국공신들의 초상화를 능연각에 걸어놓고 고마운 마음을 표시하며 "옛날에 방현령은 나를 따라 나라를 평정하느라 만 번의 죽을 고비에서 살아났네" 라며 창업의 어려움을 토로했다.

응용 옛날부터 기업을 만드는 창업(創業) 과정에는 범상치 않은 용기와 많은 고난 극복의 에피소드가 담겨 있다. 그러나 오늘날에는 창업보다 수성(守城)이 더 어려운 시대인 것 같다. 특히 중소기업과 소상공인의 경우에는 하루하루가 전쟁이라고 한다. 2년 넘게 지속된 코로나19 감염병 난국으로 '**만사일생(萬死一生)**'이나 다름 아니었는데, 이제는 물가 급등과 인력 부족으로 또다시 위기를 맞이하고 있다고 하니 참으로 안타까운 형국이다.

117 拔本塞源 〈발본색원〉

拔:뺄 **발**　本:근본 **본**　塞:막을 **색**　源:근원 **원**

나무를 뿌리째 뽑고 물의 근원을 없앤다는 뜻.
하늘의 이치를 알고 욕심을 버리라는 것으로, 사사로운 탐욕은 그 근원부터 없앤다는 것.

유래

《춘추좌씨전(春秋左氏傳)》의 〈소공(昭公) 9년〉에 나오는 말.

주(周)나라 성왕(聖王)은 "나에게 있어서 백부(伯父)는 마치 옷에 갓이 있고, 나무와 물에 뿌리와 근원이 있고, 백성들에게 집주인이 있어야 하는 것과 같다. 백부가 만일 갓을 찢어 버리고, 뿌리를 뽑고 근원을 막으며 집주인을 아주 버린다면, 비록 저 오랑캐들이라도 나를 우습게 볼 것이다"라고 했다. 무왕(武王)이 죽고 어린 아들인 성왕이 즉위하자 그를 지성으로 보좌하여 주나라 기틀을 세운 숙부를 찬양하며 말한 내용이다.

또한 명(明)나라의 왕양명(王陽明)도 그의 저서 《전습록(傳習錄)》에서 '발본색원론이 천하를 밝히지 않는다면 성인을 흉내 내는 무리들이 갈수록 늘어나고, 세상이 점점 어지러워져 사람들이 금수나 오랑캐같이 되어 성인의 학문을 이루려 하지 않을 것'이라고 주장했다.

우리나라에서 발본색원은 부정부패 척결, 범죄 조직 소탕 등과 같은 사회의 암적 폐단을 뿌리 뽑아 재발을 방지하는데 많이 인용되고 있다.

응용

민주화되고 감시망이 촘촘해지면서 부정부패한 관리들은 점점 사라지고 있는 추세이다. 그러나 권력형 비리, 지자체의 토착형 비리, 부도덕한 기업들의 불공정거래 및 갑질 횡포, 보이스 피싱, 보험사기 등은 여전히 매스컴에 자주 오르내리고 있다. 이런 사회의 고질적인 병폐를 '**발본색원(拔本塞源)**'하는 데는 검찰과 경찰의 역할이 중요하겠지만, 선진국 국민으로서 병폐를 개선하고자 하는 정의로운 시민의식도 함께 고양되어야 할 것이다.

118 事齊事楚 〈사제사초〉

事:섬길 **사**　齊:나라 이름 **제**　事:섬길 **사**　楚:초나라 **초**

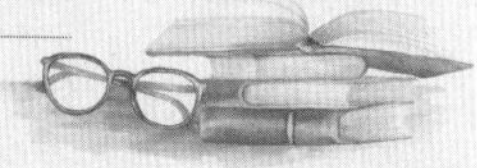

제(齊)나라도 섬기고 초(楚)나라도 섬긴다는 뜻.
양쪽의 중간에서 난처한 경우를 이르는 말.

유래

《맹자(孟子)》〈양혜왕하편(梁惠王下篇)〉에 나오는 이야기.
중국 춘추전국시대에 대국인 제나라와 초나라 사이에는 아주 소국인 등(滕)나라가 있었다. 두 강대국 사이에서 늘 위협을 받던 등나라는 제나라와 친밀하게 지낼 수도 없고 초나라와 가까이하기도 어려웠다. 어느 한쪽과 친하게 지내면 서로 트집을 잡았기 때문에 등나라는 이럴 수도 없고 저럴 수도 없는 딱한 처지였다.
맹자(孟子)가 등나라의 왕 문공(文公)을 찾아왔을 때, 문공은 맹자에게 다음과 같이 물었다. "제나라와 초나라의 사이에 위치한 작은 나라인 우리 등나라는 제나라와 초나라 중 어느 나라를 섬겨야 합니까? [滕 小國也 間於齊楚 事齊乎 事楚乎]"
이에 맹자는 "그런 계책은 제가 딱히 말할 수 있는 것은 아닙니다. 꼭 한 가지만 말한다면 이 나라에 못을 파고 성벽을 쌓아서 백성들과 더불어 나라를 지켜 죽는 한이 있더라도 백성이 떠나지 않게 하는 것입니다."라고 대답했다. 사제사초는 간어제초(間於齊楚)와 같은 말이다.

응용

국제적 영향력이 막대한 초강대국 미국과 빠른 경제성장의 바탕 위에 점점 주변으로 세력을 확장하고 있는 중국이 차세대 글로벌 패권을 두고 첨예하게 대립하고 있다. 지정학적이나 경제적으로 이 둘 사이에 놓여 있는 한국은 어려운 선택을 해야 하는 '**사제사초(事齊事楚)**'에 놓여 있다. 북핵 위협과 신냉전체제의 도래로 더 이상 '전략적 모호성'을 유지하기 어렵다는 점에서 권위주의·독재국가보다는 자유민주주의 혈맹 국가를 선택해야 하지 않을까 생각된다.

119 安步當車 〈안보당거〉

安:편안할 **안**　步:걸을 **보**　當:당할 **당**　車:수레 **거**(차)

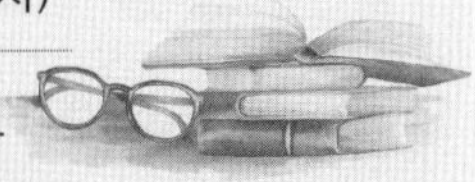

편안한 마음으로 걸어 다니는 것이 수레를 타는 것보다 편하다라는 뜻. 입신양명을 부러워하지 않는 청렴한 삶을 비유하는 말.

유래

《전국책(戰國策)》〈제책(齊策)〉에 나오는 이야기.

중국 전국시대, 제(齊)나라의 고명한 선비 안촉(顔蠋)은 벼슬을 하지 않고 은거하며 자유스러운 생활을 하고 있었다. 제나라의 선왕(宣王)이 그의 명성을 듣고 대궐로 불렀으나, '왕 보다는 선비가 귀하니 왕이 먼저 자기에게 다가와 예를 표하는 것이 맞다'는 등의 무례한 언행을 하였다. 이를 보고 처음에는 선왕이 불쾌하게 여겼으나 안촉의 인물됨을 알아보고 파격적인 벼슬자리를 제의하였다.

그러자 안촉은 '늦게 밥을 먹는 것이 고기를 먹은 것보다 맛있을 것이요, 편안하게 걷는 것이 수레를 타고 다니는 것보다 편할 것이요, 죄를 짓지 않고 사는 것이 부귀영화보다 고귀할 것이요, 청렴하고 바르게 살아가면 스스로 즐거울 것이니〔晩食以當肉, 安步以當車, 無罪以當貴, 淸靜貞正以自虞〕, 부디 돌아가게 해주시라'며 거절하고 귀향했다.

응용

정권이 바뀐 지 3달째이지만, 아직도 몇몇 부처는 장관이 공석이다. 괜찮은 인물이라 생각했던 분들도 여론 검증 앞에서 낙마를 거듭하니 임명권자의 고심이 클 것으로 사료된다.

전문적 식견을 살려 국가와 국민을 위하여 봉사해야 할 인물은 당연히 그 역할을 맡아야 한다. 그러나 인품과 학문적 위업이 높은 분들은 **'안보당거(安步當車)'**의 마음으로 그 분야에 최고로 남아 있는 것도 후학들에게 좋은 귀감이 될 것 같다.

120 長頸烏喙 〈장경오훼〉

長:길 **장** 頸:목 **경** 烏:까마귀 **오** 喙:부리 **훼**

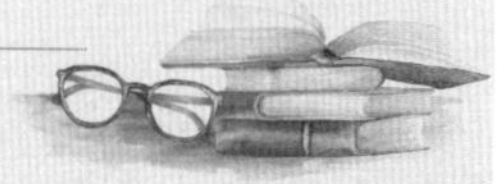

길다란 목에 까마귀 부리같이 뾰족한 입이라는 뜻.
사람의 관상을 표현할 때 쓰는 말.

유래 《사기(史記)》〈월세가(越世家)〉에 나오는 이야기.

월(越)나라의 충신 범려(范蠡)가 주군인 월왕 구천(勾踐)의 관상을 평하면서 '목이 길고 입이 까마귀 부리처럼 뾰족이 나온 사람은 끈기와 참을성이 많아 전쟁 때나 힘들 때는 고난을 같이 할 수 있으나, 시기와 질투심이 강하고 성격이 옹졸하여 의심이 많으므로 평화 시에는 안락을 함께 누릴 수 없는 관상이다'라고 표현했다.

범려는 오나라와의 전쟁에서 승리하자 구천이 그 공로로 상장군의 벼슬을 제수하였으나, 사양하고 멀리 제(齊)나라로 망명해서 안정된 자리를 잡았다. 범려는 월에 남아 있던 절친 문종(文種)에게 편지를 보냈는데, '새가 없어지면 좋은 활은 창고로 들어가고[鳥盡弓藏], 토끼 사냥이 끝나면 쓸모없는 사냥개는 삶아 먹으며[兎死狗烹], 적국이 패망하면 모사(장수, 책사)도 군주에 의해 죽게 된다'고 경고했다. 그 후 문종은 결국 월왕 구천에게 죽임을 당했다.

응용 근래 정치권을 바라보면 토사구팽(兎死狗烹)의 비정함과 **'장경오훼(長頸烏喙)'**의 무상함을 많이 느낀다. 토사구팽이라는 말처럼 의리가 없는 말은 없지만, 그 사례는 동서고금을 막론하고 비일비재했다.

다만 말 없는 다수의 국민은 현란한 말 잔치나 잔재주에 능숙한 리더를 원치 않는다. 인품이 좋은 깨끗한 정신의 소유자가 사심 없이 능력을 펼치길 원한다. 그러나 늘 현실과는 괴리를 느낀다.

121 穿楊貫蝨 〈천양관슬〉

穿:뚫을 **천** 楊:버들 **양** 貫:꿰뚫을 **관** 蝨:이 **슬**

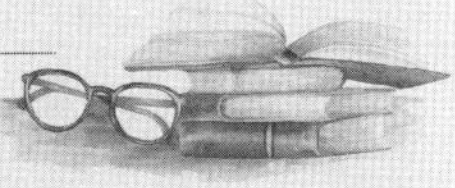

'버드나무 잎을 맞히고 이를 꿰뚫는다'라는 뜻.
매우 뛰어난 활솜씨를 비유하는 고사성어.

유래 《사기(史記)》〈주본기(周本記)〉와 《열자(列子)》〈탕문(湯問)〉편에 나오는 이야기. 중국 초(楚)나라 장수 양유기(養由基)의 '백보천양(百步穿楊)'의 고사와 기창(紀昌)의 '관슬지기(貫蝨之技)'의 고사가 합쳐져 이루어진 성어이다.

명궁 양유기는 활을 잘 쏘아 일백 보 떨어진 곳에서 버드나무 잎을 맞혔는데, 백 번을 쏘면 백 번 모두 명중하였다고 한다.

또한 명궁 감승(甘蠅)보다 더 뛰어나다고 소문난 그의 제자인 비위(飛衛)에게 기창(紀昌)이라는 사람이 활 쏘는 비법을 물었다. 비위는 작은 것이 크게 보이고 희미한 것이 뚜렷하게 보일 정도로 보는 훈련을 쌓은 뒤에 다시 찾아오라고 하였다. 기창은 가는 털에 이를 묶어 창문에 매달아 놓고는 매일같이 3년을 바라보았다. 마침내 아주 조그만 활과 화살을 만들어 작은 이를 쏘아 꿰뚫었는데, 이를 묶어 놓은 털은 그대로 매달려 있었다. 〔貫蝨之心, 而懸不絶〕

응용 한국 양궁은 88올림픽부터 2020년 도쿄 올림픽까지 단 한 번도 금메달을 놓친 적이 없다. 특히 한국 여자 양궁은 단체전 9연패라는 위업을 달성하며 **'천양관슬(穿楊貫蝨)'**의 여궁사라는 찬사를 받고 있다.

이처럼 한국 양궁이 세계 최강이 된 것은 선수 선발에 있어서 다른 스포츠와 달리, 출신이나 윗선의 의견이 일체 반영되지 않고 오로지 실력만으로 대표를 선발하기 때문이다. 또한 선수들이 자신의 기량을 향상시키기 위하여 스스로 혹독한 훈련을 감내한다고 한다.

122 探驪得珠〈탐려득주〉

探:찾을 **탐** 驪:가라말 **려**(고대에는 검은 용을 지칭함) 得:얻을 **득** 珠:구슬 **주**

흑룡(黑龍)을 찾아 구슬(진주)을 얻는다는 뜻.
큰 위험을 무릅쓰고 큰 이익을 얻음을 뜻하는 말.
또는 글을 쓸 때 주제나 핵심이 명쾌하게 드러난 것을 비유하는 말.

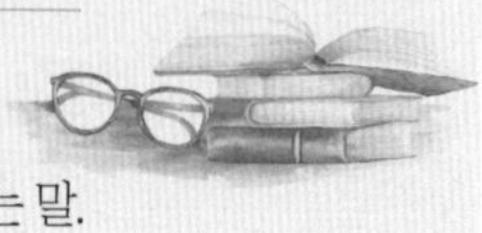

유래 《장자(莊子)》의 〈열어구(列御寇)〉에 유래.

송나라 때 큰 재능도 없으면서 양왕에게 아첨하여 높은 벼슬자리에 오른 사람이 왕이 하사한 수레 10대를 타고 다니며 자랑했다. 이를 본 장자가 그에게 이렇게 충고했다.

"옛날 황하 강변에 갈대로 발을 엮어서 생계를 꾸려 가는 가난한 집이 있었다네. 하루는 그 집 아이가 물속에서 진주를 주워 오자 그 아이의 아버지가 '이 귀중한 진주는 오직 천 길 물 밑에 사는 흑룡의 목구멍 속에만 있는데, 너는 아마 그 용이 잠을 자는 사이에 꺼내 왔을 것이다. 이제 흑룡이 잠을 깨면 네 목숨이 붙어 있을 줄 아느냐?'하고 꾸짖었다고 하네. 오늘날 송나라는 깊은 물 속과도 같고 왕은 흑룡과도 같네. 지금 그대가 수레를 타고 다니며 거들먹거릴 수 있는 것은 나라가 잠깐 어지럽기 때문인데, 만약 바른 세상이 온다면 어림없는 일일세."

장자는 그 사람에게 지금의 벼락출세가 흑룡의 턱 밑에 있는 진주를 얻는 일보다 더 위험한 일임을 비유적으로 설명한 것이다.

응용 누구나 원대한 포부를 가지는 것은 좋지만, 먼저 진정한 실력을 길러야 한다. 능력과 덕망도 없으면서 입으로만 뜬구름을 잡으려 하는 사람들이 문제이다. 혹세무민(惑世誣民)의 여론몰이로 **'탐려득주(探驪得珠)'**을 한들 사상누각(沙上樓閣)이 될 것이 뻔하다.

'욕망은 우리를 자꾸 도달할 수 없는 곳으로 끌고 간다. 우리의 불행은 바로 거기에 있다'는 루소의 말을 늘 반추해 봐야겠다.

123 學無常師 〈학무상사〉

學:배울 **학**　無:없을 **무**　常:항상 **상**　師:스승 **사**

학문을 하는데 고정불변의 스승은 없다는 말.
만나는 모든 것이 스승이라는 뜻.

유래

《논어(論語)》의 〈자장(子張)〉에서 유래.

위(衛)나라 대부 공손조(公孫朝)가 공자의 제자인 자공(子貢)에게 물었다. "당신의 스승 중니(仲尼: 공자의 높임말)는 누구에게 배웠습니까?"

그러자 자공는 "주(周)나라 문(文)왕과 무(武)왕이 걸어가신 도(道)는 아직 땅에 떨어지지 않고 그 영향을 받은 사람이 남아 있습니다.

현인이라면 그 지식의 핵심을 기억하고, 그렇지 않은 사람은 지엽(枝葉)만을 이해할 뿐입니다. 즉 문임금과 무임금이 행하신 도가 없는 곳이 없습니다. 그러니 우리 선생님이 어디서인들 배우지 못했을 것이며, 또 어찌 고정된 영원한 스승이 따로 있겠습니까?"라고 말하였다.

학무상사(學無常師)는 자장의 원문에 없었지만, 마지막 구절을 새롭게 조합해서 널리 쓰이게 된 말이다. 배움의 길에는 모든 것을 가르쳐주고 이끌어주는 절대적인 스승은 없다는 말이다. 원효와 지눌 등 독창적인 철학을 개척한 사람들의 학문을 상징하는 말로도 널리 쓰인다.

응용

학교 못지않게 밥상머리 훈육과 사회교육은 중요하다. 인성이 바르게 형성되고 겸손한 학습 의지만 있다면 '**학무상사(學無常師)**'의 자세로 어디서나 누구에게나 좋은 점을 배우려고 노력하기 때문이다.

그러나 우리 베이비 부모 세대들은 '먹고살기 바빠서' 자녀를 학교와 학원에만 보내면 교육은 다 해결되는 것으로 착각했다. 그렇게 전교조 교육의 영향권에서 자란 그 아이들이 지금 부모 세대와 가치관의 괴리가 커져 세대 간 갈등을 빚고 있다고 생각된다.

124 去其枝葉 〈거기지엽〉

去:갈 **거**　其:그 **기**　枝:가지 **지**　葉:잎 **엽**

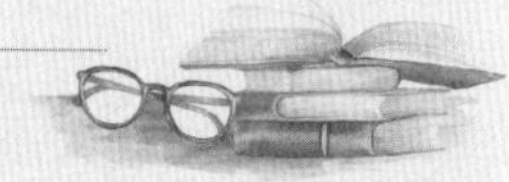

가지와 잎을 제거한다는 뜻.
사물의 핵심이나 원인이 되는 것을 없앤다는 말.

유래

중국 춘추시대 8국의 역사를 나라별로 서술한 《국어(國語)》 〈진어(晉語)〉에서 유래함.

진(晉)나라 평공(平公/ BC558 ~ BC532)이 양필(陽畢)에게 전란을 피하려면 어떻게 해야 하는지를 묻자 양필은 다음과 같이 대답했다.

"사물의 원인은 우뚝 솟은 나무와 같습니다. 가지와 잎이 자라면 밑뿌리도 무성해집니다. 이렇게 되면 세상의 혼란이 그치지 않게 됩니다. 지금 큰 도끼로 가지와 잎을 쳐내고 밑동을 자르면 얼마 동안은 평화를 유지할 수 있을 것입니다[本根猶樹 枝葉益長 本根益茂 是以難已也 今若大其柯 去其枝葉 絶其本根 可以少閒]."

즉 천하에 혼란이 일어나 여러 일들이 뒤죽박죽 엉켰을 때는 그 발단이 되는 부분을 찾아 완전히 제거해야 한다는 것으로 거기지엽 절기본근(去其枝葉 絶其本根)에서 따온 고사성어이다.

근본 원인을 모두 제거한다는 뜻의 발본색원(拔本塞源)과 비슷한 말이다.

응용

지금 집권 여당의 혼란스러운 비상 상황을 보면 대단히 실망스럽고 우려스럽다. 전 당대표의 '성 상납 비위 의혹과 증거인멸 시도'가 사건의 발단이었는데, '윤핵관과 이핵관' 싸움으로 비화되고 가처분 신청에다 가처분정지신청 등으로 진흙탕에 빠져있는 형국이다. 다소 부작용을 감내하고서라도 **'거기지엽(去其枝葉)'** 하는 결단이 필요하다. 암 덩어리는 결코 살이 될 수 없기 때문이다.

125 攬轡澄淸 〈남비징청〉

攬:잡을 **남** 轡:고삐 **비** 澄:맑을 **징** 淸:맑을 **청**

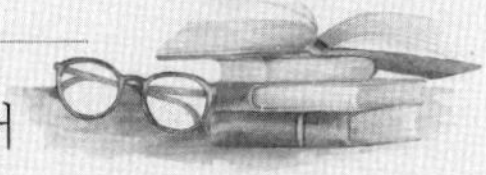

말의 고삐를 잡아 천하를 맑게 한다는 뜻. 관리(정치가)가 되어 어지러운 천하를 바로잡아 보겠다는 큰 뜻을 이르는 말.

유래

《후한서(後漢書)》〈당고열전(黨錮列傳)〉범방(范滂)편에 나옴.

후한(後漢)말 환제(桓帝) 때 범방(范滂)이라는 관리는 정직하고 청렴하여 사람들의 존경을 한 몸에 받았다.

당시 기주(冀州)지방에 기근이 심한데다 탐관오리들의 착취와 학정까지 겹쳐 굶주린 백성들이 민란을 일으키자, 황제는 범방에게 기주를 순행하며 백성들을 착취하는 무리를 색출하고 백성을 위무하라고 명령했다.

이에 범방은 마차에 올라 고삐를 잡고 분개하며, 자신이 간악한 무리를 철저하게 가려내어 천하를 맑게 하겠다는 뜻을 굳게 다졌다.

그는 부패한 관리 20여 명을 색출하여 황제에게 탄핵을 보고했다. 그러나 조정 고관들이 그 탐관오리들의 뒤를 봐주고 있어, 오히려 범방을 무고하는 상소를 올리자 황제는 범방의 진언을 듣지 않았다. 이에 범방은 자신만의 힘으로는 세상을 바로 잡을 수 없음을 한탄하며 낙향했다.

응용

공직에 임명된 공직자나 선출된 정치인은 모두가 **'남비징청(攬轡澄淸)'**하는 기상으로 국리민복(國利民福)을 위해 일하겠다고 다짐한다. 그러나 임기를 마칠 때까지 초심을 지켜 주위의 칭송을 받는 사람은 그리 많은 것 같지 않다.

2024년 총선을 앞두고 벌써 각 지역에는 자천타천으로 출마를 결심하고 표밭을 누비는 인물들이 수없이 많다. 왜 정치를 하려고 하는지, 깊은 자문(自問)과 성찰의 시간부터 가져보길 바란다.

126 談何容易 〈담하용이〉

談:말할 **담** 何:어찌 **하** 容:얼굴 **용**(안존할 용) 易:쉬울 **이**

말하는 것이 어찌 쉽게 허용될 수 있겠는가'는 뜻.
오늘날에는 '말로는 쉬우나 행동과 실천은 어렵다'는 뜻으로 통용됨.

유래 《한서(漢書)》 〈동방삭전(東方朔傳)〉에 나오는 말.

전한(前漢) 무제(武帝) 때 상시랑(常侍郎)으로 발탁된 동방삭(東方朔)은 무제가 장안 근처에 황실 전용 사냥터(上林苑)를 만들려고 하자 국고를 낭비하고, 민생을 어렵게 한다며 반대했으나 무제는 듣지 않았다. 또한 부국 강병책을 건의했지만 채택되지 않았다. 그래서 우회적으로 '비유 선생론(非有先生論)'이라는 풍자문을 써서 간했더니 주효했다.

「여기에는 비유선생과 오왕(吳王)이라는 두 가공인물이 등장한다. 비유 선생은 오왕을 섬긴 지 3년이 되지만 조금도 정견을 발표하지 않았다. 오왕이 안달이 나서 "뭐든 말해 주시오. 다 듣겠소."라고 하자 "좋습니다. 입을 여는 것은 간단한 일입니다." 하고는 간언하다 죽은 충신의 이름을 나열하고는 "입을 열기가 어찌 그리 쉬운 일이오!(談何容易)" 그는 또 아첨해서 중용된 인물, 임금이 포악해서 은둔한 인물의 이름을 들어 충신을 멀리하고 소인을 등용한 어리석음을 말하며 "입을 열기가 어찌 쉬운 일이오!"라고 했다. 이 말을 들은 오왕은 감동하여 이후부터 선생의 간언을 받아들이고 정치를 개혁하여 마침내 오나라를 융성하게 하였다.」

응용 정보화사회가 깊어가면서 대면 대화가 줄어들고 있다. 때론 가족이나 형제자매, 친구와 직장동료 등 허물없는 사이에도 언로(言路)가 막혀서 오해가 생기는 수가 종종 있다. 진솔한 대화는 삶의 윤활유이다. 피차 선입감을 탈피하고 '**담하용이(談何容易)**'를 의식하지 않는 허심탄회한 대화가 필요하다 하겠다.

127 萬事休矣 〈만사휴의〉

萬:일만 **만**　事:일 **사**　休:쉴 **휴**　矣:어조사 **의**

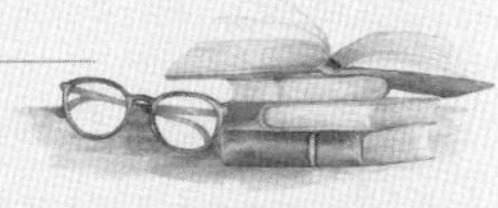

모든 일이 끝장이다. 더 이상 어떻게 해 볼 가망이 없다는 절망적인 의미.

유래

《송사(宋史)》의 〈형남고씨세가〉에서 유래.

당나라가 황소의 난으로 멸망한 후 송(宋)나라가 건국할 때까지 50여 년간(907~960) 황하유역에는 후량(後梁), 후당(後唐), 후진(後晉), 후한(後漢), 후주(後周) 등 5국이, 화남지역에는 오(吳), 형남(荊南), 전촉(前蜀), 초(楚), 오월(吳越), 민(閩), 후촉(後蜀), 북한(北漢), 남한(南漢), 남당(南唐) 등 10국이 난립하여 각축을 벌이고 있었다. (5大10國 시대)

그중에 형남은 절도사 고계흥이 세운 나라이다. 고계흥의 아들 2대왕 종회에게는 열 명의 아들이 있었는데, 그의 막내아들 보욱은 형(3대왕 보융)의 뒤를 이어 보위(4대왕)에 올랐으나 수개월만에 나라를 잃게 된다.

보욱은 어릴 때 몸이 약해 부왕 종회의 특별한 보살핌을 받으며 자랐다. 그러나 그 사랑이 지나쳐 결국 보욱을 망치게 한 것이다. 종회는 아무리 화나는 일이 있어도 막내아들 보욱만 그저 웃었다고 한다. 그런 보욱이 왕위에 오르자 음란과 방탕, 사치를 일삼자 주변에서 아무리 만류해도 듣지를 않아 사람들이 "만사가 끝이군."하며 포기하기에 이르렀다.

응용

우크라이나를 침공한 러시아가 수세로 밀리자 최근 푸틴은 30만명의 예비군 징집령을 내렸다. 이에 반발한 러시아인들의 시위와 징병기관 방화가 잇따르고 있다. 또한 26만 명 이상이 국외로 탈출했고, 비행편과 열차편이 매진되는 등, 탈출 행렬이 러시를 이루고 있다. 러시아 젊은이들은 명분 없는 침략전쟁에 끌려 나가 총알받이가 될 것이 뻔하기에 '**만사휴의(萬事休矣)**'의 절망에 빠져 있는 것이다.

128 發憤圖强 〈발분도강〉

發:필 **발** 憤:결낼(성낼) **분** 圖:도모할 **도** 强:굳셀 **강**

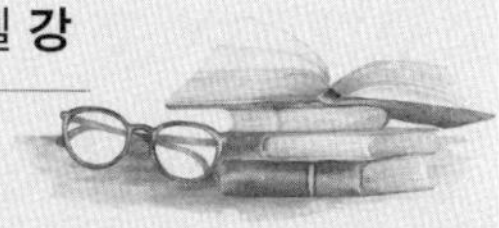

강해지기 위하여 분발한다는 뜻.
스스로 모자람을 알고 그 모자람을 채우기 위하여 노력함.

유래 《논어》의 〈술이(述而)〉 편에 따르면, 공자는 자신이 "발분하여 끼니마저 잊고 힘쓰며(發憤忘食), 이를 즐거워하여 근심을 잊고 장차 늙음이 닥쳐오리라는 것도 모르는" 사람으로 평해지기를 바랐다.

또한 《송사(宋史)》의 〈소순전(蘇洵傳)〉에 의하면, 소식(소동파)과 소철의 아버지인 소순은 비교적 늦게 학문에 정진하여 "27세가 되어서야 비로소 발분하여 공부에 힘쓰기 시작하였다(年二十七始發憤爲學)"고 한다.

이와 같이 '발분'은 학문에 정진하는 말로 사용되었으나, 청나라 말 변법자강운동을 주도한 캉유웨이(康有爲)가 광서제에게 올리는 상소에서 '구미 열강의 침략에 맞서기 위해서는 적극적으로 정치를 개혁하여 발분도강(发愤图强)해야 한다'고 주장하였다. 이때부터 개인이나 나라를 강성하게 만들기 위하여 힘쓰자는 말로 사용되게 되었다.

북한당국도 '자력갱생과 발분도강하여 사회주의 혁명 건설을 앞당기자'라는 선동 구호를 즐겨 사용하고 있다.

응용 고금리, 고환율, 고물가, 증시폭락, 부동산폭락, 수출 부진, 경상수지 적자 등 지금 우리 경제환경은 IMF환란 때보다 더 암울한 실정이다. 여기에다 확대일로로 치닫고 있는 우크라이나전쟁, 북한의 거듭되는 미사일 발사 등 지정학적 요인도 점입가경(漸入佳境)이다.

이런 심각한 위기 상황에서 기업인, 중소상공인, 국민은 전전긍긍하고 있는데, 정치권은 무엇을 하고 있는가. 다 함께 **'발분도강(發憤圖强)'**하여 위기를 극복하자는 결의와 지혜를 모아야 할 때이다.

129 徙宅忘妻 〈사택망처〉

徙:옮길 **사** 宅:집 **택** 忘:잊을 **망** 妻:아내 **처**

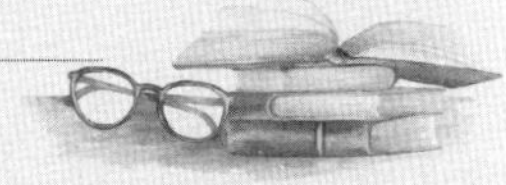

'집을 옮기며 아내를 잊어버린다'라는 뜻.
정신 나간 사람처럼 매우 중요한 것을 잊어버린다는 말.

유래 중국 위나라 왕숙(王肅)이 편찬한 《공자가어(孔子家語)》 〈현군(賢君)〉 편에 실린 고사. '사가망처(徙家忘妻)'와 같은 말.

춘추시대 노(魯)나라의 왕 애공(哀公: BC494~BC468)이 공자에게 물었다. '이사를 할 때 아내를 잊어버리는 사람(徙家忘妻)도 있다고 들었는데, 정말 그런 사람이 있습니까?'

이에 공자(孔子)는 '그것은 심한 일이 아닙니다. 더 심한 사람은 자기 몸을 잊어버립니다. 하(夏)나라의 마지막 왕인 걸왕(桀王)은 귀한 천자의 자리에 올라 사해(四海)와 같은 부(富)를 가졌습니다. 그러나 거룩한 조상의 도(道)를 잊고, 전법(典法)을 파괴하였으며, 대대로 내려오는 제사를 폐하고, 사치와 쾌락, 술에 빠져 지내다 보니 간신들은 아첨하면서 그의 뜻을 살폈으며, 충신들은 단죄를 피하려 입을 닫았습니다. 결국 천하가 걸왕을 멸하니 그 나라가 있을 수 있겠습니까. 이것이 바로 자기 몸을 망각하는 더 심한 사람이라고 할 수 있습니다.'

공자는 폭군이었던 걸왕이 국가의 중대한 일은 돌보지 않고 계속 악행을 저질러 나라를 망친 것을 자기 자신도 잊어버린 것에 비유했다.

응용 '아내가 이사하면서 집 주소를 가르쳐주지 않아서 남편이 집을 찾을 수 없어 자동 이혼이 된다.'는 우스갯소리가 있다. 요즘 세상에 사택망부(徙宅忘夫)는 있어도 **'사택망처(徙宅忘妻)'**가 어디 있으랴.

우리 사회에도 철면피를 쓴 건망증이 심한 사람이 더러 있다. 어떤 경우에도 자기 본분을 망각해서는 안 되는데, 멀지 않은 과거조차 잊고 자기 주제 파악도 못하는 사람들을 보면 안타깝다.

130 安如泰山 〈안여태산〉

安:편안할 **안**　如:같을 **여**　泰:클 **태**　山:뫼 **산**

마음이 태산같이 끄떡없고 든든하다는 뜻.

유래 중국 한(漢)나라 때 매승(枚乘)이 쓴 〈상서간오왕(上書諫吳王)〉에서 유래. 《한서(漢書)》의 〈매승전(枚乘傳)〉에 수록.

한나라 경제(京帝) 때의 문학가였던 매승은 제후인 오왕(吳王) 유비의 밑에서 낭중(郎中) 벼슬을 지냈다. 오왕 유비는 야심이 큰 인물이었는데, 그 무렵 한(漢)의 경제는 조조(晁錯)을 어사대부로 기용하였고, 조조의 중앙정권 공고화 계책에 따라 제후들의 영지를 삭감하기 시작하였다.

오왕 유비는 다른 제후들의 영지가 삭감되는 것을 보고, 자신도 이를 피할 수 없음을 감지하고, 이웃 제후인 초왕(楚王) 유무(劉茂)와 결탁하여 조(趙), 교서(膠西), 교동(膠東), 치천(穉川), 제남(濟南) 등 제후국과 연대하여 반란을 일으킬 계획을 세웠다. 〔吳楚七國의 난〕

이때 매승은 오왕 유비에게 〈상서간오왕〉 이라는 상소를 올려 반란 계획을 중단하도록 권고하였다. "충신의 말을 들을 수 있다면 모든 화를 피할 수 있을 것입니다. -중략- 되도록 빨리 원래의 생각을 바꾼다면, 이는 손바닥을 뒤집는 것보다 쉬운 일이며, 지위도 태산처럼 든든해질 수 있을 것입니다.(安如泰山)"라고 간언하였으나 유비는 이를 무시하였다.

응용 최근 러시아의 미사일 공격으로 불타는 키이우 도로 한복판에서 **'안여태산(安如泰山)'**의 자세로, 언제나처럼 군복 런닝셔츠를 입고 셀카 동영상을 찍는 젤렌스키 우크라이나 대통령의 모습은 매우 인상적이었다. 며칠이면 끝날 것 같았던 러시아와의 전쟁이 8개월 동안 지속되면서, 이제는 오히려 우크라이나의 승리가 예상되고 있다. 서방세계의 지원 덕분이기도 하지만, 이처럼 결기에 찬 지도자 젤렌스키를 신뢰하며 우크라이나 국민이 일치단결하고 있기 때문이다.

131 裝聾作啞 〈장롱작아〉

裝:꾸밀 **장** 聾:귀머거리 **롱** 作:지을 **작** 啞:벙어리 **아**

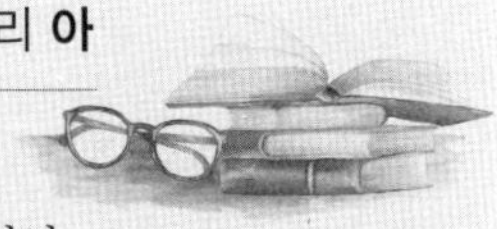

'귀머거리로 가장하고, 벙어리인 척하다'는 뜻. 일부러 듣지도 보지도 못하여 아무것도 모르는 척하는 것을 비유하는 고사성어.

유래

《자치통감(資治通鑑)》〈당기(唐紀)〉에 수록.

당(唐)나라 현종(玄宗) 때 곽자의(郭子儀)는 안사(安史)의 난을 평정하였고, 대종(代宗) 때는 토번의 침입을 물리치는 등 많은 공을 세웠다. 대종은 그 공을 치하하여 딸 승평공주(昇平公主)를 곽자의의 아들 곽애(郭曖)와 결혼시켰다. 어느 날, 곽애가 부부싸움을 하다 화가 나서 승평공주에게 "우리 아버지가 아니었으면 황실이 무사하지 못했을 것이며, 아버지가 마음만 먹었다면 황제가 될 수 있었다"고 소리쳤다. 이는 반역적인 언사로 승평공주는 아버지인 대종에게 이 사실을 일러바쳤다.

승평공주의 말을 들은 대종은 네 남편의 말이 맞다고 하면서 딸을 타일러 돌려보냈다. 나중에 곽자의가 이 일을 전해 듣고 대종에게 가서 사죄하였다. 이때 대종은 관대하게 "속담에 '바보가 아니고 귀머거리가 아니면 가장 노릇을 할 수 없다'라는 말이 있지 않소(鄙諺有之, 不癡不聾, 不作家翁). 아녀자들이 규방에서 하는 말에 신경 쓸 것 있겠소!"라며 아무렇지도 않게 말하였다.

응용

예전에 우리 어머니들은 매운 시집살이를 견디기 위하여 친정어머니가 일러주신 '귀머거리 3년, 벙어리 3년'을 되새기면서 '**장롱작아(裝聾作啞)**'하면서 살았다고 한다. 직장생활을 시작할 때도 선배들은 그런 처세가 필요하다고 충고하였다. 그러나 오늘날 신입사원들은 겸양의 처세와 팀워크는 부족하면서 상전 모시기보다 더 어렵다고 하니 실로 격세지감을 느낀다. 처세에서 가장 중요한 것은 겸양과 성실이 아닐까.

132 天衣無縫 〈천의무봉〉

天:하늘 **천**　衣:옷 **의**　無:없을 **무**　縫:꿰맬 **봉**

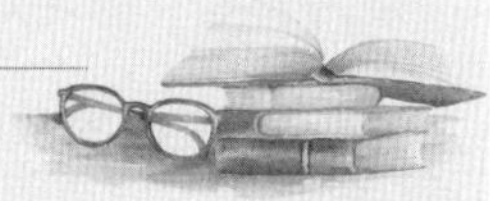

하늘나라 옷에는 바느질한 흔적이 없다. 시가(詩歌)나 문장(文章) 등이 기교의 흔적이 없이 자연스럽게 잘되어 있음을 이르는 말.

유래

《태평광기(太平廣記)》에 있는 곽한(郭翰)의 이야기에 나옴.
'곽한'이라는 선비는 외모가 출중한데다 언변이 뛰어나고 글도 잘 썼는데, 그는 일찍이 부모를 여의고 혼자 살고 있었다. 곽한이 어느 여름밤 평상에 누워 달빛을 감상하고 있는데, 갑자기 일찍이 볼 수 없었던 미인(仙女)이 하늘에서 내려와 '저는 천상의 직녀(織女)인데, 고매한 당신의 풍채를 사모해 왔는데 당신께 몸을 의탁하고 싶다'고 하였다.
그리고는 하룻밤을 즐기고 새벽 일찍 구름을 타고 하늘로 올라갔다. 그 후 매일 밤 찾아오더니 칠월칠석이 돌아오자 그날 밤부터 나타나지 않다가 다시 나타났다. 그녀의 옷을 살펴보니 바느질한 곳이 전혀 없어 물었더니, "천상의 옷은 원래 바늘과 실로 짓는 것이 아닙니다." 하고 대답했다. 일 년쯤 되던 어느 날 그녀는 상제가 허락한 기한이 오늘로 끝난다며 슬피 울면서 영영 이별을 고했다.
오늘날 천의무봉은 자연 그대로의 극치를 이루고 있다는 뜻으로 인용되고 있으며, 때로는 타고난 재질이 극히 아름답다는 뜻으로 많이 쓰인다.

응용

필자가 아는 어느 문인 주위에는 늘 사람이 모인다. 얼굴이 잘생긴 것도 아니고 언변과 사교성이 뛰어난 것도 아니다. 다만 삶을 진솔하면서도 수려하게 노래하고 '**천의무봉(天衣無縫)**' 같은 고매한 인품 때문이라 생각된다. 그분의 수필을 읽어보면 맑은 시냇물이 흐르는 것 처럼 청아하다. 잠시 대화를 나누어보면 흡사 세상사에 물들지 아니한 어린아이와 같이 순진하면서도 이따금 머리에 맑은 충격을 던져준다.

133 耽於女樂 〈탐어여악〉

耽:즐길 **탐** 於:어조사 **어** 女:계집 **녀** 樂:풍류 **악**

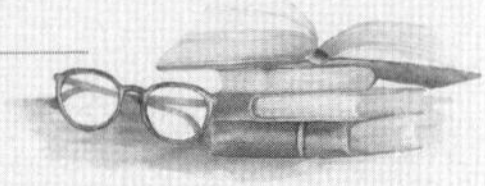

여악(女樂)을 탐한다는 뜻. 여악에 빠져 정사를 소홀히 함을 비유하는 말. ('여악'은 궁중에서 연회를 베풀 때 기생들이 악기를 타고 노래를 부르며 춤추는 것을 말함)

유래 《한비자(韓非子)》의 〈십과편(十過篇)〉에 나오는 말.

한비자(BC 280~233)는 임금이 저지르기 쉬운 10가지 과실(過失) 중에서 여섯 번째 과실로 '탐어여악(여자의 교태에 빠지는 것)'을 들고 있다.

중국 고대 서방 민족의 융왕(戎王)은 충신 유여(由余)의 도움을 받아 나라를 융성하게 다스리고 있었다. 융왕이 진(秦)나라에 유여를 사신으로 보냈는데, 진나라의 왕 목공(穆公)이 유여와 이야기를 해보니 역시 인품이 출중한 인물이었다. 그래서 내사(內史) 요(寥)에게 유여를 융왕에게 보내기는 정말 아까운 인물이라며 그 방법을 물었다.

그러자 요는 "왕께서는 그 나라에 여악을 보내서 정치를 문란하게 만드시고, 유여는 진나라에 더 머물도록 요청하십시오"라고 했다. 진왕은 요의 말대로 여악 28명을 보내니, 융왕은 너무 좋아서 정사를 돌보지 않았다. 유여가 귀국해서 융왕에게 아무리 간해도 듣지 않자 그는 진나라로 갔다. 진의 목공은 유여를 상경(上卿)으로 삼고, 유여의 전략에 따라 군사를 일으켜 사방 천리가 넘는 서방의 12국을 손쉽게 차지했다.

응용 기업의 오너와 CEO들은 어떻게 보면 왕과 같은 절대권력을 가지고 있기에 리스크 관리가 더욱 절실하다. 고전이라 터부시 말고 한비자의 십과(十過)를 경영과 리더십의 거울로 삼아야 하겠다.

1. 소충(小忠) 2. 고소리(顧小利) 3. 행벽(行僻) 4. 호음(好音) 5. 탐퍅(貪愎) 6. **탐어여악(耽於女樂)** 7. 이내원유(離內遠遊) 8. 불청충신(不聽忠臣) 9. 내불량력(內不量力) 10. 국소무례(國小無禮)

134 片 言 折 獄 〈편언절옥〉

片:마디 **편**　言:말씀 **언**　折:꺾을 **절**　獄:옥 **옥**

'몇 마디 말로 옥사(獄事)의 시비를 가린다'라는 뜻.
한 두 마디 말로 명쾌하고 공정하게 송사(訟事)의 시비를 가리는 판결.

유래

《논어(論語)》의 〈안연(顔淵)〉 편에 나오는 말.
공자는 제자인 자로(子路)를 평하면서 "몇 마디의 말로 송사의 시비를 가려 판결을 내릴 수 있는 사람이 있다면 중유(仲由: 자로의 이름)일 것이다(片言可以折獄者, 其由也與). 자로는 약속한 일을 묵히는 일이 없었다(子路無宿諾)"라고 칭찬하였다.
공자는 자로가 성격이 거칠지만 충성스럽고 신의가 있는 인물임을 잘 알고 있기에, 송사를 처리하는데 확고한 소신을 가지고 몇 마디 말로써 공정한 판결을 내릴 수 있는 인물이라고 말한 것이다. 공자는 자로가 3년 동안 포(蒲) 땅을 다스릴 때, 밝게 살피고 결단력이 있다고 칭찬한 적도 있다.
이는 누구나 실행하기 어려운 일로서, 조선시대의 정약용(丁若鏞)은 《목민심서(牧民心書)》 에서 "몇 마디 말로써 송사의 시비를 가려 마치 귀신처럼 판결을 내리는 사람은 특별한 천재이니 보통사람이 본받기 어려울 것이다(片言折獄, 剖決如神, 別有天才, 非凡人之所宜也)"라고 말했다.

응용

대의(大義)를 위한 협력과 타협은 고사하고 독설과 교언(巧言)만 난무하고 있다. 지금 우리나라 정치권 돌아가는 형국이다. 그렇게 할퀴고 헐뜯다가 걸핏하면 송사로 간다. 또한 그런 재판들은 왜 그렇게도 판결이 더딘 것인지. 이 시대의 판사들은 '**편언절옥(片言折獄)**'하는 명판사가 없는가 보다. 권력과 민중의 눈치를 보지 않고 공명정대하고 신속하게 시비를 가리는 그러한 명판결을 보고 싶다.

135 涸轍之鮒 〈학철지부〉

涸:마를 **학** 轍:바큇자국 **철** 之:갈 **지** 鮒:붕어 **부**

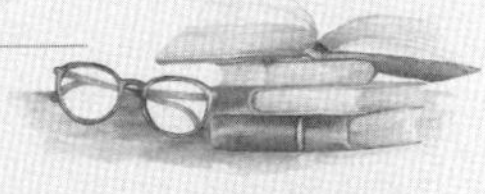

'물 마른 수레바퀴 자국 안의 붕어'라는 뜻.
매우 곤궁하고 절박한 처지를 비유하는 말.

유래

《장자(莊子)》의 〈외물(外物)〉 편에 나오는 이야기.

전국 시대 도가(道家) 사상가인 장자(莊子)는 자유롭게 사는 삶을 즐겼지만, 집이 매우 가난하여 식량을 사기 위해 위(魏)나라 문후(文侯)였던 벗 감하후(監河侯)에게 작은 돈을 빌리러 찾아갔다. 이때 감하후는 "앞으로 두 달 후에 내 식읍에서 세금을 받는데 그때 그대에게 300금을 꾸어 주겠네."라며 핑계를 대었다. 그러자 장자는 화난 얼굴로 "내가 어제 여기 오는 도중에 수레바퀴가 지나간 자리에 생긴 얕은 웅덩이에 물이 말라 숨을 헐떡거리던 붕어를 만났는데, 자기를 살려 줄 수 없겠느냐고 간청하더군. 그래서 나는 '남쪽 오(吳)나라와 월(越)나라의 임금에게 가서 도를 펴고 난 뒤에 그곳 서강(西江)의 물을 끌어와서 너에게 주겠다. 그럼 너는 평생 물 걱정 안하고 살 수 있는데 그러면 되겠느냐?'라고 했다네. 그랬더니 붕어는 '당장 한 말이나 한 되쯤 되는 물만 있으면 살 수 있는데, 어찌 그런 말씀을 하시느냐. 그때 나를 찾으려면 건어물 가게에서 찾는 것이 나을 것이오.'라고 했다네"라고 멋진 비유로 벗을 꾸짖고는 발길을 돌렸다.

응용

우리 경제는 불황 속에서 물가상승이 동시에 발생하고 있는 스태그플레이션 상황이라 돈을 더 이상 풀 수도 없는 형편이다. 지금 중소기업들은 고임금, 고환율, 고금리, 인력난까지 겹쳐 '**학철지부(涸轍之鮒)**'의 처지이다. 이런 상황에서 24일 시작된 민노총 파업을 보노라면 개탄스럽다. 나라와 기업이 망해도 노조만 잘 살겠다는 것인지. 내가 아프면 다른 사람 아픔도 헤아려 주었으면 하는 바람이다.

136 肝膽楚越 〈간담초월〉

肝:간 **간** 膽:쓸개 **담** 楚:초나라 **초** 越:월나라 **월**

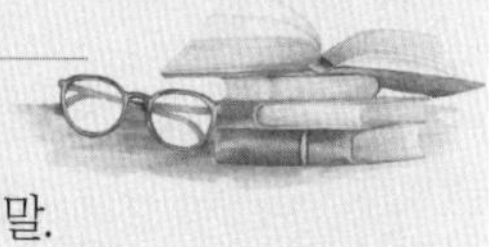

간과 쓸개의 사이가 초나라와 월나라 관계와 같다는 뜻.
가까이에 있어도 멀리 있는 것처럼 느껴질 수 있음을 이르는 말.

유래

《장자(莊子)》의 〈덕충부(德充符)〉에 나오는 이야기.

노(魯)나라에 월형(刖刑: 발꿈치를 베는 형)을 당해 발을 못 쓰면서도 공자(孔子)와 견줄 정도로 덕망이 높은 왕태(王駘)라는 선비가 이었다. 이를 의아하게 여긴 공자의 제자 상계(常季)가 공자에게 "그는 죄인임에도 불구하고 찾는 사람이 많고, 그 명성은 스승님과 비견되니 마치 노나라를 둘로 나눈 형세입니다. 특별히 가르치는 일이 없는데도 그를 만난 사람마다 만족해하는 것을 보면 참으로 이상하지 않습니까?"라고 묻는다.

그러자 공자는 "그는 성인(聖人)이다. 나도 한번 찾아가 만나고 싶다. 그는 생사를 초월하며, 자연변화를 거스르지 않는 덕도(德道)의 근본을 지키고 사는 사람이다. 오직 마음의 덕(德)을 화합(和合)에 두고 있으니 왕태는 참으로 훌륭한 사람이다. 상호작용으로 협력해야 할 간(肝)과 담(膽:쓸개)도 마음을 달리해보면 초(楚)와 월(越)나라처럼 서로 원수가 되어 등진다는 것을 알아야 한다"라며 왕태의 덕망과 화합 정신을 칭송하였다.

응용

그동안 연일 뉴스에 등장하면서 국민의 공분과 장안의 화제가 되었던 '대장동 일당'이 어느 날 갑자기 '**간담초월(肝膽楚越)**'의 관계가 되는 것을 보면서 세상 인심이 참으로 무섭다는 것을 느낀다.

그들은 '도원의 결의'처럼 의형제까지 맺고 엄청난 일을 공모했던 동업자 사이였다. 그런데 지금은 연일 상대방에 대한 폭로전을 펼치면서 각자도생(各自圖生)의 길을 모색하고 있다. 어떤 계기와 어떤 이익계산에서 비롯된 전략변경인지 자못 궁금해진다.

137 南山可移 〈남산가이〉

南:남녘 **남**　山:뫼 **산**　可:옳을 **가**　移:옮길 **이**

남산은 옮길 수는 있지만, 한번 내린 결정은 굽히지 않고 고치지 않는다는 굳은 의지를 나타내는 말.

유래

《구당서(舊唐書)》의 〈이원굉전(李元紘傳)〉에 나오는 구절.

당(唐)나라 때 장안(長安) 근처 옹주군(雍州郡)에서 사호참군(司戶參軍:호적을 관리하고 민사소송을 판결하는 벼슬)을 하던 이원굉(李元紘)이라는 사람이 있었다. 그는 성품이 강직하고 업무처리가 매우 공정했다.

어느 날 승려가 찾아와서 태평공주(太平公主:당 3대 황제 고종과 측천무후 사이에서 태어난 막내딸로 권세가 막강했다) 휘하의 사람이 자기 절간에 있던 석마(石馬)를 빼앗아 갔다고 탄원했다.

이에 이원굉은 태평공주에게 석마를 주인한테 돌려주라는 판결을 내렸다. 이 보고를 받은 직속상관 두회정(竇懷貞)은 태평공주의 보복이 두려워서 판결을 번복하라고 종용했다. 그러나 그는 조금도 동요하지 않고 말없이 판결문의 뒷면에 '남산혹가개이 차판종무요동(南山或可改移, 此判終無搖動:혹시 남산을 옮길 수 있을지 몰라도 판결만은 흔들릴 수 없다)'라는 열두 글자를 써 보였다. 두회정도 이원굉의 강한 의지를 확인하고는 더 이상 어찌할 수가 없어 설득을 포기하고 말았다.

응용

최근 윤석열 대통령은 '산업 경쟁력, 미래세대 일자리와 직결되는 노동시장 이중구조 개선은 더 이상 미룰 수 없는 과제'라며 미래지향적인 노사문화가 정착되도록 노동개혁안을 논의해나갈 것이라 밝혔다. 또한 '국민 혈세를 낭비하는 인기영합적 포퓰리즘 정책이 건강보험의 재정을 파탄시키고 있다'며 '건강보험 제도의 개혁은 선택이 아닌 필수'라고 강조했다. 노동·건보 개혁을 향한 대통령의 의지가 **'남산가이(南山可移)'**와 같아서 확고부동하게 추진되기를 기원한다.

138 黨同伐異 〈당동벌이〉

黨:무리 **당** 同:같을 **동** 伐:칠 **벌** 異:다를 **이**

같은 편과는 무리를 짓고, 다른 편은 치는 것. 옳고 그름을 떠나 같은 편이 아닌 다른 편은 무조건 배격하는 것.

유래 《후한서(後漢書)》〈당동전(黨同傳)〉에서 유래.

후한(後漢) 때 화제(和帝) 이후로 역대 황제가 모두 어린 나이에 즉위하자 황태후가 섭정하게 되고, 이 과정에서 황태후의 친인척인 외척들이 실권을 쥐게 되었다. 그러나 황제가 장성한 후에는 외척의 전횡을 막고자 친위 세력을 키우고 이들을 제거해 나가는데, 그 중심이 된 세력이 환관이었다.

환관들은 집단 결속력이 매우 강하면서 부정·부패도 만연하였다. 이에 명망 있는 인물을 중심으로 유교적 교양을 쌓은 선비 무리(黨人)들이 환관의 국정농단을 바로잡고자 나섰다. 이 과정에서 선비들은 두 차례나 '당고(黨錮)의 화(禍)'를 당하게 되고, 그 결과 지식인 관료 집단인 선비 집단이 황실과 등지면서 후한은 몰락의 길로 들어선다.

원래 당동벌이는 서로 뜻이 다른 유학자들 간의 치열한 학술 논쟁(석거각의 논쟁)을 가리키는 말이었다. 그러나 이렇게 외척, 환관 세력, 선비 집단이 서로 물고 물리는 정권 다툼을 벌이는 과정에서, 옳고 그름을 떠나 다른 집단을 무조건 배격하는 것을 지칭하게 되었다.

응용 정부는 해외발 복합 위기가 경제 전반에 걸쳐 본격화될 것으로 예상된다며, 새해 경제성장률을 1.6%로 제시했다. 물가 상승과 경기 침체를 동반하는 스테그플레이션 상황에서 국민은 어떻게 살아남을 것인지 걱정이 태산이다, 그런데 국회 돌아가는 형국을 보면 복합위기 상황 극복을 위한 협력과 대응책 논의는 보이지 않고, 매일같이 '**당동벌이(黨同伐異)**'에만 몰두하고 있으니 참으로 한심스럽다.

139 滿城風雨 〈만성풍우〉

滿:가득할 **만**　城:성 **성**　風:바람 **풍**　雨:비 **우**

성안에 바람과 비가 가득하다는 뜻.
소문이 여러 사람 입에 오르내리고 의견이 분분함을 이르는 말.

유래

《냉재야화(冷齋夜話)》에 실린 글.

중국 북송(北宋) 때의 선비 반대림(潘大臨)은 시 짓기에 뛰어났다. 한번은 그의 벗 사일(謝逸)이 "최근에 새로 지은 시가 있는가?"하고 편지를 보내왔다. 이에 반대림은 "가을의 풍경들은 모두 아름다운 시 구절이지. 어제 한가로이 바람을 쐬면서 누워 있는데 숲속에서 들려오는 바람소리와 빗소리에 문득 시흥이 일어나 벽에다가 〔성안에 비바람 소리가 가득하니 중양절이 다가오는구나(滿城風雨 近重陽)〕라고 쓰고 있는데, 갑자기 세금을 독촉하려 온 사람 때문에 흥(興)이 깨어져 이 한 구절밖에 올릴 수가 없다네."라고 했다.

이처럼 '만성풍우'는 원래 가을에 닥친 스산한 바람과 빗소리를 묘사하는 서경(敍景)의 표현이었으나, 후세에는 스캔들 등의 사건으로 사회가 소란스러워지는 경우를 일컫는 사자성어로 자리 잡았다. 요즘 중국인들이 즐겨 사용하는 사자성어의 하나라고 한다.

응용

연이은 미사일 발사, 무인기 영공침범 등 연말연시의 북한 도발이 심상치 않다. 경제전망도 암울한데 안보 리스크까지 겹친다 생각하니 대한민국호의 새해 기상도가 우려스럽다. 또한 연일 대장동 비리와 관련된 새로운 뉴스들이 터지면서 정가나 시중이나 **'만성풍우(滿城風雨)'**에 휩싸인 형국이다.

지금의 짙은 풍운(風雲)이 우리나라의 성장동력을 마비시키는 일이 없도록 모두 나라의 미래를 걱정하면서 사회의 성숙된 역량을 모아야 하겠다.

140 發憤忘食 〈발분망식〉

發:일어날 **발**　憤:성낼(분발할) **분**　忘:잊을 **망**　食:밥 **식**

끼니를 잊을 정도로 학문에 몰두한다는 말.
어떤 일에 열중하여 끼니마저 잊고 힘쓴다는 뜻.

유래

《논어(論語)》의 〈술이(述而)〉에 나오는 말.

중국 초(楚)나라 섭현(葉縣)의 현령 심제량(沈諸梁)이 공자의 제자 자로(子路: BC543~BC480)에게 "당신의 스승은 도대체 어떤 인물이오?"라고 물었다. 자로는 심제량의 질문에 스승의 인품이 일반인과는 매우 다른 탁월한 인물이기 때문에 어떻게 대답해야 할지 언뜻 적당한 말이 떠오르지 않아 결국 대답하지 못하였다.

그 뒤 공자가 이 사실을 알고 나서 자로에게 이르기를 "그 분은 학문에 정진하면 끼니도 잊고, 이를 즐거워하여 근심도 잊으며, 늙어 가는 것도 알지 못하는 그런 사람입니다.(發憤忘食 樂以忘憂 不知老之將至)라고 대답하지 않았느냐." 라고 하였다.

요즘 시대의 말로 표현하자면 공자의 '자기소개서'인 셈이다. 공자는 학문에 열정과 헌신으로 임하는 자신에 대하여 자긍심이 강했던 것 같다.

응용

지금 가스산업계도 '인사(人事)의 계절'이다. 일부에서는 그 결과를 두고 설왕설래도 적지 않다. 이제까지 요직에 있던 사람들이 졸지에 한지로 발령 나고, 그동안 홀대받던 사람들이 요직에 기용되는 경우도 허다하다.

특정한 연줄이 앞서거나 줄 세우기 인사는 십분 경계해야 할 대목이다. 조직 발전을 위해 '**발분망식(發憤忘食)**'하며 열심히 일한 사람이 우대받고, 능력에 걸맞게 적재적소에 배치하는 것은 인사의 대의라 하겠다.

141 死灰復燃 〈사회부연〉

死:죽을 **사** 灰:재 **회** 復:다시 **부** 燃:사를(타오를) **연**

죽은 재가 다시 불타오른다는 뜻. 잃었던 권세(權勢)를 다시 찾거나 어려움에 처했던 사람이 다시 훌륭하게 되는 경우를 말함.

유래 《사기(史記)》의 〈한장유열전(韓長孺列傳)〉에서 유래.

전한(前漢)시대, 양(梁)나라 효왕(孝王:漢 文帝의 둘째 아들) 아래서 어사대부의 벼슬을 하던 한안국(韓安國)이 법을 어겨 감옥에 갇히게 되었다. 이때 옥지기 전갑(田甲)이 그를 늘 모욕하자 한안국은 "다 타버린 재에서도 다시 불길이 살아나지 않는가? [死灰獨不復燃(然)乎]" 라고 하며 잃어버린 권세를 다시 찾겠다는 의지를 피력했다. 그러자 전갑은 "다시 불이 타면 오줌을 싸서 꺼겠다 [然即溺之]"며 한안국을 비웃었다.

시간이 흘러 형기가 만료된 한안국은 능력을 다시 인정받아 내사(內史)라는 고관대작의 벼슬에 올랐다. 이에 놀란 전갑은 종적을 감추었고, 한안국은 그를 수소문하면서 "전갑이 돌아와 직책을 지키지 않으면, 가족들을 살려두지 않겠다"고 으름장을 놓았다. 그 소문을 들은 전갑은 너무 놀라, 찾아와 웃통을 벗고 용서를 빌었다. 그런 전갑에게 한안국은 "지금 내 몸에 오줌을 싸 봐라"고 웃으면서 말하며, 진심으로 뉘우치는 그를 불쌍히 여기고 용서했다.

응용 세계 10대 경제 대국에 드는 대한민국은 선박·제철·자동차·반도체·원전 수출 강국이고, 무기(전차, 대포, 전투기) 수출 강국이며 문화강국(K팝, 영화 등)이다. 우리 조국에 대한 이런 자긍심을 얘기하면 일부 젊은이들은 '국뽕'이라고 비꼰다. 그러나 6.25의 잿더미 속에서 '**사회부연(死灰復燃)**'이라는 희망을 믿고 부유한 나라를 건설해 낸 선배들의 피땀 흘린 역정의 산물이다. 그 빛나는 업적은 기적과 같은 실체이다. 결코 국뽕이라고 폄훼해서는 안 될 것이다.

142 安然無恙 〈안연무양〉

安:편안할 **안** 然:그러할 **연** 無:없을 **무** 恙:근심(병) **양**

평안하여 아무 근심이 없다는 뜻. 삶이 무사태평하거나 물건 등이 잘 보존되어 있을 때 쓰는 고사성어.

유래

《전국책(戰國策)》의 〈제책(齊策)〉 편에서 유래.

전국시대 조(趙)나라 혜문왕(惠文王)의 부인 조위후(趙威后)는 혜문왕이 죽고 아들 효성왕(孝成王)이 즉위하자 왕의 나이가 어려 섭정(攝政)을 했다. 조위후는 국사를 현명하게 처리하여 제후들 사이에 명망이 높았다. 한번은 제(齊)나라 양왕(襄王)이 조나라에 사신을 보내왔는데, 조위후는 사신이 가져온 양왕의 국서(國書)를 보기 전에 먼저 이렇게 물었다. "제나라의 세(歲)가 무양한가요? 백성도 무양한가요? 왕도 무양한가요? (歲亦無恙耶, 民亦無恙耶, 王亦無恙耶)" 그러자 제의 사신은 불쾌하여 "위후께서는 먼저 우리 왕의 안부부터 묻지 않고 농사일과 백성들에 대한 일부터 물으십니까?"라고 말하였다. 조위후는 웃으며 "그렇지 않소. 풍년이 들지 않으면 백성이 편안할 수 없고, 백성이 없다면 어찌 왕이 있을 수 있겠소. 그러니 근본을 버리고 끝부터 물을 수 있겠소?"라고 하였다.

응용

올겨울은 이상 한파가 지속되면서 그 어느 해 겨울보다 추웠고, 가스요금과 전기료가 급등하면서 소비자들의 불만의 소리가 높다. 사태의 심각성을 판단한 정부는 차상위계층까지 에너지복지 혜택을 늘린다고 하니 다행이다. '춥고 배고픈 사람을 구제하는 것'은 우리 민족의 오랜 애민사상이며 사회복지의 기저라 할 수 있다. 모든 국민이 **'안연무양(安然無恙)'**한 삶을 누리는 사회복지정책은 무리가 있겠지만, 최소한 가난한 사람이 얼어 죽지 않게 돌보는 것은 국가의 책무라 하겠다.

143 臧倉小人 〈장창소인〉

臧:착할 **장**　倉:곳집 **창**　小:작을 **소**　人:사람 **인**

장창(臧倉)과 같은 소인이라는 뜻.
남을 헐뜯기 좋아하는 소인배를 비유하는 말.

유래

《맹자(孟子)》의 〈양혜왕장구(梁惠王章句) 下편〉에 수록

맹자는 제자 악정자(樂正子)가 벼슬을 하고 있던 노(魯)나라를 방문했다. 노나라의 왕 평공(平公)은 현인으로 알려진 맹자를 마중 나가려고 하였다. 이때 아첨꾼 신하 장창(臧倉)이 이를 만류하며 이렇게 말하였다.

"임금께서 몸을 낮추어 먼저 필부를 찾아가는 것은 그가 어진 사람이기 때문입니까? 예(禮)와 의(義)는 어진 사람으로부터 나오는 것이거늘, 맹자는 부친상보다 모친상을 후하게 치른 사람이니 왕께서는 그를 만나지 마십시오" 평공은 장창의 말을 듣고 맹자를 만나러 가지 않았다.

악정자가 평공에게 맹자를 만나지 않은 까닭을 묻자, 평공은 장창이 했던 말로 대답했다. 그러자 악정자는 "그것은 예를 어긴 것이 아니라, 모친상을 치를 때의 형편이 부친상 때보다 좋았기 때문이다"라고 하였다.

악정자가 맹자에게 와서 이러한 사실을 고하자 맹자는 "내가 노나라 임금을 만나지 못한 것은 하늘의 뜻이니, 어찌 장씨 집안의 아들이 나를 만나지 못하게 하겠느냐"라고 하였다.

응용

선량(選良)들 개개인을 보면 입지전적인 인물부터 훌륭한 분들이 많다. 그런데 이들도 당리당략이라는 틀 속에서 아무 소신 없이 '**장창소인(臧倉小人)**'같은 단순 조직원으로 변해 가는 경우가 많다. 국민의 눈으로 볼 때는 결코 그것이 아닌데, 공천권자와 유력자의 눈치나 보면서 잘못된 결정에 동참하는 모습을 보면 참으로 실망스럽다.

'능력이 없으면 아부라도 하라'는 속된 말이 가장 많이 통용되는 곳이 그곳이 아닌가 싶다.

144 天長地久 〈천장지구〉

天:하늘 **천**　長:길 **장**　地:땅 **지**　久:오랠 **구**

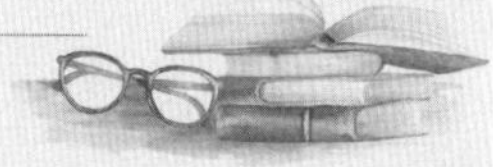

하늘은 길고 땅은 오래됨.
하늘과 땅이 존재했던 시간만큼 영원토록 변함이 없음.

유래

노자(老子)의 《도덕경(道德經)》과 백거이(白居易)의 〈장한가(長恨歌)〉에 유래. 노자는 《도덕경》 제7장에서 "하늘은 영원하고 땅은 장구하다. 하늘과 땅이 오래도록 변하지 않는 까닭은 그 스스로를 위해 살지 않기 때문에 그렇게 장생할 수 있는 것이다. [天長地久, 天地所以能長且久者, 以其不自生. 故能長生.]"라고 하였다. 즉 하늘과 땅은 서로에게 해를 끼치지 않고 그 스스로 생존하고 생동하기에 다른 존재와 갈등이나 마찰을 일으킬 일이 없기 때문에 영원히 존재한다는 뜻이다.

이 말은 훗날 백거이가 〈장한가〉에서 당 현종과 양귀비의 아름답고 슬픈 사랑 이야기를 묘사하면서 '천장지구'를 영원히 변치 않는 사랑으로 비유하였다. 오늘날은 변치 않는 영원한 사랑과 장수를 기원할 때 많이 쓰는 표현이다.

응용

우리나라는 예전에 결혼을 '검은 머리가 파뿌리 되도록 오래도록 같이 산다'는 의미로 백년해로(百年偕老) 또는 백년가약(百年佳約)이라고 표현했다. 사랑해서 결혼했다면 서로 이해하고 부족한 부분을 채워가면서 **'천장지구(天長地久)'**의 사랑을 이어가는 것이 지극히 당연하다.

그런데 지금 우리나라 이혼율은 OECD 평균인 천명당 1.9명을 넘어선 2.1명(세계 9위)으로 집계되고 있고, 아시아에서는 1위라고 하니 충격이다. 더욱 우려되는 것은 '황혼이혼'도 증가하는 추세라고 한다.

145 貪天之功 〈탐천지공〉

貪:탐낼 **탐** 天:하늘 **천** 之:갈 **지** 功:공 **공**

하늘의 공을 탐한다는 뜻, 남의 공적을 도용함을 비유하는 말.

유래

《춘추좌씨전(春秋左氏傳)》에 유래.

춘추시대(BC770~403) 진(晉)나라 헌공(獻公)의 아들 중이(重耳)는 왕위 권력다툼을 피해 다른 나라로 망명했다. 19년의 긴 유랑생활 끝에 여러 신하와 장인(진목공)의 도움을 받아 귀국하여 62세에야 왕위에 올랐다. 이가 춘추오패 중의 한 사람인 문공(文公)이다. 고생을 함께 한 신하들에게 논공행상을 하였으나, 굶주린 중이에게 허벅지살을 베어 내 삶아 바친 개자추(介子推)는 잊어버리고 그에게는 상이 돌아가지 못하였다.

이에 개자추는 "지금 사람들이 모두 자기 덕분이라고 생색을 내는데 이는 가당치 않은 일이다. 남의 재물을 훔치는 것을 도적이라 하는데 하물며 하늘의 공을 탐하여 자신들의 공로로 삼으려 하니 다시 말할 것이 있겠는가(竊人之財 猶謂之盜 況貪天之功 以爲己力乎)?" 라며 어머니와 같이 면산(綿山) 깊은 곳으로 들어가 숨어버렸다. 뒤늦게 문공은 자신의 잘못을 알고 자책하며, 개자추가 억지로라도 나오게 하려고 산에 불까지 질렀으나 그는 끝까지 나오지 않고 불에 타 죽고 말았다(抱木燒死).

문공은 이날을 기억하기 위하여 동지 후 105일 째 되는 날에 제사를 지내며 백성들에게 불을 사용하지 않고 찬 음식을 먹게 하였다. 〔한식(寒食)의 유래〕

응용

흔히 어떤 일을 도모하다가 크게 성공하면 실재 공이 큰 다른 사람들은 제쳐 놓고 모두 자신의 공적인냥 '**탐천지공(貪天之功)**'에 바쁜 사람들이 있다. 반대로 실패하면 서로 상대에게 책임 전가하기에 급급한 것이 세상인심이다. 그러나 공적과 죄상은 언젠가는 밝혀질 것이기에 그런 부끄러운 인생을 살아서는 결코 안 될 것이다.

146 破廉恥 〈파렴치〉

破:깨뜨릴 **파** 廉:청렴할 **렴** 恥:부끄러울 **치**

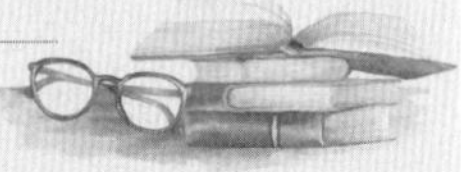

염치를 깨뜨리는 행위. 스스로 부끄러움을 모르고 뻔뻔스럽게 나쁜 행동을 하는 사람을 이르는 말.

유래 《관자(管子)》의 〈목민(牧民)〉에서 유래.

관자는 나라에는 네 가지 강령이 있는데, 첫째는 예(禮: 절도를 넘지 않는 것) 둘째는 의(義: 스스로 앞서가지 않는 것) 셋째는 염(廉: 잘못을 은폐하지 않는 것) 넷째는 치(恥: 그릇된 것을 따르지 않는 것) 라고 했다.

이 가운데 하나가 끊어지면 나라가 기울고, 두 가지가 끊어지면 위태로워지고, 세 가지가 끊어지면 뒤집어지고, 네 가지가 끊어지면 멸망한다고 했다. 기우는 것은 바로 잡을 수 있고, 위태로운 것은 안정시킬 수 있으며, 뒤집어지는 것은 일으켜 세울 수 있지만, 멸망한 것은 다시 일으킬 수 없다고 경고한다.

그러므로 목자는 '절도를 지키면 윗사람의 자리가 평안하고, 스스로 나아가지 않으면 백성들 사이에 교활함과 속임이 없고, 잘못을 은폐하지 않으면 행실이 저절로 온전해지고, 그릇된 것을 따르지 않으면 사악한 일이 일어나지 않는다'고 했다. 즉 청렴하고 부끄러운 것을 아는 염치(廉恥)를 깨뜨리면 안 된다는 것을 강조한 것이다.

응용 최근 국회는 범죄혐의를 받고 있던 두 명의 국회의원에 대한 체포동의안이 부결되면서 안팎으로 파란이 일고 있다. 국회의원의 '불체포특권'을 규정한 헌법 정신의 본래 목적은 그게 아닌데, 배임 뇌물수수와 같은 **'파렴치(破廉恥)'**한 범죄에 대한 처벌까지도 지연시키기 위해서 그 특권이 악용되고 있다는 여론이 비등해지고 있다.

죄가 없다면 당당하게 재판에 임하면 되지, 부끄러운 행동을 부끄럽지 않게 여기는 풍토가 더 개탄스럽다.

147 邯鄲學步 〈한단학보〉

邯:땅 이름 **한** 鄲:조나라 서울 **단** 學:배울 **학** 步:걸음 **보**

한단(邯鄲)에서 걸음걸이를 배운다는 뜻. 자기의 본분을 버리고 함부로 남의 흉내를 내다가 두 가지 다 잃음을 이르는 말.

유래

《장자(莊子)》의 〈추수편(秋水篇)〉에 나오는 말.

중국 전국시대 조(趙)나라의 사상가 공손룡(公孫龍)은 자신의 학문과 변론(辯論)이 당대 최고라고 여기고 있었다. 그는 장자(莊子)에 관한 이야기를 듣고 장자와 견주어보려고 위(魏)나라의 공자(公子) 위모(魏牟)에게 장자의 도(道)를 알고 싶다고 말했다. 장자의 선배인 위모는 공손룡의 의중을 알고는 '우물 안의 개구리는 밖의 세상을 볼 수 없다'고 비웃고는 다음의 이야기를 들려주었다.

「자네는 수릉(壽陵)의 한 젊은이가 조나라의 서울인 한단에 가서 그곳의 걸음걸이를 배우다가 낭패를 봤다는 이야기를 듣지 못했는가? 그는 한단의 걸음걸이를 제대로 배우기도 전에 본래의 걸음걸이마저 잊어버려 엎드려 기어서 돌아갈 수밖에 없었다는 걸세. 지금 자네도 장자에 이끌려 여기를 떠나지 않고 있다가는 그것을 배우지도 못할 뿐만 아니라 자네 본래의 지혜를 잊어버리고 본분마저 잃게 될 걸세.」 이 말을 듣고 공손룡은 입을 다물지 못한 채 도망쳤다고 한다.

응용

지금 두 곳의 종편 방송에서는 최고의 트로트 가수를 꿈꾸며 전국에서 모인 걸출한 인재들의 열전이 뜨겁게 진행되고 있다.

성공한 기성 가수의 창법을 벤치마킹하는 것도 필요하겠지만, 무조건 흉내 내다가 '**한단학보(邯鄲學步)**'에 빠지는 것도 경계할 대목이다. 자신만의 독특한 스타일로 '나만의 노래'를 부르는 사람이 더 멋있게 보이는 것도 그 때문이다. 사업을 추진함에 있어서도 마찬가지가 아닐까.

신문게재일자 - 2023.3.15

148 竭澤而漁 〈갈택이어〉

竭:마를(다할) **갈**　澤:못 **택**　而:어조사 **이**　漁:고기 잡을 **어**

연못의 물을 말려 버린 후 물고기를 잡는다는 말.
눈앞의 이익을 얻기 위해 먼 장래를 생각하지 않는다는 뜻.

유래

《여씨춘추(呂氏春秋)》의 〈의상(義賞)〉에서 유래.

중국 춘추시대 오패의 일원인 진(晉)나라 문공(文公)은 성복(城濮)이라는 곳에서 초(楚)나라와 일대 접전을 벌이게 되었다. 그러나 초의 병력이 진보다 훨씬 많고 막강하였으므로 승리할 방법이 없었다. 그래서 문공은 대부 호언(狐偃)에게 자문을 구했다. 호언은 '전쟁에서 이기는 것이 중요하지, 예의는 중요치 않다'며 속임수를 쓸 것을 제안하였다. 문공은 호언의 말을 이옹(李雍)이라는 신하에게 전하며 그의 생각을 물었는데, 이옹은 이렇게 말했다.

"연못의 물을 모두 퍼낸다면 당장은 많은 물고기를 잡을 수 있습니다. 그러나 나중에는 물고기를 한 마리도 잡지 못할 것입니다. 또한 산짐승을 잡기 위해 산의 나무를 모두 태워 버린다면 훗날엔 잡을 짐승이 한 마리도 남아 있지 않을 것입니다. 지금 속임수를 써서 위기를 넘긴다 해도 이는 영원한 해결책이 아니라 임시방편일 뿐입니다. (竭澤而漁 豈不獲得 而明年無魚 焚藪而田 豈不獲得 而明年無獸)"

응용

지자체 단체장들 표와 인기만 의식하고 지나친 포퓰리즘 정책을 남발 함으로써 비난받는 경우가 더러 있다.

멀리 내다보지 못하고 '**갈택이어(竭澤而漁)**'하는 사람은 궁극적으로 나라나 지자체를 쇠퇴하게 만들고, 국민을 도탄에 빠지게 한다. 지금 당장은 고통스럽고 인기가 없을지라도 국가백년대계를 내다보며 개혁하고, 성장동력을 만드는 리더에게 응원을 보내는 성숙된 시민의식이 필요한 시대이다.

149 濫竽充數 〈남우충수〉

濫:넘칠 **람** 竽:피리 **우** 充:채울 **충** 數:숫자(셈) **수**

넘치는 피리 속에 숫자를 채운다는 뜻. 능력이 없는 자가 능력이 있는 것처럼 가장함을 비유하는 말.

유래

《한비자(韓非子)》 〈내저설상(內儲說上)〉에 나오는 이야기.

춘추시대 제(齊)나라 선왕(宣王)은 우(竽: 생황-큰 피리)의 연주를 듣는 것을 무척 좋아했다고 한다. 특히 선왕은 함께 부는 피리 소리를 좋아해서 우를 연주할 때는 반드시 300명의 악사들이 함께 불게 하였다[齊宣王使人吹竽 必三百人]. 이를 알고 남곽처사(南郭處士)라는 사기꾼이 왕을 위하여 우를 불겠다고 청원하였다. 선왕은 이를 기뻐하여 수백 명 분의 녹봉(祿俸)을 주었다[南郭處士 請爲王吹竽 宣王說之 廩食以數百人].

선왕이 죽은 후 즉위한 민왕(湣王)은 피리 부는 악사가 너무 많다고 여기던 차에 한 사람씩 연주하는 것을 듣기 좋아한다고 하였다. 남곽은 피리를 불 줄 모른다는 사실이 탄로 날까 봐 자기의 연주 차례가 오기 전에 도망치고 말았다.[宣王死湣王立 好一一聽之 處士逃].

'피리를 불 줄도 모르면서 피리를 잘 부는 악사들 틈에 끼어들어 인원수를 채웠다'는 뜻으로 '남곽남취(南郭濫吹)', '남우(濫竽)'라고도 한다.

응용

어느 조직이든지 무분별한 인재등용은 가장 경계해야 할 대목이다. **'남우충수(濫竽充數)'**처럼 능력도 없는 사람이 일 잘하는 사람 사이에 혼재되어 놀고먹는 경우가 더러 있다.

따라서 리더는 누구에게 중책을 맡길 것인가를 늘 신중하게 살펴보아야 한다. 지혜로운 능력자와 겉만 번지르한 무능력자를 똑같이 대우하면 그 조직이 피폐화되는 것은 자명한 일이다.

150 蟷螂拒轍 〈당랑거철〉

蟷:사마귀 **당**　螂:사마귀 **랑**　拒:막을 **거**　轍:바큇자국 **철**

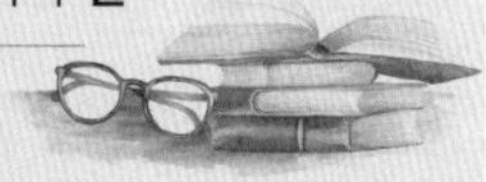

「사마귀가 수레바퀴를 막는다」는 뜻, 자기의 힘은 헤아리지 않고 강자에게 함부로 덤비는 것을 비유하는 말.

유래

《회남자(淮南子)》〈인간훈(人間訓) 편〉에 나오는 이야기.

춘추시대 제(齊)나라 장공(莊公)이 수레를 타고 가던 중에 사마귀 한 마리가 장공이 타고 있는 수레 앞에 나타나 앞발을 들고 수레바퀴를 칠 듯이 덤벼드는 것을 보고 급히 수레를 멈추게 하였다.

궁에서 자란 장공은 처음 보는 희한한 벌레라서 마부에게 물었다.

"도대체 저 벌레는 무엇이냐?" "사마귀입니다."

"참, 맹랑한 놈이로군. 수레를 칠 듯한 기세가 아니냐?"

"저놈은 앞으로 나아갈 줄만 알지 물러설 줄은 모르며, 제 힘도 생각지 않고 마구 덤벼드는 버릇이 있사옵니다."

그러자 장공은 "저 벌레가 사람이라면 틀림없이 용감한 장군이었으리라. 벌레이지만 그 용기가 기특하니 수레를 돌려 피해 가라."고 했다.

만일 장공이 그냥 지나갔다면 그 사마귀는 필시 죽었을 것이다. 따라서 당랑거철(蟷螂拒轍)은 자기 분수도 모르고 무모하게 덤비는 만용을 뜻한다.

응용

선물과 비트코인 투자에 나섰다가 낭패를 본 사람, 이자가 싸다고 '영끌'로 부동산을 산 사람, 우리 주변에는 진퇴양난에 처해 있는 그런 젊은이들을 흔히 볼 수 있다. 잘살아보겠다는 포부를 가지고 나선 투자를 나무랄 수는 없는 일이다.

그러나 현실은 '**당랑거철(蟷螂拒轍)**'처럼 무조건 앞으로 나서는 것을 허용하지 않는다. 자신감을 가지고 최선을 다하는 것도 중요하지만 상황판단을 잘못하면 일을 크게 그르칠 수도 있기 때문이다.

151 萬全之策 〈만전지책〉

萬:일만 **만**　全:온전할 **전**　之:갈 **지**　策:책략(대책) **책**

아주 안전하거나 완전한 계책. 한 치 빈틈없는 완전한 방법.

유래

《후한서(後漢書)》〈유표전(劉表傳)〉에 나오는 이야기.

후한(後漢) 말, 천하의 패권을 걸고 조조(曹操)와 원소(袁紹)가 관도(官渡)에서 맞붙었지만, 초기에는 어느 쪽도 장담할 수 없는 형세였다.

당시 조조의 군대는 3만이었고 원소의 군대는 10만이었다. 전세가 이렇듯 불리해서 조조는 잠시 도읍인 허창(許昌)으로 후퇴할 생각을 했을 정도였다. 원소의 군대도 백마(白馬) 싸움에서 명장 안량(顔良)과 문추(文醜)를 잃는 큰 타격을 입었다. 그래서 원소는 조조를 섣불리 공격하지 못하고 당시 형주목(荊州牧)이었던 유표(劉表)에게 원군을 청했다.

유표는 승낙한 채 양쪽의 움직임을 관망하면서 누구에게도 도움을 주지 않고 있었다. 이것을 본 한숭(韓嵩)과 유선(劉先)이 유표에게 말했다.

"조조는 반드시 원소를 격파한 다음 우리를 공격해 올 것입니다. 우리가 관망만 하고 있으면 양쪽 모두에게 원한을 받게 될 것입니다. 그러므로 강한 조조를 따르는 것이 현명한 만전지책(萬全之策)이 될 것입니다."

그러나 결단력이 부족했던 유표는 이 말을 듣지 않았고, 그 결과 형주는 원소를 멸망시킨 조조의 손아귀에 들어가고 말았다.

응용

4월 11일, 강릉 일대 순간 초속 30m 강풍 속에 발생한 산불로 축구장 면적의 530배에 달하는 379ha가 불탔다. 주택과 펜션 등 154곳이 전소되었고, 아름답던 경포해변의 소나무 숲도 큰 피해를 입었다. 2000년 4월, 2022년 3월 방화에 의해 발생한 강릉산불 역시도 그 피해 규모가 비슷했다. 해마다 연례행사처럼 발생하고 있는 이 산불피해를 최소화 할 수 있는 방법은 없는 것인가. 이제는 사후의 미봉책이 아니라 근원적인 '**만전지책(萬全之策)**'을 마련해야 하겠다.

152 房謀杜斷 〈방모두단〉

房:방 **방** 謀:꾀할 **모** 杜 :막을(팥배나무) **두** 斷:끊을 **단**

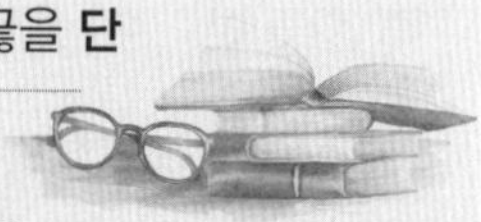

방현령(房玄齡)의 지모와 두여회(杜如晦)의 결단력.
저마다 지닌 특색과 장점이 서로 조화를 이루어 일을 잘 해결함.

유래

《구당서(舊唐書)》와 《신당서(新唐書)》의 고사에서 유래됨.

당나라의 명재상이었던 방현령과 두여회는 태종 이세민을 보필하여 중국 역사상 대표적인 태평성대로 꼽히는 '정관(貞觀)의 치(治)'를 이루는 큰 공을 세웠다. 두 사람의 성을 따서 '방두(房杜)'라고 함께 부르는데, 아직 개국 초기였던 당나라의 법규와 제도 대부분이 두 사람의 토의를 거쳐 마련되었다고 한다. 두 사람은 각기 장점이 달라서 두여회는 결론을 내리는 데 과감하였고, 방현령은 계획을 세우는 데 뛰어났다(如晦長于斷, 而玄齡善謀).

방현령은 태종과 국사를 논의할 때 세밀하게 분석하고 구체적인 해결책까지 제시할 수는 있었지만 결단력이 부족하였다. 그럴 때면 태종은 두여회를 불러 의견을 구하였다. 두여회는 방현령과 토의하여 방현령의 분석과 해결책이 옳다고 인정해주었고, 태종은 이들의 자문을 토대로 결정을 내렸다. 두사람은 서로 장점을 잘 알고 있었으므로 한마음 한 계책으로 태종을 보필할 수 있었다.

응용

'정치력'은 지도자가 적절한 판단과 결정을 내릴 수 있는 능력이며, 조직 구성원 간의 갈등을 해결하고 적극적으로 움직이게 만드는 원동력이 된다. 따라서 지도자가 **'방모두단(房謀杜斷)'**의 정치력을 발휘하려면 다양하고 상반된 인재들을 동시에 활용할 수 있는 혜안을 길러야 할 것이다. 기업경영 역시 기업가의 뚝심과 열정, 자신감만으로는 역부족인 시대이다. 시대의 다양한 욕구에 부응할 수 있는 인재의 채용과 양성이 급선무라 하겠다.

153 士爲知己者死 〈사위지기자사〉

士:선비 **사** 爲: 할 **위** 知:알 **지** 己:몸 **기** 者:놈 **자** 死:죽을 **사**

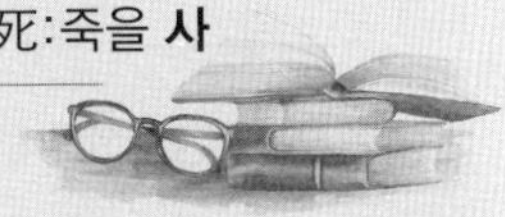

선비(사내대장부)는 자기를 알아주는 사람을 위해서
목숨까지도 버린다는 뜻.

유래 《사기(史記)》〈자객열전(刺客列傳)〉에서 유래됨.

춘추시대 말기(전국시대 직전), 세력이 강성했던 진(晉)나라의 군주 지백(智伯)은 주변 제후들에게 토지 일부의 할양을 요구하다가 이에 불만을 품은 조(趙), 위(魏), 한(韓)의 연합 공격을 받아 죽임을 당하고, 그 일족은 멸망하게 된다.

이때 지백의 총애를 받았던 가신 예양(豫讓)은 산속으로 도망을 친 후 주군 지백을 멸한 조(趙)양자에게 복수하고자 하늘에 맹세하게 된다.

'사위지기자사(士爲知己者死/선비는 자기를 알아주는 사람을 위해 목숨을 바치고), 여위열기자용(女爲悅己者容/여자는 자기를 좋아하는 사람을 위해 얼굴을 가꾼다)'

이렇게 복수를 다짐한 예양은 조양자를 암살하기 위하여 궁궐에 일꾼으로 숨어들었다가 이상한 낌새를 눈치챈 조양자에게 들켜 잡히고 만다. 그러나 조양자는 지백의 원수를 갚기 위해 자신을 죽이려 한 예양을 의로운 사람이라며 풀어 주었다. 그 뒤에도 예양은 다시 암살을 시도하다가 붙잡히게 되자 자결하였다.

응용 정치, 경제, 사회를 막론하고 개인주의와 이기주의가 만연한 메마른 시대를 살고 있는 것 같다. **'사위지기자사(士爲知己者死)'**는 고사하고 의리와 지조를 찾아보기 어려운 세상이다.

가정과 학교의 참된 인성교육과 직장생활에서도 질책보다는 관심을 가지고 인정해주는 풍토가 절실하다. 인간은 누구나 칭찬에 목말라 있고 인정받고 싶은 욕구가 있다. '가정의 달' 5월은 습관처럼 아낌없이 명쾌하게 칭찬해 주는 그런 달이 되었으면 좋겠다.

154 安土重遷 〈안토중천〉

安:편안할 **안**　土:흙 **토**　重:무거울(꺼릴) **중**　遷:옮길 **천**

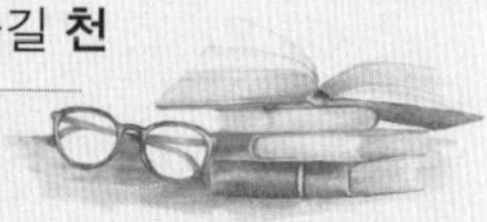

고향을 편안히 여겨 다른 곳으로 옮기기를 꺼린다는 뜻.
하던 일에 익숙해지면 다른 일을 하지 않으려는 것을
비유하는 말.

유래

《한서(漢書)》의 〈원제기(元帝紀)〉에서 유래됨.
원제(元帝/중국 전한의 11대 왕)가 내린 조서(詔書)에
「고향을 편안하게 여겨 다른 곳으로 떠나기를 무겁게 여기는 것은 백성들의 일반적인 성향이며, 피를 나눈 혈육끼리 서로 모여 의지하고 사는 것은 사람들이 바라는 바이다.(安土重遷, 黎民之性, 骨肉相附, 人情所願也.) 요사이 벼슬하는 자들과 조정 신하들이 논의하여 제왕의 능묘에 제사를 지내기 위해서 백성들의 고을과 나라를 옮기게 하겠다고 주청하는데, 이는 백성들이 선조의 분묘를 멀리 버려두고, 직업을 잃고, 생산하지 못하게 하며, 친척들과 이별하여 서로 그리워하는 마음을 품게 하고, 집집마다 불안해하게 만드는 것이다. 이는 텅 비게 만드는 피해를 입게 하여 관내에 빈궁하고 의지할 수 없는 백성들이 생기게 만들므로 항구적이며 오래갈 수 있는 대책이 될 수 없다.(頃者有司緣臣子之義, 奏徙郡國民以奉園陵, 令百姓遠棄先祖墳墓, 破業失産, 親戚別離, 人懷思慕之心, 家有不安之意. 是印垂被虛耗之害, 關中有無聊之民, 非久長之策也.)」

응용

예전에는 정든 고향을 떠나기 싫어서 **'안토중천(安土重遷)'**하는 사람보다 먹고 살기 위해 도시로 떠나는 사람들이 더 많았다. 이제 다시 귀향하거나, 마음에 드는 고장으로 귀촌하는 인구가 증가하고 있다.
그러나 전문가들은 귀향 귀촌은 목가적인 감성만 가지고 무작정 가는 것은 실패하기 쉬우니 사전에 충분한 준비를 하고 가야 한다고 조언한다. 요즘 지자체들이 「귀향 귀촌을 위한 아카데미 강좌」를 많이 열고 있으니 먼저 이곳부터 활용하는 것도 좋겠다.

155 才占八斗 〈재점팔두〉

才:재주 **재** 占:차지할 **점** 八:여덟 **팔** 斗:말 **두**

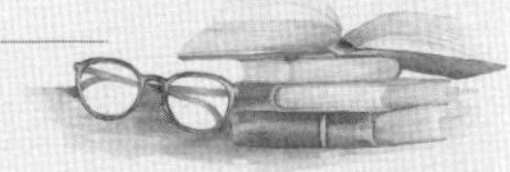

'재주가 여덟 말을 차지한다'라는 뜻.
학문이 높고 재능이 출중한 사람을 비유하는 말.

유래

중국의 건안문학(建安文學)을 대표하는 조식(曹植)의 고사에서 유래.
조조(曹操)의 셋째아들 조식은 어려서부터 총명하고 문학적 재능이 출중하였다. 붓을 들어 쓰기만 하면 문장이 이루어진다는 뜻의 '하필성문(下筆成文)'이라는 고사성어가 그에게서 유래되었다. 조조는 이처럼 글재주가 뛰어난 조식을 총애하여 맏아들 조비(曹丕) 보다는 그에게 왕위를 물려줄 생각까지 하였다.
조조가 죽은 뒤 왕위에 오른 조비는 조식에게 일곱 걸음을 걷는 동안 시 한 수를 지으라고 하고는 만일 시를 완성하지 못하면 중벌에 처하겠다고 하였다. 조식은 그 말이 떨어지자마자 걸음을 옮겨 일곱 걸음을 걷기도 전에 한 수의 시를 완성하였으니, 이 시가 바로 〈칠보시(七步詩)〉이다. 여기서 유래하여 칠보지재(七步之才 : 일곱 걸음을 걷는 동안 시를 지을 수 있을 만큼 뛰어난 글재주)라는 고사성어가 생겼다.
팔두지재(八斗之才)라고도 한다.

응용

카타르 월드컵 개막식 때의 그 감동적인 모습은 지금도 잊을 수가 없다. 역대 월드컵 개막식은 자국 가수들로 구성된 개막 공연으로 자국 문화를 세계인에게 알렸는데, K-POP 스타(BTS의 정국)가 메인무대에 올라 카타르 월드컵 공식 OST인 드리머즈를 열창했기 때문이다. 그만큼 K팝이 세계를 열광시키면서 대한민국의 위상도 높아지고 있다. 이처럼 우리나라는 '**재점팔두(才占八斗)**'의 재능을 가진 젊은이들이 많아서 앞으로 국운이 더욱 빛날 것으로 믿는다.

156 千載一遇 〈천재일우〉

千:일천 **천** 載:해 **재** 一:한 **일** 遇:만날 **우**

천 년에 한 번 만난다는 뜻. 좀처럼 만나기 어려운 기회, 절대 놓치면 안 될 좋은 기회를 이르는 말.

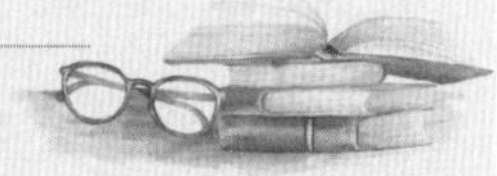

유래 《문선(文選)》에 수록된 동진(東晉)의 문장가 원굉(袁宏)이 지은 〈삼국명신서찬(三國名臣序贊)〉에 나오는 말.

동진시대, 글재주는 출중했지만 가난해서 배 짐꾼으로 일하던 '원굉'이라는 사람이 있었다. 어느 가을밤, 원굉이 강에 나가 시를 한 수 읊었다. 마침 '사상'이라는 귀족이 배를 띄우고 달구경을 하다가 그 소리를 듣고 목소리의 주인공을 찾았다. 이 인연으로 원굉은 벼슬길에 나아가 동양군 태수가 되었다. 원굉은 《삼국지》 위 촉 오의 명신 스무 명을 예찬하는 글에서 뛰어난 신하와 현명한 군주의 만남이 얼마나 어려운지 다음과 같이 비유했다.

'말은 알아보는 사람을 만나지 못하면 1000년이 지나도 천리마는 한 마리도 나오지 못한다. 현명한 군주와 뛰어난 신하의 아름다운 만남은 1000년에 한 번쯤 있는 기회이다(千載一遇, 賢智之嘉會). 만나면 어찌 기뻐하지 않으며, 잃으면 어찌 개탄하지 않겠는가.'

비슷한 말로 만세일기(萬歲一期), 천재일시(千載一時), 천재일회(千載一會), 천세일시(千歲一時) 등이 있다.

응용 수출 감소와 무역적자가 지속되고, 국가채무가 늘어나면서 국민의 불안감이 커지고 있다. 그런데도 정치권은 경제를 살릴 생각보다는 양곡법, 간호사법, 노란봉투법 등 포퓰리즘 입법과 선심성 공약에만 열을 올리고 있으니, 이제 대한민국에 '**천재일우(千載一遇)**'의 기회는 없는 것인가. 이러다가 애써 진입한 선진국 대열에서 이탈하는 것은 아닌지 심히 걱정스럽다.

157 泰山北斗 〈태산북두〉

泰:클 **태**　山:뫼 **산**　北:북녘 **북**　斗:별이름 **두**

태산과 북두칠성이란 뜻. 어떤 분야의 제일인자로 꼽히거나, 세상 사람에게 존경받는 훌륭한 사람을 비유하는 말.

유래

《신당서(新唐書)》 〈한유전(韓愈傳)〉의 찬(贊)에 수록된 말.

중국 당나라 때 문학자이자 사상가인 한유(韓愈)는 당송팔대가(唐宋八大家)로 꼽히는 중국 제일의 문장가이며, 이백(李白), 두보(杜甫), 백거이(白居易)와 함께 당의 대표적 4대 시인의 한 사람이다.

그는 25세 때 진사과에 급제한 뒤 벼슬이 이부상서(吏部尚書)까지 올랐으나, 성격이 강직하여 자신이 옳다고 생각하는 바를 왕에게 충언하다가 지방으로 좌천되거나 파직, 또는 재등용을 반복하게 된다.

당 헌종은 독실한 불교 신자였는데 석가모니(釋迦牟尼) 사리를 대궐에 봉안하는 불사(佛事)를 진행하려고 하자 이를 극렬하게 반대하다가 황제의 분노를 사 사형당할 뻔했으나 간신히 목숨을 구할 수 있었다.

그는 절친 유종원(柳宗元)과 함께 '고문부흥운동(古文復興運動)'을 하며 관직보다는 학문에 힘쓰고 제자를 가르치는 데 열중하게 된다. 따라서 한유의 사후에도 그의 학설은 천하에 떨쳤고, 후학들은 그를 '태산북두'처럼 우러러보며 존경해 마지않았다.

응용

고 김수환 추기경, 성철 스님, 한경직 목사 이 세분은 종교를 떠나서 모든 사람이 존경했던 참된 종교 지도자로서 공통점이 많은 것 같다. 나라가 혼란스러울 때나 극한 대립이 있을 때는 늘 방향을 잡아주고 몸소 청빈한 삶을 실천한 '**태산북두(泰山北斗)**'와 같은 분이었기 때문이다. 그러나 지금은 고명하고 재주 많은 종교 지도자들은 많은데, 진정으로 존경할 분은 보이지 않는다. 그 어느 때보다 종교 지도자의 참된 역할이 필요한 시점이라고 본다.

158 汗流浹背 〈한류협배〉

汗:땀 **한** 流:흐를 **류** 浹:적실 **협** 背:등 **배**

'땀이 흘러 등을 적시다'는 뜻.
극도로 두려워하거나 부끄러워하는 모습을 비유하는 말.

유래 《사기(史記)》의 〈진승상세가(陳丞相世家)〉 편에 수록.

한나라 제5대 황제 효문제(孝文帝)는 자신의 즉위를 도와준 주발(周勃)을 우승상으로, 진평(陳平)을 좌승상으로 등용했다. 어느 날 효문제는 조회에서 국정을 파악하고자 주발에게 지난 1년 동안 전국에서 판결한 소송이 몇 건이나 되는지 물었다. 주발이 모르겠다고 하자, 효문제는 또 1년 동안의 국고 재정의 수입과 지출이 얼마나 되는지 물었다.

이 역시도 주발은 모르겠다며 사죄하였는데, 식은땀이 흘러 등을 적셨으며 황제의 질문에 대답하지 못한 것을 부끄러워하였다(勃又謝不知, 汗出沾背, 愧不能對). 효문제가 진평에게 같은 질문을 하니, 진평은 그와 같은 세세한 수치는 그 일을 주관하는 실무자에게 물어보는 것이 마땅하고 재상이 해야 할 일은 따로 있다고 조리 있게 답변하였다. 주발은 자신의 기지나 응대하는 방법이 진평에 미치지 못하는 것을 부끄럽게 여기고는 병을 핑계로 재상의 자리에서 스스로 물러났다.

응용 2022년 2월 24일, 러시아가 우크라이나 수도 키이우를 미사일로 공습하고 지상군을 투입하면서 시작된 러-우 전쟁이 1년 4개월이 되고 있다. 이 전쟁을 시작할 때 푸틴은 '특별군사작전'을 수행한다고 했지만 그렇게 믿는 사람은 없는 것 같다. 드디어 최근 서방제 무기로 재무장한 우크라이나가 대반격에 나서고 있다. 주권국에 대한 침략행위는 응징받아서 마땅하다. 지금 '**한류협배(汗流浹背)**'하면서 벌벌 떨고 있을 사람들이 많을 것 같다.

159 車水馬龍 〈거수마룡〉

車:수레 **거** 水:물 **수** 馬:말 **마** 龍:용 **룡**

수레가 흐르는 물과 같고 말은 승천하는 용과 같다는 뜻.
즉, 흐르는 물이나 길게 늘어진 용처럼 행렬이 장관을 이루는 모습.

유래

《후한서(後漢書)》 〈마후기(馬后記)〉에 나오는 이야기.

후한(後漢)의 2대 황제 명제(明帝)의 비 마후(馬后)는 한왕조 중흥의 기틀을 다지는 데 공이 컸던 마원(馬援) 장군의 딸이었다. 마황후는 명제가 죽고 그 아들 장제(章帝 ; 75~88)가 즉위하자 황태후가 되었다. 마후는 검소하고 덕성스런 성품으로, 사람들을 상하 구별하지 않고 인자하게 대했으므로 경모와 칭송이 자자했다.

마후는 소생이 없어 후궁 소생의 태자를 친자식처럼 사랑하며 길렀고, 왕이 된 장제 역시 마후를 생모처럼 따르며 효행이 지극했다. 왕이 마후의 친족들에게 관직을 내리겠다고 하자 태후에게 잘 보이려는 신하들이 모두 동의하였으나, 마태후는 이를 반대하면서 이렇게 말했다.

"언젠가 친정집 적룡원 문을 지나가다 보니 인사하러 찾아오는 사람들이 얼마나 많은지 수레는 물 흐르는 듯했으며 말은 용이 노니는 듯했습니다. (車如流水 馬如遊龍) 외삼촌들은 호화스러운 생활을 하고 있으니 관직을 내리면 안 됩니다."

응용

지금 야권은 지난 2021년 전당대회 때의 이른바 '돈봉투 사건'으로 몸살을 앓고 있다. 정치권 일각에서는 '당 대표 선거에서 대의원들의 표심을 얻으려면 돈 봉투는 관행이다.'라는 물타기 발언이 나오고 있지만, 엄연히 불법 자금이고 국민의 시선은 곱지 않다. 비록 눈에 보이지는 않겠지만, 내년 총선 공천을 얻기 위하여 유력자의 집 앞이 '**거수마룡(車水馬龍)**'이 될 것이라는 상상은 필자만의 생각 오류일까.

160 南轅北轍 〈남원북철〉

南:남녘 **남**　轅:끌채 **원**　北:북녘 **북**　轍:바퀴자국 **철**

수레의 끌채는 남으로 향하고 바퀴는 북으로 향함.
마음과 행동이 상반되거나 사물이 모순되고 있음을 비유한 말.

유래

《전국책(戰國策)》〈위책(魏策)〉에 나오는 이야기.

전국시대 위(魏)나라 왕이 조(趙)나라의 도읍 한단(邯鄲)을 공격하려는 계획을 세웠다. 이때 타국에 사신으로 가던 계량(季梁)이 이 소식을 듣고 급히 돌아와 왕에게 무력보다 덕으로 천하를 제패할 것을 진언했다.

"저는 길에서 어떤 사람을 만났는데, 그는 남방의 초나라를 향해 가고 있다고 하면서 북쪽을 향해 마차를 몰아가고 있었습니다. 그래서 저는 '초나라로 간다면서 북쪽으로 가는 까닭이 무엇입니까?'라고 묻자, 그는'이 말은 아주 잘 달리고, 나는 돈을 넉넉하게 가지고 있고, 마부는 마차를 모는 기술이 훌륭합니다'라고 엉뚱한 대답을 하였습니다. 그 사람의 행동은 초나라와 더욱 멀어지는 것이 아니겠습니까? 왕께서 패왕(覇王)이 되어 천하를 복속하는 것이 포부임을 알고 있습니다만, 국력만 믿고 한단을 공격한다면 영토와 명성은 떨칠 수 있을지라도 왕의 목표로부터 멀어지게 됩니다. 이것은 제가 만난 사람처럼 마음은 초나라로 간다고 하면서 몸은 마차를 북쪽으로 몰고 가는 것과 같은 것입니다."

응용

최근 언론에는 '대장동 50억 클럽'과 관련하여 박영수 전 특검과 권순일 대법관의 이름이 자주 거론되고 있다. 아직 유죄가 확정된 것은 아니지만, 검찰과 법원의 고위직 출신이 이같은 의혹을 받는 것 자체가 통탄할 일이다. 앞에서는 공정과 정의를 말하면서 뒷전에서는 재판거래와 뇌물을 챙긴다면 '**남원북철(南轅北轍)**'이나 다를 바 아니다. 사법부는 국민이 믿을 수 있는 최후의 보류인 만큼, 국가의 근간인 법치를 뿌리째 흔드는 행위는 엄단 되어야 마땅하다.

161 倒行逆施 〈도행역시〉

倒:거꾸로 할 **도** 行:갈(행할) **행** 逆:거스를 **역** 施:베풀 **시**

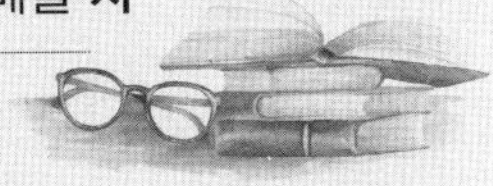

거꾸로 행하고 거슬러서 시행한다는 뜻.
순리와 정도를 벗어나 일을 억지로 강행하는 것을 비유한 말.

유래

《사기(史記)》〈오자서열전(伍子胥列傳)〉에 나오는 이야기.

오자서(伍子胥)는 춘추시대 때 정치가로 사마천(「사기」의 저자)이 오자서 열전에서 상세히 기술한 인물로 그 시대의 대표적인 풍운아였다. 초(楚)나라 대신이었던 아버지와 형이 모함으로 초 평왕(平王)에게 죽임을 당하자, 오자서는 간신히 목숨만 건져 오(吳)나라로 망명하게 된다.

지략과 용기를 겸비한 그는 오왕 합려의 최측근이 됐고, 마침내 「손자병법」을 지은 손무와 함께 초나라를 침공하여 수도를 점령한다. 당시 오자서 아버지를 죽인 초평왕은 이미 죽은 지 꽤 지난 상황이라 오자서는 그의 무덤을 파헤쳐 시신을 채찍으로 300대나 때렸다. 이 소식을 접한 그의 친구 신포서는 "그대의 복수가 이렇게 심하다니 (중략) 그대는 죽은 사람을 욕보이니 이 어찌 하늘의 도를 어기는 극한 행동이 아니리오"라는 말을 전했다. 그러자 오자서는 '오일모도원 오고도행이역시지(吾日暮途遠 吾故倒行而逆施之:날은 저무는데 갈 길이 멀어 이치에 어긋나지만 일을 거꾸로 할 수밖에 없었다)'라고 답한다. 이후 오자서는 합려가 죽은 뒤 그의 아들 부차를 섬겼으나 참소를 받고 자결했다.

응용

5.18민주화운동 유공자로 등록된 4,346명을 심층 분석한 모 인터넷신문의 보도가 있은 후 비난 여론이 비등하다. 특히 전·현직 정치인들이 339명(7.8%)으로 가장 높은 비중을 차지하고 있는데, 이들 중에 무려 310명이 5.18과 무관하거나 아무 공적도 없는 가짜라는 주장이다. 늘 법과 도덕, 민주주의를 강조하는 이들의 비양심적인 '**도행역시(倒行逆施)**'에 할 말을 잃는다.

162 亡國之音 〈망국지음〉

亡:망할 **망** 國:나라 **국** 之:어조사 **지** 音:소리 **음**

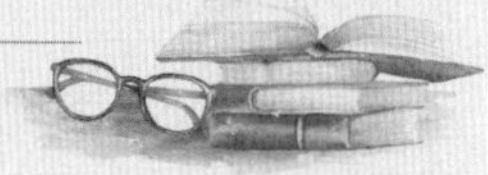

나라를 망하게 하는 나쁜 음악이라는 뜻.
저속하고 음란한 음악이나 애조 띤 음악을 일컫는 말.

유래

《예기(禮記)》〈악기(樂記)편〉에 나오는 이야기.

춘추시대 위(衛)나라 영공(靈公)이 진(晉)나라 평공(平公)을 만나러 가는 길에 복수(濮水) 강가에서 하룻밤을 묵게 되었다. 그때 어디선가 한 번도 들어 본 적이 없는 심금을 울리는 음악 소리를 듣고 반해서 수행 악사인 사연(師涓)에게 악보를 베껴두라고 하였다.

이윽고 진 평공이 베푼 환영연회에 참석한 영공은 오는 도중 들은 새로운 음악을 사연에게 연주하도록 하였다. 당시 진에는 사광(師曠)이라는 이름난 악사가 있었는데, 사연의 음악을 듣던 사광은 황급히 연주중단을 진언하면서 이렇게 말하였다.

"이것은 망국지음(亡國之音)으로 절대 연주해서는 안 됩니다. 옛날 은(殷)나라 주왕(紂王) 때 사연(師延)이라는 악사가 왕에게 '신성백리(新聲百里)'라는 음란하고 사치스러운 음악을 지어 바쳤는데, 왕은 이 음악에 빠져 주지육림을 즐기다가 주(周)나라 무왕(武王)에게 주살 당하고 말았습니다. 그때 사연은 악기를 안고 복수(濮水)에 빠져 죽었는데, 지금도 복수를 지날 때는 누구나 이 음악을 들을 수 있다고 합니다."

응용

나라가 망하는데 어디 **'망국지음(亡國之音)'**만 있을까. 한국 사회는 이미 이분법화 되어있는 것 같다. 아무리 과학적인 근거를 가지고 옳은 이야기를 해도 내 편이 아니면 그 설명조차도 들으려고 하지 않는다. 심지어 자기가 한번 믿고 지지했던 사람이라면 어떤 실체가 드러나도 애써 부인하며 그 치부까지도 사랑하는 형국이다. 그러다 보니 일방적인 주장이, 가짜뉴스와 선동이 범람하고 있다.

163 拔山擧鼎 〈발산거정〉

拔:뽑을 **발**　山:뫼 **산**　擧:들 **거**　鼎:솥 **정**

‘산을 뽑고 솥을 들다’라는 뜻.
힘과 용기가 다른 사람보다 월등히 뛰어나다는 말.

유래

《사기(史記)》〈항우본기(項羽本紀)〉에 나오는 이야기.
한(漢)나라 유방(劉邦)과 천하를 놓고 다투었던 초(楚)나라 항우는 진(秦)나라 말기에 숙부 항량(項梁)과 함께 봉기하여 도처에서 진나라 군사들을 무찌르며 세력을 확장하였다. 오중(吳中)에 머물러 있을 때, 항우는 체구가 크고 용감하여 무거운 솥도 거뜬히 들어 올려서 ‘거정(擧鼎)’이라고 불렸다 한다.
항우는 해하결전(垓下決戰)에서 유방 군사들에게 포위되어 패색이 짙어지자 진중에서 마지막 주연을 베풀었다. 자결하기 전 항우는 자신의 운명을 탄식하며, 그 유명한 역발산기개세(力拔山氣蓋世)의 시(詩)를 지어 총애하던 우미인(虞美人)에게 노래를 불렀다고 한다.
「힘은 산을 뽑을 만하고 기개는 세상을 덮건만. 때가 이(利)롭지 못하고 오추마(烏騅馬:항우의 애마) 또한 나아가지 못하는구나. 오추마가 나아가지 못함은 어쩔 수 없으나. 우미인이여, 우미인이여! 그대를 어쩔거나.
(力拔山兮氣蓋世 時不利兮騅不逝 騅不逝兮可奈何 虞兮虞兮奈若何)」
우미인도 그의 시에 화답하고 자결하였다.

응용

‘발산거정(拔山擧鼎)’ 같은 자연재해의 힘 앞에 우리 인간의 힘이 얼마나 무력한지 피부로 느낀다. 나흘간 570mm의 물 폭탄을 쏟아 부었던 이번 수해는 50여 명의 인명피해와 수많은 침수 피해를 냈다. 13곳이나 특별재난지역으로 지정될 정도로 수마가 휩쓸고 간 한반도 중허리는 처참하다. 그러나 하천 범람과 산사태 등은 그 지역 실정을 잘 아는 지자체가 사전에 좀 더 세심하게 방비했더라면 하는 회한이 남는다.

164 山戰水戰 〈산전수전〉

山:뫼 **산** 戰:싸울 **전** 水:물 **수** 戰:싸울 **전**

산에서도 싸우고 물에서도 싸웠다는 뜻.
세상의 온갖 고생과 어려움을 다 겪어 경험이 많다는 말.

유래 《손자(孫子)》의 〈모공편(謀攻篇)〉과 유기(劉基:1311~57)가 저술한 《백전기략(百戰奇略):역대의 병법서를 참고하여 100가지 전쟁을 수록한 책》에 나오는 말.
백전기략의 산전(山戰) 편에는 '무릇 적과 싸울 때는 산림에 있든 평지에 있든 반드시 높은 언덕을 차지함으로써 유리한 지형에 의지해야 적을 치기에 유리하고 싸워 이길 수 있다. 병법(兵法)에서는 산에서 싸울 때는 높은 곳에 있는 적을 공격하지 말라고 했다'
수전(水戰) 편에는 '무릇 적과 싸울 때는 물에서 약간 멀리 떨어진 강 언덕 가에 진을 치고 물 위에 배를 정박한다. 만약 적이 도하하여 공격해오면 적이 절반쯤 건너기를 기다렸다가 공격하면 이로울 것이다'
산전과 수전은 육지에서 싸우는 것보다 강인한 체력과 고도의 전술이 필요한 전투이다. 따라서 산전수전을 겪었다는 장병은 군사적인 면으로 전투 경험이 풍부한 백전노장 또는 역전의 용사를 말한다.
이처럼 산전수전은 전술적인 측면에서 유래되었지만, 나중에는 모든 풍파를 다 겪어 어지간한 시련에는 조금도 동요하지 않는 것을 뜻한다.

응용 최근 한 지자체장이 물난리가 났을 때 골프를 했다고 여론의 질타를 받자 '과하지욕(袴下之辱:가랑이 밑을 기는 모욕, 훗날을 위해 오늘의 수모와 치욕을 참는다는 뜻)' 이라고 했다. 그리고 SNS에서 지지자들이 '사퇴하면 안 된다'고 격려하자 "임기가 3년 남았다, '**산전수전(山戰水戰)**' 다 겪었다"며 결코 윤리위 징계에 흔들릴 사람이 아니라고 반응했다. 고사성어를 잘 응용하는 재미있는 사람이지만…

165 揠苗助長〈알묘조장〉

揠:뽑을 **알**　苗:모(싹) **묘**　助:도울 **조**　長:길(성장할) **장**

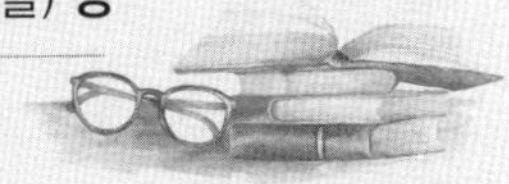

싹을 뽑아 성장을 돕는다는 뜻.
조급함으로 인해 오히려 역효과를 낸다는 말.

유래

《맹자(孟子)》〈공손추상편(公孫丑上篇)〉에 나오는 말.
중국 송나라에 어리석은 농부가 있었는데, 모내기 후에 벼가 얼마나 자랐는지 궁금해서 논에 가보니 다른 사람의 벼보다 덜 자란 것 같았다. 농부는 궁리 끝에 벼의 순을 잡아 빼보니 약간 더 자란 것 같았다. 집에 돌아와 가족들에게 하루종일 벼의 순을 빼느라 힘이 하나도 없다고 이야기하자 가족들이 기겁하였다.
이튿날 아들이 논에 가보니 벼는 이미 하얗게 말라 있었다. 농부는 벼의 순을 뽑으면 더 빨리 자랄 것으로 생각해 그런 어처구니없는 일을 한 것이다. '송나라 사람이 풀을 뽑는다'라는 뜻으로 송인발치(宋人拔稚)라고도 한다.
맹자는 제자 공손추에게 이 농부의 예를 들어 호연지기를 키우려면 마음을 '도의(道義)의 성장'에 맞추어 서서히 키워나가야 함을 설파한 것이다. 공자도 '서둘러 가려다 오히려 이르지 못한다(欲速則不達)'라고 하였고, 한국 속담에도 빨리 서두르면 도리어 상황이 더욱 악화된다는 의미에서 '급할수록 돌아가라'는 말이 있다.

응용

주변에 보면 주식이나 코인 투자로 돈을 크게 잃었다는 사람들이 더러 있다. 빨리 크게 벌어서 행복해지고 싶은 욕구 때문에 오히려 불행해지는 결과를 초래한 것이다. 경제와 증권시장에 대해 사전에 충분히 공부하거나 특별한 통찰력도 없이 '**알묘조장(揠苗助長)**'한 결과이니 누굴 원망하겠는가. 인생에 있어서 과감한 용기 못지않게 여유와 인내가 중요하다는 것을 새삼 상기시켜준다.

166 低首下心 〈저수하심〉

低:낮을 **저**　首:머리 **수**　下:아래 **하**　心:마음 **심**

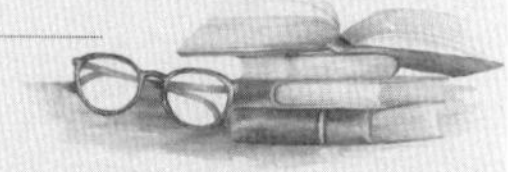

머리를 숙이고 마음을 억누른다는 뜻.
남에게 굴복함을 이르는 말.

유래 문장이 탁월하여 '당송팔대가(唐宋八大家)'의 한 사람으로 불린 한유(韓愈)가 당(唐)나라 헌종(獻宗)의 미움을 사 조주(潮州)자사로 좌천 발령을 받았다. 눈치 보는 갑갑한 조정 생활 보다 오히려 지방관이 낫겠다는 생각에서 설레는 마음으로 임지에 도착해 보니, 예상 밖의 골치 아픈 문제가 기다리고 있었다.

하급 관리로부터 백성들의 청원 가운데는 "골짜기에 악어 떼가 서식하고 있어서 그로 인한 가축 및 인명피해와 불편이 여간 아니며, 그 때문에 인심이 흉흉하고 모두 불안에 떨고 있습니다."라고 보고받았다.

신임 목민관으로서 백성들의 애로사항을 어떻게든 해결해 주려고 했던 한유는 황당하게도 '제악어문(祭鰐魚文)'이란 글을 써서 "이 제문을 골짜기 입구에 갖다 붙여서 악어들이 잘 보도록 하라."고 했다.

이 글은 악어들에 대한 경고문으로서, '일주일 동안의 여유를 줄 테니 남쪽 바다로 가서 살 것이며, 만약 듣지 않는 경우에는 명사수를 동원하여 모조리 죽여 버리겠다'는 내용이었고, 그 말미에는 '자사가 비록 어리석고 약하나, 어찌 악어를 위해 저수하심(低首下心)하겠는가'라고 했다.

응용 물이 질척대던 새만금 야영장, 국무총리가 '**저수하심(低首下心)**'의 자세로 불결한 화장실을 청소하고, 태풍 때문에 조기 퇴영 했던, 말도 많고 탈도 많았던 「제25회 새만금 세계스카우트 잼버리대회」가 8월 11일 서울월드컵경기장에서 19개 팀의 화려한 K-POP 콘서트를 끝으로 유종의 미를 거두며 공식 폐막했다. 모두가 열광했던 이 공연은 짧은 준비기간에 최고의 라인업을 꾸려 그나마 국격을 살려냈다고 본다.

167 千篇一律 〈천편일률〉

千:일천 **천** 篇:책 **편** 一:한 **일** 律:법 **률**

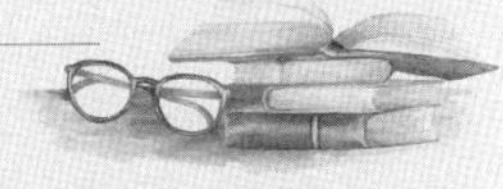

천 편의 시문 격조(格調)가 모두 비슷하여 특색이 없음.
모두가 개별적인 특성이 없는 엇비슷한 현상을 비유하는 말.

유래

왕세정의 《예원치언(藝苑巵言)》, 소식의〈여왕상서삼수(與王庠書三首)〉

중국의 명나라 후기에 활약한 문학가 왕세정(王世貞)은 그의 저서 예원치언》에서 "백낙천(白樂天:당나라 중기의 대시인 백거이)은 나이가 들어 족함을 알라는 글을 썼는데 모든 작품이 천편일률이었다."라는 구절을 남겼다.

또한, 송나라 문호 소식(蘇軾)은 〈여왕상서삼수(與王庠書三首)〉에서 "오늘날 시험에 제출한 문장들은 천 사람의 글이 하나의 격률이어서 시험관들도 역겨워한다(今程試文字, 千人一律, 考官亦厭之)"고 탄식했다.

서로 보고 베낀 것도 아닌데, 각자 나름대로 작성한 시문이 판에 박은 듯이 똑같다는 것이다. 이후로 여럿이 쓴 시문의 내용이 전혀 개성이 없고 밋밋해 서로 엇비슷할 때 이를 비유하는 말로 사용되어왔다.

오늘날에는 여러 사람의 생각이나 주장이 하나같이 개성은 없고 고리타분할 때 인용되고 있다. 이와 비슷한 한자성어로 대동소이(大同小異)가 있다.

응용

요즘 지자체들이 개최하는 각종 축제가 우후죽순(雨後竹筍)처럼 늘어나고 있다. 그러나 막상 참가해 본 사람들은 어느 지역이나 엇비슷한 '**천편일률(千篇一律)**'적인 뻔한 축제라고 지적한다.

지역 축제가 발전하려면 그 지역의 특색과 정체성을 살려서 창의적이고 독창적인 축제를 지향하는 것이 기본이라 하겠다. 그런데 어디서나 구할 수 있는 상품과 특색 없는 콘텐츠로만 도배해서는 관광객들이 재방문할 이유를 느끼지 못할 것이다.

168 泰山壓卵〈태산압란〉

泰:클 **태** 山:뫼 **산** 壓:누를 **압** 卵:알 **란**

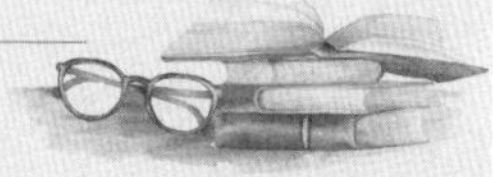

큰 산이 알을 눌러 깨뜨린다는 뜻.
큰 세력이 작은 세력을 힘으로 손쉽게 누른다는 말.

유래

《진서(晉書)》의 〈손혜열전(孫惠列傳)〉에 수록.
전국을 통일한 진(晉)무제 사마염은 천하를 보전하기 위해 전국 각지를 자식, 형제, 조카들에게 왕으로 분봉해 주었다. 그러나 무제의 생각과는 달리 군권을 장악한 각지 번왕들의 야심과 권력 쟁탈전은 날이 갈수록 커져 큰 변란을 초래하게 된다. 이것이 팔왕의 난(八王之亂)이다. 이때 손혜(孫惠)는 제왕(齊王) 사마경의 모사(謀士)로 공을 세웠으나, 제왕이 차츰 교만하고 전횡하는데 실망하여 병을 핑계로 떠났다. 그 후 손혜는 동해왕(東海王) 사마월이 하비지방에서 군사를 일으키자 다음과 같은 편지를 보냈다.
"하물며 순리를 따라 역리를 토벌하고, 정의로움으로 사악함을 정벌하는 것이니,(중략) 태산으로 달걀을 누르게 하며, 불타는 들판에 바람이 몰아치는 것과 같아서 맞설 수 없는 일입니다(況履順討逆, 執正伐邪, 是烏獲携氷, 賁育拉朽, 猛獸呑狐, 泰山壓卵, 因風燎原, 未足方也)"라고 하면서 동해왕의 거병에 동조하여 기실참군(記室參軍)으로 기용되었다.

응용

'세계의 생산공장-G2' 중국 경제가 개혁개방 이후 최대의 위기를 맞고 있다. 이는 요즘 터진 '헝다그룹'과 의 '비구이위안'의 채무불이행 위험이 전부가 아니다. 시진핑이 중화사상을 바탕에 깔고 약소국을 상대로 '일대일로(一帶一路)사업'을 펼치며 **'태산압란(泰山壓卵)'**의 기세를 보일 때부터 예견된 일이었다. 그 결과 중국 경제는 美中 패권 전쟁으로 수출이 급감하고, 불경기 때마다 인프라 투자를 남발한 나머지 중앙정부, 지방정부 모두 빚더미에 앉아 있다는 후문이다.

 신문게재일자 - 2023.9.6

169 鞭長莫及 〈편장막급〉

鞭:채찍 **편** 長:길 **장** 莫:아닐(말) **막** 及:미칠 **급**

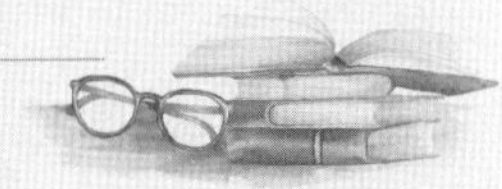

말채찍이 길어도 말의 배까지 닿기는 어렵다는 뜻.
힘이 미치기 어렵거나 힘이 있어도 도울 수가 없다는 말.

유래

《좌씨전(左氏傳)》〈선공(宣公)〉에서 유래.

춘추시대의 여러 제후국 가운데 강대국에 속했던 초(楚)나라는 장왕(莊王)이 신주(申舟)을 제(齊)나라에 사신으로 보냈는데, 제나라로 가려면 송(宋)나라 땅을 거쳐야만 했다. 송나라는 사전에 양해를 구하지 않고 영토를 통과한 초의 사신을 잡아 죽였다. 초장왕은 이 소식을 듣고 격노하여 송나라를 공격하였고, 군사력이 약한 송나라는 완강하게 저항하면서 진(晉)나라에 사신을 보내 도움을 요청하였다.

이에 진나라 경공(景公)이 원병을 보내려고 하자, 대부 백종(伯宗)이 나서서 "옛말에 채찍이 길기는 하지만 말의 배에까지 미칠 수는 없다고 하였습니다(古人有言曰, 雖鞭之長, 不及馬腹). 지금은 하늘이 초나라를 돕고 있는 때이니 싸워서는 아니 됩니다. 비록 우리 진나라가 강성하다고 하지만 하늘을 거스를 수야 있겠습니까"라고 말하며 반대하였다.

결국 진나라는 대부 해양(解揚)을 송나라로 보내 말로만 위로하였을 뿐, 구원병을 보내지는 않았다.

응용

북한은 최근 3년 사이 가뭄, 장마, 태풍 등의 잦은 자연재해와 코로나19 등으로 주민들의 식량 사정이 최악이라고 한다. 그런데도 북한은 작년부터 사흘이 멀다 하고 순항·탄도미사일 등을 연이어 발사하고 있다. 2017년 이후부터 국제사회의 대북 제재가 강화되고 있는데, 그 엄청난 소요자금과 기술이 과연 어디에서 난 것인지 궁금하다. 어려운 북한 주민들의 사정이야 익히 알고 있지만, 핵과 미사일으로 이렇게 위협하고 있는 상황에서는 '**편장막급(鞭長莫及)**'이라 하겠다.

170 汗馬之勞 〈한마지로〉

汗:땀 **한**　馬:말 **마**　之:갈 **지**　勞:수고로울(힘쓸) **로**

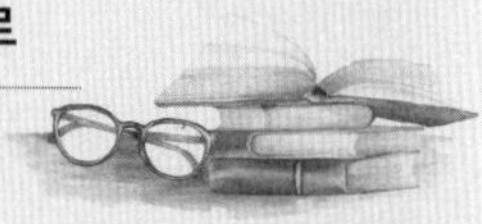

말이 땀투성이가 되도록 달린 노고라는 뜻.
수고를 불사하여 싸움터에서 이긴 공로(혁혁한 戰功)

유래

《한비자(韓非子)》〈오두(五蠹)〉에서 유래.

중국 전국시대 법가사상을 집대성했던 한비자는 진시황이 매우 존경했던 인물로 유명한데, 그는 '학자, 논객, 협사, 측근, 상공인 등 다섯 부류의 사람들을 나라를 좀먹는 다섯 벌레(五蠹)와 같은 존재라고 생각했다.

특히 군주의 측근에 있는 자들은 자신의 집에 사재를 쌓아가며 온갖 뇌물을 탐하고 권세 있는 자들의 청탁은 들어주면서도, 전쟁터에서 말이 땀투성이가 되게 싸운 사람의 공적은 물리쳐 버린다'고 했다.

또한 《속동문선(續東文選)》에는 거리는 멀지만 말이 땀을 흘리는 수고를 덜 수 있고 (리수수다 불비한마지로 里數雖多, 不費馬汗之勞)라는 대목도 있다.

흔히 많이 사용하는 고사성어 '견마지로(犬馬之勞:개나 말 정도의 하찮은 힘이지만, 주군이나 나라를 위해 충성을 다하겠다는 뜻)'와 음과 뜻이 비슷하게 보이지만 그 용법은 다르다.

응용

2000년 전 법치주의자 한비자는 나라를 좀먹는 다섯 종류의 벌레(五蠹)가 있다고 했는데, 오늘날 국가 경영이나 조직 경영에 있어서도 마찬가지인 것 같다. 국가와 조직을 위하여 열심히 '**한마지로(汗馬之勞)**'를 다하는 헌신적인 사람이 있는가 하면, 능력도 없으면서 출세욕만 강한 사람들이 허다하다. 최측근 간신, 어용 지식인, 혹세무민 일삼는 궤변가, 사이비 시민단체, 경제범죄자는 오늘날의 오두라 해도 과언이 아니겠다.

171 居安思危 〈거안사위〉

居:살(머물) **거** 安:편안할 **안** 思:생각 **사** 危:위태로울 **위**

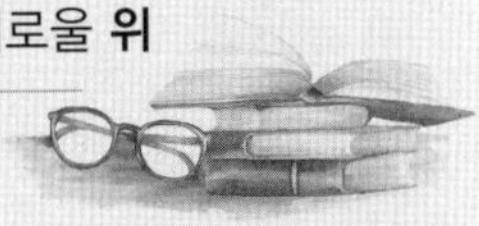

편안할 때도 안주하지 말고 위태로울 때를 생각하라는 뜻.

유래

《춘추좌씨전(春秋左氏傳)》〈양공(襄公)〉에 나오는 말.

중국 춘추시대에 진(晉)나라와 초(楚)나라가 중원의 패권을 놓고 팽팽하게 겨눌 때, 두 강자 사이에서 갈팡질팡하던 정(鄭)나라가 초나라를 도와 송(宋)나라를 공격했다. 하지만 송나라의 구원 요청을 받은 진나라 도공(悼公)이 송(宋), 제(齊), 위(衛), 노(魯), 조(曹), 거(莒), 주(邾) 등의 12개국과 연합하여 정나라가 함락했던 송나라의 4개 성읍을 수복했다.

이에 당황한 정나라 간공(簡公)은 급히 가장 강한 진나라에 항복하면서 화해의 선물로 악대와 병거(兵車), 미녀를 보냈다. 그 위세를 천하에 떨치게 된 진나라 도공은 대단히 만족해하면서 정나라로부터 받은 예물의 절반을 이번 전쟁에서 공이 큰 충신 위강(魏絳)에게 하사한다고 했다.

그러자 위강은 "폐하께서는 생활이 편안하면 위험을 생각하고, 그렇게 생각하면 준비를 갖추어야 화를 면할 수 있다(居安思危 思則有備 有備無患)"고 충언하며 그 하사품을 사양하였다.

비슷한 사자성어로 '유비무환(有備無患)' 있다. 해이해지려는 자기 자신을 추스리는 현대인의 필수 지침어로 사용되고 있다.

응용

제19회 항저우(杭州) 아시안게임(2023.9.19.~10.7)은 현재 우리나라가 종합 2위를 달리면서 그 출발이 기대 이상이다. 특히 올림픽 축구대표팀은 조별리그에서 쿠웨이트(9-0), 태국(4-0), 바레인(3-0)을 대파하고 무실점 전승 기록으로 16강에 진출했다.

하지만 지금부터는 한 게임에서 지면 바로 탈락이다. 우리 선수들이 예선전의 대승에 도취 되지 말고 '**거안사위(居安思危)**'하는 마음 자세로 최종우승을 향해 정진하기를 기원한다.

172 老嫗能解 〈노구능해〉

老:늙을 **로**　嫗:할미 **구**　能:능할 **능**　解:풀 **해**

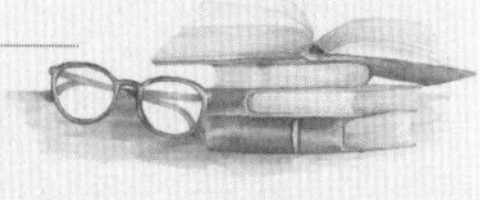

늙은 할머니도 이해할 수 있다는 뜻.
글을 알기 보기 쉽게 쓰려고 노력하는 것을 이르는 말.

유래

《냉재야화(冷齋夜話)》에 나오는 말.
중국 당(唐)나라의 위대한 시인 백거이(白居易:772~846)의 시는 짧은 문장으로서 누구든지 쉽게 읽을 수 있는 것이 특징이다. 그는 시를 지을 때마다 글을 전혀 모르는 동네 노인에게 읽어주고 이해하지 못하는 구절이 있으면 알아들을 때까지 고치고 또 고쳤다고 한다. 그러다 보니 나중에 발표한 시는 누구든지 쉽게 읽을 수 있었다.
그래서 '할머니가 능히 이해할 수 있다'는 뜻의 노구능해(老嫗能解)라는 말이 생겼다. 그의 쉬운 시는 민중 속으로 파고들어 목동이나 말몰이꾼 입에까지 오르내렸다. 같은 뜻으로 노온능해(老媼能解), 노온도해(老媼都解), 노구도해(老嫗都解)가 쓰이기도 한다.
백거이의 자는 낙천(樂天)이고 호는 향산거사(香山居士)이다. 그의 작품에는 《장한가(長恨歌)》《비파행(琵琶行)》《백씨장경집(白氏長慶集)》《백씨문집(白氏文集)》 등이 있다.

응용

시인이 없는 세상은 죽은 세상이다. 따라서 시인은 존중받고 사랑받아야 마땅한 귀한 존재이다. 그런데 21세기 들어 시를 외면하는 세상이 되고 있다. 그것은 **'노구능해(老軀能解)'**처럼 독자가 이해하기 쉬운 시보다 조잡한 언어의 배열과 난해한 시를 수작(秀作)으로 여기는 한국문단과 시인들에게 우선 책임이 있다. 우리가 교과서에서 배운 김소월, 윤동주, 서정주, 이육사, 한용운의 시 가운데 이해되지 않았던 시가 있었던가. 영혼을 울리는 아름다운 시어(詩語)로 가득한, 누가 보더라도 이해하기 쉬운 시가 많아졌으면 하는 바람이다.

173 獨當一面 〈독당일면〉

獨:홀로 **독** 當:마땅할 **당** 一:한 **일** 面:낯 **면**

혼자서 한 방면을 담당할 충분한 재능이 있다는 뜻.

유래 《사기(史記)》〈유후세가(留侯世家)〉, 《한서(漢書)》〈장량전(張良傳)〉

한(漢)나라 유방(劉邦: BC247?~BC195)의 공신인 장량(張良)은 뛰어난 책략가로 항우(項羽: BC232~BC202)와 유방이 싸운 초한(楚漢)전쟁을 승리로 이끌었다. 유방은 초나라의 팽성(彭城)을 점령하였으나 항우의 반격으로 패퇴하자, 장량에게 "나의 한을 풀어주는 이에게 함곡관(函谷關) 동쪽 지방을 떼어 상으로 주고자 하는데, 그대가 보기에 누가 큰 공을 세울 적임자라고 보는가?" 하고 물었다.

이에 장량은 "경포는 용맹한 초나라 장수인데 항우와 사이가 나쁘고, 팽월은 제나라의 왕 전영과 함께 양(梁) 지방에서 초나라에 반기를 들었으니 이 두 사람에게 연락해야 합니다. 부하 장수들 가운데는 한신(韓信: BC231~BC196)만이 큰 일을 맡아 한 방면의 임무를 담당할 수 있습니다(漢王之將 獨韓信可屬大事當一面)"라고 하였다.

한신은 초년에 거지 같은 떠돌이로 살았으나, 소하의 추천에 의해 20대 중반에 대장군이 된 이후에는 항우와의 전투에서 연승하면서 한나라 건국에 결정적인 역할을 담당한다. 그러나 35살에 죽임을 당하면서 '토사구팽'이라는 말을 남긴 드라마틱한 삶을 산 비운의 영웅이다.

응용 거야(巨野) 당론으로 대법원장 임명동의안이 국회에서 부결되고, 파행을 겪고 있는 장관 인사청문회를 지켜보는 국민은 답답하고 피곤하다. 조금도 흠집 없는 사람이 과연 있을까. 정치적인 유불리와 역학관계가 앞선 탓에 벌어지는 사단이다. 그리고 지금 이 나라에는 참신하면서도 '**독당일면(獨當一面)**' 할 인재가 그렇게도 없는지, 왜 과거정권 때 인사들이 계속 롤백하는지도 이해하기 어렵다.

신문게재일자 - 2023.10.18

174 亡戟得矛 〈망극득모〉

亡:잃을 **망**　戟:창 **극**　得:얻을 **득**　矛:창 **모**

극을 잃고 모를 얻음.
손익(損益)이 서로 맞물리게 되어 이익과 손해가 없다는 말.

유래

전국시대(戰國時代) 말 진(秦)나라의 여불위(呂不韋)가 편찬한 《여씨춘추(呂氏春秋)》〈이속편(離俗篇)〉에서 유래.

진(晉)나라와 제(齊)나라가 격돌한 제남(濟南) 싸움에서 평아현의 여자(餘子 최하위 졸병)가 그만 극(戟:끝의 날이 세 갈래인 창)을 빼앗기고 모(矛:끝의 날이 하나인 장창)를 주워 귀대하면서 께름칙하여 길을 가는 사람에게 물었다. "극을 잃고 모를 얻었는데 부대에 돌아가도 될 것 같습니까?" 그러자 길 가던 사람은 "극도 무기고 모도 무기다. 무기를 잃고 무기를 얻었는데 어찌 돌아가지 못하겠는가?" 하였다.

그래도 졸병은 마음이 편치 않아서 대부 숙무손을 만나자 물었다. "오늘 전투를 하면서 극을 잃고 모를 얻었는데 돌아가도 되겠습니까?" 숙무손은 "모는 극이 아니고 극은 모가 아니다. 극을 잃고 모를 얻었으니 어찌 책임을 추궁당하지 않겠는가."라고 답했다. 그러자 평아현의 졸병은 돌아가 다시 싸워야겠다고 생각하고 급히 돌아가 싸우다가 전사하였다.

응용

10월 7일 팔레스타인 무장 정파 하마스가 이스라엘을 공격하면서 시작된 가자지구 전쟁은 제5차 중동전쟁으로 비화될 조짐을 보이고 있다. 이란과 레바논 무장단체 헤즈볼라가 하마스를 지원하고, 미국이 이스라엘을 지원하면서 확전 가능성이 점차 커지고 있기 때문이다.

우리나라 입장에서는 석유와 거대한 수출시장인 중동을 버릴 수도 없고, 또한 동맹국인 미국이 협조를 요청할 경우 그것도 쉽게 거절할 수 없는 상황이 올 수도 있을 것이다. 지혜롭게 잘 대처해서 최악의 경우에는 최소한 '**망극득모(亡戟得矛)**' 선택이라도 해야 할 것이다.

　신문게재일자 – 2023.10.25

175 傍若無人 〈방약무인〉

傍:곁 **방** 若:같을(만일) **약** 無:없을 **무** 人:사람 **인**

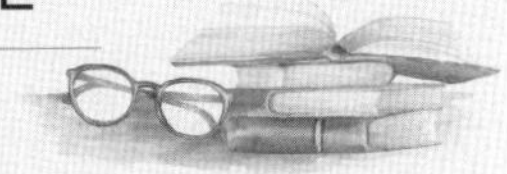

곁에 사람이 없는 것처럼 행동함.
주위의 다른 사람을 의식하지 않고 제멋대로 행동하는 것.

유래 《사기(史記)》〈자객열전(刺客列傳)〉에서 유래.

중국 역사상 가장 유명한 자객의 한사람인 형가(荊軻)의 행동에서 비롯된 말. 위(衛)나라 사람인 형가(荊軻)는 문학과 무예에 능한 애주가였다. 연나라에서 사귄, 비파(琵琶)의 명수인 고점리(高漸離)와 만나 술을 마시다 취기가 돌면, 고점리는 비파를 켜고, 형가는 이에 맞추어 춤을 추며 고성방가하였다. 그러다가 떠도는 신세를 한탄하며 감정에 복받쳐 둘이 얼싸안고 울기도 웃기도 하였다. 이때 이 모습은 마치 곁에 아무도 없는 것처럼 보였다고 한다.

이후 진(秦)나라의 정왕 정(政: 훗날 시황제)에게 원한을 품고 있던 연나라의 태자 단(丹)이 형가의 재주를 높이 평가하여 그에게 진시황의 암살을 부탁하였다. 형가는 살신성인한 번오기(樊於期) 장수의 목과 연나라 지도를 가지고 진시황에게 접근하여 암살을 시도하였지만, 진시황의 관복만 뚫었을 뿐 암살은 실패로 돌아가고 그는 결국 죽임을 당했다.

원래 방약무인은 거리낌 없는 당당한 태도를 말하였는데, 변해서 무례하거나 교만한 태도를 표현할 때 인용된다. 비슷한 말로 안하무인(眼下無人)이 있다.

응용 어느 조직이나 지위를 악용하여 **'방약무인(傍若無人)'**하게 행동하는 상사가 있다면 그 조직은 활력을 잃고 불만만 쌓여가다가 결국은 큰 문제가 생기게 된다. 학교생활 역시 마찬가지다. 천방지축인 몇몇 아이들 때문에 수업 분위기가 엉망이 되고 교우관계가 나빠지게 된다. 특히 친구 사이에도 자기주장만 내세우고 제멋대로 하려는 '싸가지 없는' 사람이 있다면 결국엔 관계가 파탄 난다.

176 四海兄弟 〈사해형제〉

四:넉 **사** 海:바다 **해** 兄:형 **형** 弟:아우 **제**

천하의 모든 사람이 형제라는 뜻.
세상 사람들이 형제같이 친하게 지내야 한다는 말.

유래 《논어(論語)》의 〈안연편(顏淵篇)〉에 나오는 말.

공자 72제자의 한사람인 사마우(司馬牛)가 공자(孔子)의 유명한 제자인 자하(子夏)를 찾아와 괴로워하면서 "사람들은 모두 형제가 있는데 나만 혼자인 것 같네요"라고 말하였다. 사실 사마우에게는 형 환퇴가 있었는데 송(宋)나라에서 모반을 꾀하다가 실패하여 도망자 신세였으므로 사마우는 형제가 없는 것이라 여기며 말한 것이다.

이에 자하는 "사는 것과 죽는 것은 자신의 명(命)에 달려 있고, 부귀는 하늘에 달려 있으며, 군자가 공경하여 실수하지 않고, 사람을 사귀는데 공손하고 예절을 갖추면 세상 사람들이 다 형제입니다. 그러니 군자가 어찌 형제가 없음을 걱정하겠소[死生有命 富貴在天 君子敬而無失 與人恭而有禮 四海之內 皆兄弟也 君子何患乎無兄弟也]"라고 하였다.

사해(四海)는 네 개의 바다를 뜻하는 것이 아니라 사방(四方)의 바다를 의미하므로 천하(세계)를 지칭한다. 불교에서는 수미산(須彌山)을 둘러싼 바다를 사해라고 한다. 동의어로 '사해동포(四海同胞)'와 '호월지가(胡越之家)'가 있다.

응용 최근 이스라엘군이 팔레스타인 하마스 통치지역인 가자지구에 지상군을 투입하면서 앞으로 더욱 격렬한 전쟁을 예고하고 있다. 이 전쟁으로 무고한 민간인들의 피해가 또 얼마나 늘어날지 우려스럽다. 테러와 보복, 전쟁과 미움으로 점철된 사해(死海, Dead Sea:이스라엘, 팔레스타인, 요르단에 걸쳐 있는 염호) 주변의 나라들이 '**사해형제(四海兄弟)**'처럼 지낼 수 있는 그날은 풀 수 없는 과제일까.

177 暗渡陳倉 〈암도진창〉

暗:어두울 **암** 渡:건널 **도** 陳:펼칠 **진** 倉:곳집(창고) **창**

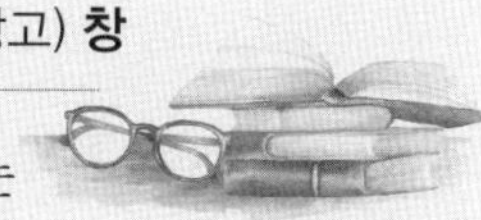

은밀하게 진창을 건너가다 뜻. 남모르게 행동해서 성공했다는 말. 남녀 간에 사통(私通)을 의미하기도 함.

유래

《사기(史記)》의 〈고조본기(高祖本紀)〉에 나오는 말.

정면으로 공격할 것처럼 위장하여 적이 병력을 그쪽으로 집결시키도록 한 뒤에 방비가 허술한 후방을 공격하는 계책. 한(漢)나라의 한신(韓信)이 초(楚)나라와 싸울 때 사용한 계책으로, 36계 가운데 제 8계이다.

유방이 관중(關中)을 떠나 한중(漢中)으로 갈 때 항우의 의심을 피하려고 잔도(棧道)를 불태워 버렸다. 그러나 한중에서 세력을 키운 유방은 한신을 대장군으로 삼아 동쪽을 정벌할 계획을 세운다.

한신이 군사들을 시켜 불타 버린 잔도를 수리하는 척하자, 관중을 지키던 초나라 장수 장한(章邯)은 잔도를 수리하는 기간이 오래 걸릴 것이라고 방심하면서도 군사들을 잔도로 집결시켰다. 장한이 잔도에만 주의를 기울이는 동안, 한신은 대군을 이끌고 우회하여 진창을 점령하고 관중을 함락시킴으로써 중원으로 진출할 발판을 마련하였다.

이로부터 '명수잔도, 암도진창(明修棧道, 暗渡陳倉 : 겉으로는 잔도를 수리하는 척하면서, 몰래 진창으로 건너가다)'라는 말이 생겼다.

36계의 제6계인 성동격서(聲東擊西)와 비슷한 의미이다.

응용

인터넷 신문과 유튜브, 각종 SNS가 범람하면서 '가짜뉴스'가 사회적 이슈로 떠오르고 있다. '아니면 말고 식'의 흥미 위주의 거짓 뉴스 뿐만 아니라, 정공법이 아닌 **'암도진창(暗渡陳倉)'**의 선동성 역공 정보까지 나돌고 있는 실정이다. '정보홍수시대'에도 제대로 된 언론이라면 가짜뉴스를 철저하게 배격하고, 國利民福에 이바지하는 언론이 되어야 한다. 독자는 이런 언론을 더 응원해야 할 것이다.

178 錢可通神 〈전가통신〉

錢:돈 **전**　可:옳을(가할) **가**　通:통할 **통**　神:귀신 **신**

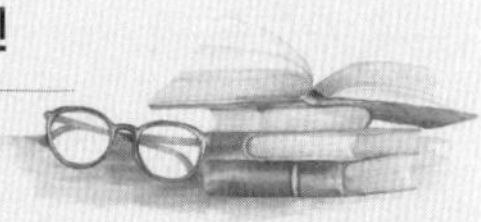

돈의 위력은 신(神)과도 통할 수가 있다.
돈의 힘이 크다는 비유.

유래 당나라 때 장고(張固)가 지은 《유한고취(幽閒鼓吹)》

당 덕종(779~805) 때 명관리였던 장연상(張延賞)은 고위층이 연루된 큰 사건을 맡아 옥리들에게 10일 안에 조사를 끝마치라는 엄명을 내렸다. 다음 날 누군가 그의 책상에 돈 3만 관과 '이 안건을 더 이상 따지지 않기를 바랍니다'라는 쪽지가 놓여 있었다. 이를 보고 장연상은 크게 노하여 더욱 조사에 박차를 가하라고 명령하였다. 그러자 다음 날에는 5만 관이 놓여 있어 대로하며 거절했는데, 그다음 날에는 10만 관의 뇌물이 그의 책상 위에 올려져 있었다.

이에 장연상은 "10만 관이라는 돈은 귀신과도 통할 수 있는 액수이다. 되돌리지 못할 일은 없는 것이다. 이를 거절했다가는 내게 화가 미칠까 두려우니 그만두지 않을 수 없다(錢至十萬, 可通神矣. 無不可回之事, 吾懼及禍, 不得不止)"라고 하고는 사건을 흐지부지 종결시켰다.

우리나라 속담에 '돈만 있으면 귀신도 부릴 수 있다(전가사귀 錢可使鬼)'라는 말과 같은 뜻이다.

응용 올바른 태도로 돈을 벌고 값지게 쓸려는 사람들이 더 많다. 그런데 우리가 흔히 목격하는 사회부조리들을 보면 **'전가통신(錢可通神)'**처럼 대부분 돈과 깊숙하게 결부되어 있다. 우리 속담에도 '돈만 있으면 염라대왕 문서(저승 명부)도 뺀다'는 말이 있다. 돈의 위력은 참으로 대단한 것 같다. 돈은 누구에게나 필요한 것이지만, 너무 과욕을 부리면 반드시 탈이 나게 마련이다. 돈을 밝히다가 패가망신하는 사람들을 많이 보게 되는 씁쓸한 세상이다.

179 鐵中錚錚 〈철중쟁쟁〉

鐵:쇠 **철**　中:가운데 **중**　錚:쇳소리 **쟁**　錚:쇳소리 **쟁**

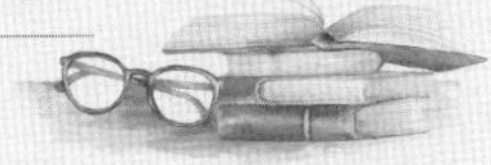

쇠 가운데서 쟁그랑거리는 소리가 가장 맑다는 뜻.
평범한 사람 중에서 특별히 뛰어난 사람을 이르는 말.

유래

《후한서(後漢書)》〈유분자전(劉盆子傳)〉에 나오는 이야기.

왕망(王莽)이 갖가지 권모술수를 써서 선양혁명(禪讓革命)으로 한(漢)나라의 제위를 찬탈하고 신(新: AD 8~24)나라를 세웠으나, 곳곳에서 왕망 정권에 반발한 반란이 일어났다. 이때 가장 세력이 강한 반란군은 적미(赤眉:붉은 눈썹, 劉盆子를 황제로 추대함)군이었다. 전한(前漢) 고조 유방(劉邦)의 9세손인 유수(劉秀)도 또 하나의 세력을 형성하여 후한의 초대 황제(광무제 光武帝)로 등극한다.

광무제는 먼저 적미군을 토벌하기로 했다. 적미는 전세가 불리해지자 대장 번숭(樊崇)과 유분자가 10여만 명의 잔병을 이끌고 항복해 왔다. 광무제가 이들에게 "혹시 항복한 것을 후회하지 않는가?"라고 묻자, 이들과 함께 항복한 적미 승상인 서선(徐宣)은 번숭이 대답하기도 전에 머리를 땅에 내리치면서 "천만의 말씀입니다. 호구를 벗어나 자모의 품으로 돌아온 느낌입니다."라고 말했다. 이에 광무제는 다소 비웃듯이 "경은 철중쟁쟁(鐵中錚錚), 용중교교(傭中佼佼:보통사람 중에 좀 나은 자)한 자로군."이라고 말했다.

응용

우리나라 부산의 2030 세계박람회 유치가 실패했다. 대통령을 비롯하여 민관(民官)의 '**철중쟁쟁(鐵中錚錚)**'한 인물들이 나서서 열심히 유치전을 펼쳤지만, 일찍부터 이슬람권 국가들의 단합과 사우디아라비아의 오일머니 앞에서 예상보다 큰 표 차(리야드 119표, 부산 29표, 로마 17표)로 고배를 마시고 말았다. 안타깝고 아쉽지만 차기의 기회를 위하여 미리부터 전략을 가다듬어야겠다.

180 泰山鴻毛 〈태산홍모〉

泰:클 **태**　山:뫼 **산**　鴻:큰기러기 **홍**　毛:털 **모**

'태산과 기러기 털'이라는 뜻.
아주 무거운 것과 아주 가벼운 것의 차이가 매우 큰 것을 비유하는 말.

유래 사마천(司馬遷)의 〈보임소경서(報任少卿書)〉에서 유래.

한무제(漢武帝) 때(BC 99년) 이릉(李陵) 장군이 흉노족과 격렬하게 싸우다가 포위되어 투항하였는데, 이 일로 무제가 격노하였다. 조정의 대신들도 모두 이릉을 비난하였으나, 사관(太史令)인 사마천은 이릉이 용맹스럽게 싸우다가 어쩔 수 없이 항복한 것이라며 그를 변호하였다. 화가 난 무제는 사마천을 거세(去勢)하는 궁형(宮刑)에 처했다.

이후 사마천은 남자로서 치욕을 견디면서 《사기(史記)》를 저술하는 일에 더욱 몰두하였다. 이때의 참담한 심경을 담아 친구인 임안(任安)에게 보낸 편지가 〈보임소경서〉이다 (소경은 임안의 자). 이 글에서 사마천은 "사람은 본래 한 번 죽는 것인데, 그 죽음이 혹은 태산처럼 무겁고 혹은 깃털처럼 가벼운 것은 그 지향하는 바가 다르기 때문이다(人固有一死, 或重於泰山, 或輕於鴻毛, 用之所趨異也)"라고 말하고, 자신이 치욕을 참고 사는 것은 아버지 사마담(司馬談)이 저술하기 시작한 《사기》를 완성하기 위해서라고 밝혔다.

응용 내년 4월 총선을 앞두고 정치권이 수면 아래 요동치고 있다. 여야를 막론하고 일부 저명인사들이 나름대로 명분을 내세우며 신당 창당 움직임을 정중동(靜中動)으로 진행하고 있기 때문이다.

사마천은 가치 있는 것과 그렇지 못한 것을 '**태산홍모(泰山鴻毛)**'와 비교하였는데, 과연 이들 신당이 장엄한 태산이 될 것인지 아니면 깃털처럼 가벼운 홍모가 될 것인지는 평소 국민의 뇌리에 어떤 인식을 쌓아 놓았느냐에 달려 있을 것 같다.

181 閉門造車 〈폐문조거〉

閉:닫을 **폐**　門:문 **문**　造:만들 **조**　車:수레 **거**

'문을 닫아걸고 수레를 만든다'라는 뜻.
실제를 고려하지 않거나 남의 경험을 전혀 받아들이지 않는 편협한 행동을 비유하는 말.

유래

《조당집(祖堂集)》〈오관산서운사화상(五冠山瑞雲寺和尙)〉
선종(禪宗)의 역사를 기록한 불교 서적 《조당집》제20권 〈오관산서운사화상〉에 "먼저 진리를 밝힌 뒤에 인연에 순응하여 수행한다면 불조(佛祖)의 수행과 상응할 것이다. 이는 문을 닫아걸고 수레를 만들고, 밖에 나가 바퀴를 짜 맞추는 것과 같다(如似閉門造車, 出門合轍耳)"라는 구절이 있다.
또 주자(朱子)가 지은 《사서혹문(四書或問)》의 〈중용혹문(中庸或問)〉편에는 "궤(軌)는 수레바퀴 자국이다. 주(周)나라 사람들이 수레를 제작하는 방법을 〈동관(冬官)〉에 기록하였다. 수레의 폭은 6촌 6척이므로 수레바퀴의 거리는 항상 일정하다. (중략) 옛말에 문을 닫아걸고 수레를 만들고, 밖에 나가 바퀴를 맞춘다고 하였는데(古語所謂閉門造車, 出門合轍), 그 방법이 같음을 말한 것이다"라는 구절이 있다.
이처럼 폐문조거는 원래 '일정한 원칙이나 규칙에 따라 일을 행하는 것'을 지칭하였으나, 나중에는 역으로 '실제의 부합 여부를 따지지 않고 자기 주관대로만 일을 처리하는 것'을 비유하는 말로 사용되게 되었다.

응용

선진 사회로 갈수록 재난 대응 행정이나 기업의 산업안전은 정확한 매뉴얼을 만들어 놓고, 그것을 철저하게 실천하는 것을 중시한다. 그러나 매뉴얼을 만들 때 현장의 목소리를 경청하고 실제 상황을 눈으로 확인하고 만드는 것이 중요하다. 아무리 머리가 좋은 사람일지라도 **'폐문조거(閉門造車)'**하고 책상에 앉아 이론적·형식적으로 만드는 매뉴얼은 실제 상황 적용 시 무리가 생길수 밖에 없을 것이다.

182 汗牛充棟 〈한우충동〉

汗:땀 **한** 牛:소 **우** 充:채울 **충** 棟:마룻대 **동**

수레에 실으면 소가 땀을 흘릴 정도이고, 쌓아 올리면 들보에 닿을 정도라는 말. 책이 아주 많다는 비유적인 표현.

유래 당송팔대가 중 한 명인 문장가 유종원(柳宗元)이 동 시대 역사학자 육문통(陸文通) 선생의 묘표(墓表)에 쓴 글귀에서 유래.

공자(孔子)가 지은 《춘추(春秋)》의 해석을 두고 수많은 학자들이 올바르지 못한 해석과 타 학파의 학자들에 대한 비난과 공격을 일삼는 그런 내용이 담긴 책들이 워낙 많아 이를 개탄하는 내용의 글이다.

'공자께서 춘추를 지은 지 천오백 년이 되었고, 춘추전(春秋傳)을 지은 사람이 다섯인데, 지금은 그 중 세 개의 전(公羊傳, 穀梁傳, 左傳)이 통용된다. 거기에 온갖 주석(註釋)을 단 학자들이 천 명에 달한다. 그들은 성품이 뒤틀린 사람들로 말로써 서로를 공격하고 숨은 일을 들추어내는 자들이었다. 그들이 지은 책의 엄청남이란 집을 가득 메워 마룻대까지 채우고, 꺼내어 운반하게 하면 소와 말이 땀을 흘릴 정도다.(其爲書 處則充棟宇 出則汗牛馬)' 라는 문구에서 따온 것이다.

오늘날에는 장서(藏書)가 많고, 지식과 학문의 깊은 경지를 상징하는 말로 쓰이고 있다.

응용 지난해는 교사들이 잇달아 극단적인 선택을 하면서 '교권(教權) 확립과 공교육 정상화' 목소리가 드높았다. 학생들에게 인성과 지성 교육 보다는 '공부하는 기계'로 만든 결과이다. 우리 주변에는 도서관, 학교, 서점 등 다양한 곳에서 '**한우충동(汗牛充棟)**'의 책을 접할 수 있다. 그러나 수능 위주의 교육 현실에서 과연 학생들이 독서할 겨를이나 있을까. 꾸준한 독서 습관은 더욱 풍요롭고 인간다운 지식을 쌓을 수 있다. 책은 소장하는 것이 아니라 읽어야 보물이 된다.

183 擧案齊眉 〈거안제미〉

擧:들 **거**　案:밥상(책상) **안**　齊:가지런할 **제**　眉:눈썹 **미**

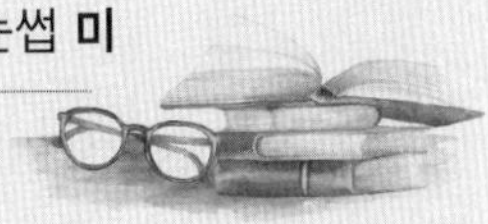

밥상을 눈썹 높이까지 올려서 받친다는 뜻.
남편을 깍듯이 공경함으로써 가정이 화목하다는 교훈.

유래

《後漢書(후한서)》〈逸民傳(일민전). 양홍편〉

중국 후한 때 가난했지만 학문이 깊은 양홍(梁鴻)이라는 학자가 있었다. 그는 뜻한 바 있어 장가를 늦추고 있었는데, 같은 마을에 사는 못생긴 맹광(孟光)이란 처녀가 나이 서른이 넘었는데도 '양홍 같은 훌륭한 분이 아니면 절대로 시집을 가지 않겠다'며 버티고 있다는 소문이 들려왔다.

양홍은 그 처녀의 뜻이 기특해서 결혼하게 되었는데, 결혼하는 날 맹광은 화장하고 예복을 곱게 차려입었다. 양홍은 그것을 못마땅하게 여겨 일주일이 지나도록 그녀를 거들떠보지 않았다. 맹광이 그 까닭을 물었더니 양홍은 "내가 원했던 부인은 비단옷을 걸치고 짙은 화장하는 여자가 아니라 누더기 옷을 부끄러워하지 않고 깊은 산속에서라도 살 수 있는 여자였소"라고 하자, 그 후부터 맹광은 남편의 뜻에 따라 화장하지 않고 산골 농부 차림으로 생활하다가 같이 산속으로 들어가 농사를 짓고 베를 짜면서 살았다.

남편의 인품을 존경하며, 극진한 내조로 집안을 화목하게 꾸려가자 양홍은 마음 놓고 학문에 정진하여 명저(名著)를 저술할 수 있게 되었다.

응용

우리나라의 이혼율은 OECD 9위, 아시아 1위라고 한다. 근래에는 졸혼·해혼도 성행하고 있다. 자녀들 양육이 끝났고, 살 만큼 살았으니 이제 각자 자유로운 삶의 방식으로 살자는 새로운 라이프 스타일이다. 이런 시대에 '**거안제미(擧案齊眉)**'의 아내를 바라는 가부장적인 남편은 없겠지만, 가정이 화목해지려면 이제 남편들도 집안일을 같이 거들면서 시대에 걸맞는 자발적인 생존방식을 찾아야겠다.

184 藍田生玉 〈남전생옥〉

藍:쪽빛 **남** 田:밭 **전** 生:날 **생** 玉:구슬 **옥**

남전에서 옥이 난다는 뜻. 명문 집안에서 인재가 나온다는 뜻으로 뛰어난 부자를 함께 칭송할 때 쓰는 말.

유래

《삼국지(三國志)》〈오서(吳書) 제갈각전(諸葛恪傳)〉

촉(蜀)의 명재상 제갈량의 형인 제갈근(諸葛瑾)은 어질고 현명한 선비로 오(吳)나라의 관리가 되어 오왕 손권(孫權)의 신임을 얻고 있었다. 제갈근의 아들 제갈각(諸葛恪) 역시 어려서부터 재능이 남달라 명성이 자자했다. 제갈각이 여섯 살 때 아버지를 따라 조정 연회에 참석했는데, 손권이 이렇게 물어보았다. "너의 아버지와 숙부 공명 중에 어느 쪽이 현명하다고 생각하는고?" 그러자 제갈각은 "명군을 섬기는 아버지 쪽이 더 현명하다고 생각합니다."라고 대답하였다. 손권이야말로 섬기기에 족한 밝은 군주이며, 그에 비하여 숙부가 섬기는 유비(劉備)는 평범하여 섬기기에 흡족하지 못한 군주라는 의미였다.

손권은 결과적으로 자기를 좋은 왕으로 추켜세우는 제갈각의 기지에 몹시 기뻐하며 제갈근에게 말하기를, "남전에서 옥이 난다고 하더니, 정말 헛된 말이 아니군요[孫權見而奇之 謂瑾曰 藍田生玉 眞不虛也]."라고 칭찬하였다. 남전은 중국 산시성(陝西省) 남전현(藍田縣)에 있는 산으로, 미옥(美玉)의 생산지로 유명하다.

응용

우리 사회는 점점 '개천에서 용이 날 수 없는 시대'가 되어 가고 있다. **'남전생옥(藍田生玉)'**이란 말이 결코 헛된 말이 아닌 것 같다. 각종 고시와 로스쿨, 의전원에 합격하는 학생들 비율을 보면 대부분 명문대 출신에다 집안이 부유하거나 부모가 그러한 직업군이 많다고 한다. 물론 가진 자, 잘난 자를 질투해서는 곤란하다. 그러나 너무 기울어진 운동장은 희망이 없는 세상이기에 경계해야 할 대목이다.

185 大姦似忠 〈대간사충〉

大:큰 **대** 姦:간사할 **간** 似:같을 **사** 忠:충성 **충**

아주 간사한 사람은 충신처럼 보인다는 뜻.
악한 본성을 숨기고 마치 가장 충실한 체하는 사람을 가리키는 말.

유래

《송명신주의(宋名臣奏議)》에 나오는 말.

송나라 제5대 황제 영종(英宗)은 이민족들에 대한 조공으로 고갈된 국고를 부흥시키고, 국력을 키우기 위해 재정 개혁에 힘썼으나 즉위 4년 만에 별세한다. 이어 즉위한 신종(神宗)은 부왕이 이루지 못한 개혁을 계속 추진하기 위하여 개혁파 왕안석(王安石)을 재상으로 기용한다.

왕안석은 신종의 신임 아래 수구세력의 반대를 무릅쓰고 새로운 법(新法)을 공포하였다. 이는 농민의 조세와 부역 부담을 덜어주고, 병농일치를 통해 국방을 강화하려는 개혁 정책이었다. 그러나 신법은 기득권을 가진 지주와 부호, 황실, 귀족 관료들의 강력한 반대에 부딪혔다.

반대에 앞장선 어사중승(御史中丞) 여회(呂誨)는 마침내 신종에게 왕안석을 탄핵하는 상소를 올렸다. '아주 간사한 사람은 충신과 비슷하고, 큰 속임수는 사람들로 하여금 믿게 만든다(大姦似忠 大詐似信)'고 하면서, 왕안석은 겉과 속이 다른 간특한 인간이라고 고발한 것이다. 그러나 신종은 왕안석을 계속 신임했다. 신종이 죽고 왕안석도 은퇴하자 수구세력이 다시 득세하여 송나라의 개혁은 결국 수포로 돌아간다.

응용

대중 선동의 대가 히틀러는 '이왕 거짓말을 하려면 큰 거짓말을 하라'고 했다. 대중은 작은 거짓말보다는 큰 거짓말을 더 믿는다고 봤기 때문이다. 요즘 유튜브를 보면 **'대간사충(大姦似忠)'**의 교묘한 말로 허위를 진실처럼 포장해서 인기를 누리거나 회원 수를 늘리는 유튜버들이 많다. 사람들은 자신이 믿고 싶은 것만 믿는 속성이 있다. 그래서 평소에 진실과 거짓을 검증해 보는 습관이 필요하다.

186 望梅止渴 〈망매지갈〉

望:바라볼 **망**　梅:매화 **매**　止:그칠 **지**　渴:목마를 **갈**

매실을 바라보며 갈증을 해소한다는 뜻.
상상을 통해 마음의 위안을 삼거나 타인의 욕구를 충족시켜 준다는 말.

유래

《삼국지연의(三國志演義)》
유비(劉備)가 조조(曺操)에게 몸을 의탁하고 있을 때, 하루는 조조가 유비를 정자로 불러 다음과 같이 말하였다.
"나는 후원의 매실이 익어가는 것을 보고 장수(張繡)를 정벌할 때의 기억이 나서 그대와 함께 담소하며 술이나 마시자고 불렀소. 그때는 행군 도중 물이 떨어져 병사들의 고통이 아주 심했는데, 내게 문득 한 가지 묘안이 떠올랐다오. 그래서 말채찍으로 앞을 가리키며 병사들에게 이렇게 말했소. '저 산 너머에 매실나무 숲이 있는데, 열매가 엄청 많다. 그 매실은 아주 시고도 달아 우리 목을 축이기에 충분할 것이다. 잠시만 참고 힘을 내자.' 이 말을 들은 병사들은 매실의 신맛을 생각하고 입 안에 침이 돌아 갈증을 잊게 되었소. 그리고 오래지 않아 물 있는 곳을 찾아 다행히 갈증과 피로를 해소시켰다오"
조조는 이룰 수 없는 것을 환상으로 대신한다는 뜻으로 '망매지갈'을 사용하여 유비의 마음을 떠보려 했던 것이다.
《세설신어(世說新語)》〈가휼(假譎)〉에서도 같은 사례가 등장한다.

응용

조직을 운영할 때 불시에 급하게 해결해야 할 문제에 종종 직면하게 된다. 이런 경우 망연자실하거나 포기해 버리는 리더는 주위 사람들을 지치게 하고 힘 빠지게 한다. 그러나 지혜로운 리더는 **'망매지갈(望梅止渴)'**과 같은 수로 우선 발등의 불을 끄고, 불가능을 가능으로 만들기도 한다. 물론 임기응변은 자주 사용하면 신용이 떨어진다. 하지만 긍정적인 마인드와 재치있는 지략은 리더의 덕목이라 하겠다.

187 方枘圓鑿 〈방예원조〉

方:모 **방**　枘:장부 **예**　圓:둥글 **원**　鑿:구멍 **조**

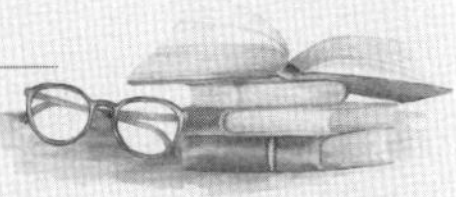

모난 장부와 둥근 구멍은 서로 맞지 않는다는 뜻.
양쪽 의견이 일치하지 않아 서로 어울리지 않는 것을 이르는 말.

유래

《초사(楚辭)》〈구변(九辯)〉

중국 전국시대(戰國時代) 진(秦)나라는 장의(張儀)의 연횡(連橫)책을 채용하여 소진(蘇秦)의 합종(合從)책으로 대항하는 6국을 상대하였다. 진나라는 천하를 통일하기 위하여, 빈번하게 6국을 침범하였고 급기야 남쪽의 대국인 초(楚)나라에도 위협을 가하였다.

이때 초나라 회왕(懷王)의 충직한 신하였던 굴원(屈原)은 제(齊)나라와 동맹하여 진나라의 공격에 대항할 것을 건의하였다. 그러나 정적(政敵)들의 중상모략으로 굴원은 오히려 왕의 미움을 받아 관직을 박탈당하고 유배되었다.

굴원의 제자인 초나라의 궁정시인 송옥(宋玉)은 스승 굴원에 대한 동정심과 왕에 대한 억울한 마음을 〈구변(九辯)〉 이라는 시(詩)를 지어 충신 굴원의 식견과 간신들의 의견이 본질적으로 맞지 않아 서로 융화할 수 없다는 것을 다음과 같이 풍자하였다. "둥근 구멍과 모난 장부는 예로부터 서로 맞지 않는다는 것을 안다[圜鑿而方枘兮, 吾固知其鉏鋙而難入]"

비슷한 말로 '방저원개(方底圓蓋)'가 있다.

응용

4.10총선을 앞두고 정치권은 합종연횡(合從連橫)의 계절이 펼쳐지고 있다. 내세우는 명분은 그를듯한데, 상식이 실종된 작금의 상황을 보면 **'방예원조(方枘圓鑿)'**를 연상케 한다. 평소의 철학과 지론은 다 어디로 가고 그저 세 불리기에 열중하는 모습이다. 둥근 사람을 네모난 곳에 앉히고, 네모난 사람이 둥근 자리에 거리낌 없이 파고 들어간다. 과연 현명한 유권자들이 어떤 판단을 내릴지 궁금해진다.

188 殺身成仁 〈살신성인〉

殺:죽일 **살**　身:몸 **신**　成:이룰 **성**　仁:어질 **인**

인의(仁義)를 위하여 목숨을 바친다는 뜻.
옳은 일, 의로운 일을 위해 목숨을 버리는 행위.

유래

《논어(論語)》〈위령공편(衛靈公篇)〉

유가(儒家)의 중심사상은 인(仁)이며, 공자(孔子)가 가장 중요시했던 덕목이다. 공자는 사람들이 예(禮)를 행하지 않는 까닭을 자신의 욕구를 따르기 때문이라 여겼다. 따라서 예를 실천하려면 반드시 극기(克己), 즉 자신과 싸워서 이겨야 한다고 했다. 그래서 제자에게 다음과 같이 말했다.

志士仁人(지사인인) - 높은 뜻을 지닌 선비와 어진 사람은
無求生以害仁(무구생이해인) - 삶을 구하여 '인'을 저버리지 않으며
有殺身以成仁(유살신이성인) - 스스로 몸을 죽여서 '인'을 이룬다.

여기서 지사(志士)는 도덕과 의리에 뜻을 둔 사람을 말하고, 인인(仁人)은 어진 덕성을 갖춘 사람을 말한다. 하지만 이런 사람을 찾아보기 어렵기 때문에 공자도 '살신성인'을 접근하기 어려운 이상으로 간파하고 위령공에서 다음과 같이 말하고 있다.

「백성들이 인(仁)에 대한 필요는 물과 불보다 절실하다. 물과 불을 건드리고 죽는 사람은 내가 보았지만, 인을 실천하면서 죽는 사람은 보지 못하였다」

응용

우리 역사를 보면 자신의 인생을 헌신하거나 심지어는 희생하면서도, 그것이 고귀한 신념과 원칙이라면 주저하지 않는 분들이 무수히 많다. 대표적으로 성웅 이순신 장군은 **'살신성인(殺身成仁)'**의 표상이라 하겠다. 물론 오늘날에도 화재 현장에서 갇힌 사람을 구하려다 자신을 희생하는 소방관, 물에 빠진 사람을 구하려다 희생하는 의인 등 그런 영웅들이 있기에 감동하며, 사람 사는 세상이 되고 있다.

189 暗箭傷人 〈암전상인〉

暗:어두울 **암**　箭:화살 **전**　傷:상할 **상**　人:사람 **인**

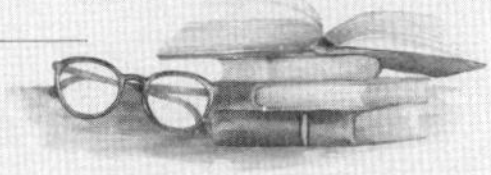

몰래 화살을 쏘아 남을 상하게 함.
남몰래 흉계를 꾸며 남을 해치는 일을 비유하는 말.

유래

《좌전(左傳)》의 〈은공(隱公) 11년〉, 《문견후록(聞見後錄)》

춘추시대 정(鄭)나라의 군주 장공(莊公)은 국력이 급성장하자 BC712년 허(許)나라를 정벌할 계획을 세우고, 군대를 사열하면서 가장 용감한 장수에게 병거(兵車/수레)를 주기로 했다. 그때 백전노장 영고숙(潁考叔)과 젊은 장수 공손자도(公孫子都)가 병거를 두고 다투다가 영고숙이 차지하자 공손자도는 분을 삭이며 앙심을 품게 되었다.

그해 7월 정장공은 노(魯) 은공과 연합하여 허나라를 공격하였다. 이때 영고숙은 선봉에 서서 용감하게 싸운 덕분에 제일 먼저 깃발을 들고 허나라의 도읍 성벽을 기어 올라갔다. 이를 본 공손자도가 영고숙이 전공을 독차지할까 봐 시샘하여, 뒤에서 몰래 활을 쏘아 영고숙이 그 화살에 맞아 떨어져 죽고 말았다. 그러나 정나라는 하숙영(瑕叔盈) 장군의 활약으로 허나라를 함락하고, 허왕은 위(衛)나라로 도망갔다.

충직한 장수를 잃은 정장공은 범인을 잡기 위해 집요한 노력을 하던 차에 영고숙의 영혼이 나타나서 공손자도가 피를 토하고 죽게 만들었다.

응용

옛날부터 동료나 상대방이 잘되면 축하해 주고 박수를 보내기보다는 시기하거나 질투하는 사람이 많았다. 하물며 무한경쟁시대를 살아가는 오늘날은 오죽하랴. 물론 경쟁의식은 인류발전의 동기부여가 되어왔고 조직을 강성하게 만드는 촉진제가 되어왔다. 그러나 **'암전상인(暗箭傷人)'**처럼 비열한 수단으로 남을 해치거나 뒤에서 헐뜯는 것은 결국 인과응보나 자멸의 길이 될 것이다. 항시 정의로운 마음으로 시기·질투를 경계하며 덕을 쌓을 수 있도록 노력해야겠다.

190 前倨後恭 〈전거후공〉

前:앞 **전**　倨:거만할 **거**　後:뒤 **후**　恭:공손할 **공**

전에는 거만했으나 나중에는 공손히 대한다는 뜻.
상대방의 입지(지위)에 따라 대하는 태도가 달라지는 모습.

유래 《사기(史記)》〈소진열전(蘇秦列傳)〉, 《전국책(戰國策)》〈진책(秦策)〉

전국(戰國)시대 후기. 낙양(洛陽)사람인 소진(蘇秦)은 귀곡자라는 스승 밑에서 어렵게 공부했으나, 어느 나라에서도 등용되지 못하였다. 결국 빈털터리가 되어 집으로 돌아온 소진에게 형제는 물론 아내까지도 그를 노골적으로 비웃고 박대하였다. 이에 속이 상한 소진은 절치부심하며 병법 공부를 열심히 한 끝에 여섯 나라(燕, 趙, 韓, 魏, 齊, 楚)가 합쳐 진(秦)나라에 대항하는 이른바 「합종책(合從策)」을 창안하고, 불세출의 세객(說客)이 되어 동맹 결성을 성사하는 큰 성공을 거두었다.

여섯 나라의 재상을 겸하게 된 소진이 고향 낙양을 지나게 되자 온 가족이 성 밖 30리까지 나와서 그를 맞으면서 송구스러워했다. 소진이 형수에게 "예전에는 그렇게 거만하시더니 갑자기 공손해지니 이게 웬일입니까?"라고 말하자 형수는 "서방님의 지위가 높고 재산이 많아졌기 때문입니다"라고 대답했다. 그러자 소진은 "나는 같은 사람인데 부귀하면 친척도 우러러보고 빈천하면 업신여긴다. 하물며 남이야 말해서 무엇 하리오"라고 했다.

응용 지금 정당들은 총선 공천이 진행되면서 치열한 공방전이 펼쳐지고 있다. 비분강개하는 기자회견이 봇물을 이루고, 체면 없이 '**전거후공(前倨後恭)**'하는 선량(選良)들을 볼 때마다 너무 안쓰럽다. 「권불십년(權不十年), 화무십일홍(花無十日紅)/권력은 십 년을 못 넘기고, 아름답게 핀 꽃도 열흘을 가지 못한다.」의 뜻을 정녕 몰랐을까. 인생사 새옹지마(塞翁之馬)라고 한 치 앞도 내다보기 힘든 세상인데…

191 瞻前顧後 〈첨전고후〉

瞻:쳐다볼 **첨**　前:앞 **전**　顧:돌아볼 **고**　後:뒤 **후**

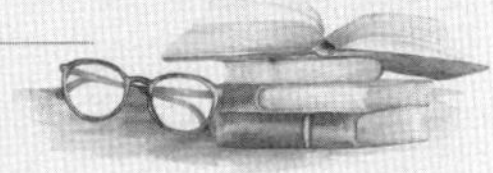

앞을 바라보고 뒤를 헤아린다는 뜻.
어떤 일을 하기 전에 신중하게 앞뒤를 잰다는 말.

유래 《초사(楚辭)》〈이소(離騷)〉

〈이소(離騷)〉는 전국시대 초(楚)나라 삼려대부 굴원(屈原)이 간신배의 모함으로 초혜왕(楚懷王)과 그의 아들 경양왕(傾襄王)의 미움을 받아 멀리 동정호 부근에 유배되어 비참한 현실을 한탄하며 지은 장시이다.

글원은 이 시에서 고대의 성군인 순(舜)임금을 통해 자신의 정치적 이상을 비추면서, 하(夏)나라 우(禹)왕과 상(商)나라 탕(湯)왕 같은 어진 임금이 현자를 등용하여 선정을 베푼 일을 돌이켜 본다.

또 하나라 걸(傑)왕과 상나라 주(紂)왕 같은 폭군이 무도하게 나라를 망친 일을 상기시키며, 지난 역사의 교훈을 잊지 말 것을 강조하면서 "지난날의 실패한 왕조들을 돌아보고 앞날을 헤아려 보아야 한다(瞻前而顧後兮 相觀民之計極)"라고 했다.

오늘날에는 첨전고후를 어떤 큰일을 당하여 쉽사리 결단하지 못하고 어물어물함을 비유하는 말로 많이 쓰이고 있다. 같은 말로 외수외미(畏首畏尾), 좌고우면(左顧右眄)이 있다.

응용 의료계 분쟁사태를 보면 대단히 안타깝다. 전공의 파업에 이어 의대 교수들도 집단 사직을 하겠다고 나섰다. 의료계의 정확한 실태를 모르는 일반 국민은 당연히 의사 증원에 찬성하겠지만, 정부가 사전에 충분히 '**첨전고후(瞻前顧後)**'하면서 조사와 의견수렴을 거친 후에 추진해야 할 일인데, 처음부터 일반여론만 등에 업고 그렇게 일방적으로 밀어부칠 일이 아니었다. 지금이라도 피차 한발 물러나 실질적이고 과학적인 근거를 가지고 진솔한 대화로써 풀어야 할 것이다.

192 討門不入 〈토문불입〉

討:칠 **토** 門:문 **문** 不:아닐 **불** 入:들 **입**

자기 문 앞을 지나가면서도 들어가지 않는다는 뜻.
공무에 바빠 사사로운 감정은 접어 두는 태도를 비유하는 말.

유래

《열자(列子)》〈양주(楊朱)〉

중국 요 순(堯 舜)임금 때 20년 동안 홍수가 계속되었다. 요임금은 곤(鯀)에게 명령해 9년 동안 홍수를 막고자 하였으나 실패하여 곤을 처형한다. 그 후 순임금은 곤의 아들 우(禹)을 등용하여 치수를 맡겼는데, 우는 아버지의 실패를 거울삼아 물을 '막는 방법이 아닌 흘려보내는 방법'으로 작은 냇물은 큰 강으로, 큰 강물은 바다로 흘러가게 하였다. 이렇게 13년간 치수에 분투노력한 결과 홍수를 다스릴 수 있었다.

이처럼 우는 치수사업에 매진하다 서른에도 장가를 못 갔는데, 여교(女嬌)라는 여인을 만나 사랑하게 되었지만 곧 수해지역으로 떠났다. 그 후 여교를 다시 만나 급히 혼인하고 안읍의 고향집에 아내를 데려갔지만, 8년 동안 자신의 집을 세 번 지나갈 때도 들리지 않았다.

열자의 양주편에 "우 과문불입 신체편고 수족변지(禹纂業事讐, 惟荒土功, 子產不字, 過門不入, 身體偏枯, 手足胼胝 / 우는 자기 집 문 앞을 지나면서도 들어가지 않았는데, 그의 신체는 야위고 손발은 온통 굳은살 투성이였다."라고 구절이 있다. 나중에 우(禹)는 중국 최초의 왕조인 하(夏)나라를 세우게 된다.

응용

작년 연말 '제9회 대한민국 공무원상 시상식'에서도 국가와 국민을 위해 헌신·봉사하고 국가 주요 시책을 성공적으로 수행한 대한민국 최고 공무원 55명에 대한 대통령의 시상이 이었다. 요즘 시대에 공무원이라고 무조건 **'토문불입(討門不入)'**의 자세로 일하라고 강요할 수는 없겠지만, 국민과 가장 가까운 곳에서 국민의 어려움을 해결하고 우수한 성과를 이뤄낸 공무원을 선발하고 시상하는 것은 공직자들의 좋은 귀감이 될 것으로 보인다.

 신문게재일자 – 2024.3.27

193 蒲柳之姿 〈포류지자〉

蒲:부들 **포** 柳:버들 **류** 之:갈 **지** 姿:맵시 **자**

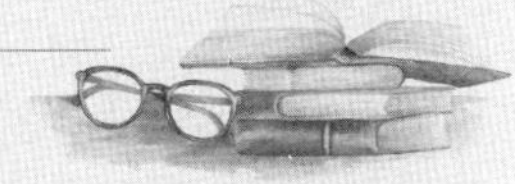

일찍 시들어 떨어지는 갯버들의 자태.
몸이 허약함을 스스로 이르거나 유약한 체질을 비유하는 말.

유래

《세설신어(世說新語)》〈언어편(言語篇)〉에 나오는 말.
동진(東晉) 사람 고열(顧悅)은 인품이 솔직하고 신의를 중히 여긴 관리로서 간문제(簡文帝)와 동갑이었다. 정무에 너무 과로한 탓에 건강을 해쳐 30대에 벌써 등이 굽고 백발이 성성했다. 어느 날 간문제가 자기와 동갑이면서도 머리가 하얗게 센 고열에게 '경은 어째서 그렇게 나보다 먼저 백발이 되었는가?'를 물었다.
그러자 고열은 자신을 낮추어 다음과 같이 대답하였다.
"갯버들은 가을이 오면 먼저 잎이 떨어지지만, 소나무와 잣나무는 서리를 맞고 더욱더 무성해지는 것과 같지요[蒲柳之姿 望秋而落 松栢之質 凌霜猶茂]." 고열 자신은 '포류지자(蒲柳之姿)'이고, 간문제는 '송백지질(松栢之質)'이라 비유하면서, 황제의 건강한 모습을 칭송하고 신하인 자신은 먼저 시든다는 군신간의 예절을 갖춘 멋진 대답을 했던 것이다.
'포류지질(蒲柳之質)'이라고도 한다.

응용

4.10 국회의원 총선이 일주일 앞으로 다가왔다. 지금은 한 표가 중요한 때라는 것을 잘 알지만, 일부 정치인들이 내뱉는 말을 보면 너무 거칠고 온통 선동·궤변투성이다. '**포류지자(蒲柳之姿)**'와 같이 보다 자세를 낮추거나 부드럽고 품격있는 말은 찾아보기 어렵다. 내용이 옳고 그름을 떠나 표현방식이 상식을 벗어난다면 결코 정도(正道)가 아니다.
플라톤은 '정치를 외면한 가장 큰 댓가는 가장 저질스러운 인간들에게 지배 당한다'고 했다. 정신을 바짝 차리고 투표해야겠다.

194 割股療親 〈할고료친〉

割:벨 **할**　股:넓적다리 **고**　療:병고칠 **료**　親:친할(어버이) **친**

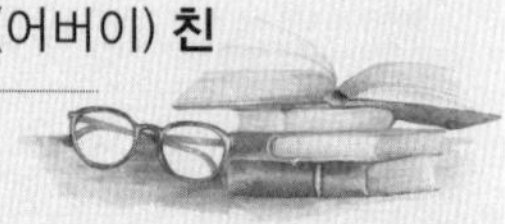

허벅지의 살을 베어내어 부모를 치료한다는 뜻.
지극한 효행(孝行)을 비유하는 말.

유래 당나라 때 진장기(陳藏器)가 쓴 《본초습유(本草拾遺)》

원래는 기근에 처한 주군 중이(重耳-후에 진문공으로 등극)의 목숨을 살리기 위하여 자신의 허벅지 살을 베어 먹인 개자추(介子推)의 '할고봉군(割股奉君)' 일화에서 유래됨. 〔한식(寒食)의 탄생 배경〕

당나라 명의 진장기(陳藏器)가 쓴 《본초습유(本草拾遺)》에 보면, 인육(人肉)이 숙환에 지친 환자의 기력을 회복시키는 데 특효가 있음을 밝히고 있다. 또 명나라의 이시진(李時珍)이 쓴 《본초강목(本草綱目)》에는 인체 각 부위의 약효까지 자세히 설명되어 있다.

이 책이 출현한 이후로 인육은 효자가 부모의 병을 치료하는 데 중요한 약재로 등장하여, 많은 효자가 자신의 허벅지살을 잘랐다고 한다. 《송사(宋史)》에는 '황제가 효(孝)를 보아서 인재를 등용하자 용감한 자는 넓적다리를 베어내었고, 겁이 있는 자는 시묘(侍墓)을 했다'고 기록되어 있다. 우리나라 민간설화에도 신라시대부터 부모의 병을 고치기 위해 허벅지살을 도려내어 봉양했다는 이야기가 전해진다.

응용 우리나라는 예로부터 효의위선(孝義爲先:효와 의가 가장 으뜸이라는 뜻)을 인륜의 가장 큰 덕목으로 여겨 왔다. 오늘날에도 부모를 위해 자신의 간 등 장기를 이식해 주는 '**할고료친(割股療親)**'의 자녀들이 더러 있어 훈훈한 미담이 되고 있다. 그러나 돈 때문에, 잔소리한다고 부모를 살해하는 패륜아도 있으니 통탄할 일이다. 세계적인 석학 고 임어당(林語堂)박사는 '인류의 3대 적'을 무관심, 공산주의, 불효자식이라고 했다. 오늘의 자녀 교육에 깊이 새겨야 할 대목이다.

195 擧一反三 〈거일반삼〉

擧:들 **거** 一:한 **일** 反:되돌릴 **반** 三:석 **삼**

하나를 들면 셋을 돌이켜 안다는 뜻.
하나를 알려주면 셋을 아는 것처럼 매우 영리함을 비유하는 말.

유래 《논어(論語)》〈술이편(述而篇)〉에 나오는 말.
공자가 말씀하기를 "분발하지 않으면 열어 가르쳐 주지 않고, 표현하고자 하나 제대로 표현하지 못하면 일으켜 주지 않는다. 한 귀퉁이를 들어 가르쳐 주었는데도 나머지 세 귀퉁이를 미루어 알지 못하면 되풀이하지 않는다(不憤不啟, 不悱不發, 擧一隅不以三隅反, 則不復也)"
이는 배우려는 사람이 깨우치기 위해 스스로 노력하지 않으면 서둘러 알려주지 말고, 하나를 일러 주었는데도 나머지 셋을 미루어 알지 못하는 사람에게는 되풀이해서 가르쳐 주어도 소용이 없으므로 스스로 알아낼 때까지 기다리는 방법이 가장 좋은 방법이라는 말이다.
공자의 제자 중에서 가장 학문이 뛰어난 안회(顔回)는 하나를 들으면 열을 안다고 해서, 문일지십(聞一知十)이라는 칭송을 들었다. [논어 공야장(公冶長)]
'거일반삼'의 반대되는 표현으로 '우이독경(牛耳讀經, 쇠귀에 경 읽기)'이 있다.

응용 인도의 국부 간디는 나라가 망할 때 나타나는 7가지 징조를 1. 노동 없는 부 2. 양심 없는 쾌락 3. 인격 없는 지식 4. 도덕성 없는 상업 5. 인간성 없는 과학 6. 희생 없는 종교 7. 원칙 없는 정치로 꼽았다.
혹자는 지금 대한민국은 이러한 국가 멸망의 징조를 모두 갖추고 있다고 개탄한다. '**거일반삼(擧一反三)**'이라고 하나를 보면 세 가지를 알 수 있으니 허언만은 아닌 것 같다. '망해봐야 망한 줄 알겠는가'라는 호소도 지금 국민 귀에는 우이독경이다. 실로 나라가 걱정이다.

196 囊中之錐 〈낭중지추〉

囊:주머니 **낭** 中:가운데 **중** 之:갈 **지** 錐:송곳 **추**

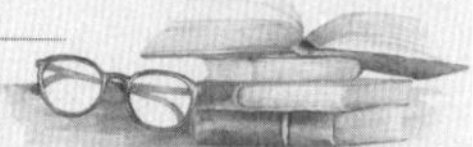

주머니 속의 송곳이라는 뜻.
재능이 뛰어난 사람은 숨어 있어도 저절로 두각을 드러낸다는 말.

유래 《사기(史記)》〈평원군우경열전(平原君虞卿列傳)〉에서 유래.
전국시대 말, 진(秦)나라의 공격을 받은 조(趙)나라 혜문왕(惠文王)은 동생이자 재상인 평원군(平原君)을 초(楚)나라에 사신으로 보내 구원군을 요청하기로 했다. 20명의 수행원이 필요한 평원군은 그의 식객(食客) 중에서 19명은 쉽게 선발했으나, 나머지 한 명을 뽑지 못해 고심했다. 이때 모수(毛遂)라는 식객이 자기를 데려가 달라고 했다.
그러자 평원군은 "재능이 뛰어난 사람은 주머니 속의 송곳 끝이 밖으로 나오듯이 남의 눈에 드러나는 법이오. 그런데 내 집에 온 지 3년이나 되었다는 그대는 단 한 번도 이름을 드러난 일이 없지 않소?"라며 거절했다. 이에 모수는 "주군께서 이제까지 저를 단 한번도 주머니 속에 넣어 주시지 않았기 때문입니다. 이번에 주머니 속에 넣어 주신다면 끝뿐 아니라 송곳 자루까지 드러내 보이겠습니다"라고 재치 있는 답변을 하자 평원군은 모수를 수행원으로 데려갔다. 결국 조나라는 모수의 재능과 활약으로 초나라와의 합종(合從)을 성사하고 구원군을 얻을 수 있었다.

응용 가스신문이 창간 35주년을 맞이했다. 그동안 가스산업계의 **'낭중지추(囊中之錐)'**를 꿈꾸며 오로지 '가스'라는 한 우물만 파 왔기에 우리는 숨길 수 없는 감회와 뿌듯한 자긍심을 느낀다. 가스업계의 필수불가결한 전문지로 뿌리를 내리고, 전문언론계의 권위 있는 정론지로 자리매김하기까지 격려와 성원을 보내주신 독자여러분께 깊은 감사를 드린다. 앞으로도 정보의 깊이와 정확성, 발전적인 문제제기에 있어 차별화된 좋은 신문을 만들겠다는 일념으로 정진하고자 한다.

신문게재일자 – 2024.5.1

197

大公無私 〈대공무사〉

大:큰 **대**　公:공정할 **공**　無:없을 **무**　私:사사로울 **사**

매우 공정하여 사사로움이 없다는 말.
공적인 일 처리에서 개인감정을 개입시키지 않는다는 뜻.

유래

《사기(史記)》〈진세가(晉世家)〉에서 유래.

춘추시대 진(晉)나라 평공(平公)이 책사인 기황양(祁黃羊)에게 물었다.

"남양 현령(縣令) 자리가 비었는데 누구를 보내는 것이 가장 좋겠는가?" 기황양은 주저 없이 "해호(解狐)를 보내면 반드시 임무를 훌륭히 수행할 것입니다." 평공은 깜짝 놀라며 "해호는 그대와 원수지간이 아닌가? 그런데 어찌하여 해호를 추천하는 것인가?" 기황양은 이렇게 대답하였다. "왕께서는 현령 자리에 누가 적임자인지를 물으셨지, 소신과의 관계를 물으신 것은 아니지 않습니까?"

그 후 평공이 기황양에게 군위(軍尉)를 추천해 달라고 하자 기황양은 서슴지 않고 그의 아들을 추천하며 앞서와 같은 논리로 얘기했다. 해호와 아들의 추천은 모두 적임자를 고른 임명이라며 칭송받았다.

공자((孔子)는 훗날 이 일을 듣고 "공직을 추천하는데 원수라고 배제하지 않았고, 아들이라고 피하지 않았으니 기황양이야말로 대공무사하다(外擧不避仇 內擧不避子 祁黃羊可謂公矣)"고 평가하였다.

응용

지난 총선의 공천 과정에서 '친윤, 비윤' '친명횡재, 비명횡사' 등 잡음이 많았다. 차기 국무총리 인선을 두고 윤대통령의 고심이 길어지면서 각종 설들이 무성해지고 있다. 정부나 기업을 막론하고 조직의 성공적인 인사는 능력과 덕망을 갖춘 적임자를 공정하게 찾는 일이다. 결국 관건은 인사권자의 최고 덕목인 **'대공무사(大公無私)'**라 하겠다. 예로부터 왜 '인사(人事)가 만사(萬事)'라고 했는지 되새겨 봐야 한다.

198 亡羊補牢 〈망양보뢰〉

亡:잃을 **망**　羊:양 **양**　補:고칠 **보**　牢:우리 **뢰**

양을 잃은 후에 우리를 고친다는 말.
일을 그르친 후라도 바로잡아야 한다는 의미.

유래 《전국책(戰國策)》〈초책(楚策)〉에서 유래.

춘추시대 초(楚)나라는 양왕(襄王)의 방탕하고 문란한 국정운영으로 국력이 쇠약해지고 있었다. 이를 염려한 신하 장신(莊辛)이 충언을 했지만 양왕은 화를 내며 꾸짖기만 하자 장신은 다른 나라로 피신해 버린다. 그리고 6개월 뒤 진나라가 초나라를 침공하여 도성까지 함락되자 양왕은 수도를 옮겨야 했다. 그제야 양왕은 과거 충언했던 장신을 불러와서 나라를 망친 자신을 탓하며 도움을 청하는데, 장신은 이렇게 대답한다.

"토끼를 발견하고 사냥개를 풀어도 늦은 게 아니고, 양이 탈출한 뒤에 우리를 고쳐도 늦은 게 아닙니다(見兎而顧犬 未爲晩也 亡羊而補牢 未爲遲也). 옛날 탕왕과 무왕은 백 리의 땅에서 나라를 일으켰고, 걸왕과 주왕은 천하를 가지고도 멸망하였습니다. 지금 초나라는 비록 도성을 빼앗겼지만 우리의 강역은 아직도 수천 리에 달합니다. 잘못을 고친다면 아직 늦은 게 아닙니다."

요즘 '소 잃고 외양간 고친다'는 속담과 같이 부정적으로 사용되고 있지만, 원래 '양을 잃은 뒤 우리를 고쳐도 늦은 것이 아니다'라는 의미이다.

응용 외국인들은 코리아 드림(dream)을 꿈꾸고 있는데, 정작 우리나라 젊은이들은 취업, 사업, 재테크 등에 실패하고 포기 상태로 무기력하게 사는 경우가 상당하다. '엎질러진 물'이라고 그냥 둘 것이 아니라 걸레로 닦아야 마땅하다. 무엇이 잘못되었고 왜 실패했는지 원인을 분석해 보고 **'망양보뢰(亡羊補牢)'**한다면 다시 일어설 수 있을 것이다. 양 한두 마리 잃어버렸다고 목축을 포기할 수는 없는 일이다.

199 方寸之地 〈방촌지지〉

方:모 **방** 寸:마디 **촌** 之:갈 **지** 地:땅 **지**

사방 한 치의 좁은 땅이라는 뜻.
좁은 땅이나 좁은 마음을 이르는 말.

유래 《열자(列子)》의 〈중니(仲尼)〉, 《삼국지》의 서서(徐庶)에서 유래.

중니 편에 보면 용숙(龍叔)이 성인군자 마음의 병을 고치기 위하여 명의(名醫) 문지(文摯)와 상의하는 과정에서 등장하며, 또한 《삼국지》 '제갈량전(諸葛亮傳)'에는 다음과 같은 기록이 있다.

유비에게 제갈량을 추천한 서서(徐庶)가 유비의 군사(軍師)로 활약할 때, 형주(荊州)를 다스리던 유표(劉表)가 죽자 그의 아들 유종(劉琮)은 조조가 형주를 침공한다는 소식을 듣고 사자를 보내 항복을 청했다. 번성(樊城)에 있던 유비는 남쪽으로 퇴각하였으나, 추격해 온 조조의 군대에 패하였고 조조는 서서를 자기 사람으로 만들기 위하여 그의 모친을 볼모로 사로잡았다. 효성이 지극한 서서는 유비에게 하직 인사를 올리며 "본래 장군과 더불어 왕패(王霸)의 업을 도모하려 한 것이 제 방촌지지(마음)였습니다. 이제 이미 늙으신 어머니를 잃었기에 방촌이 혼란스러워 더 이상 장군을 섬기더라도 도움이 되지 못할 것이니 청컨대 여기서 작별을 고하고자 합니다(本欲與將軍共圖王覇之業, 以此方寸之地也. 今已失老母, 方寸亂矣, 無益于事, 請從此別)"라고 말하고 조조의 진영으로 갔다.

응용 부정청탁금지법(김영란법)은 우리들 의식구조에 대변혁을 일으켜 생활양식까지 바꾸고 있다. 그러나 뇌물이 아닌 선의의 작은 호의까지 경계하는 사회는 너무 무미건조하다는 생각이 든다. '촌심(寸心: 마음속으로 품은 작은 뜻)'이나 '촌지(寸志: 작은 성의)'는 사람의 마음을 뜻하는 **'방촌지지(方寸之地)'**에서 비롯된 말인데, 이제는 그 말 자체를 꺼리는 세상, 친척과 사촌까지도 사라지는 세상이 되고 있다.

200 殺妻求將 〈살처구장〉

殺:죽일 **살**　妻:아내 **처**　求:구할 **구**　將:장수 **장**

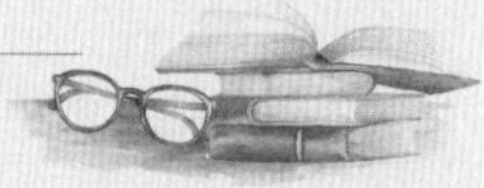

아내를 죽여서 장수 자리를 얻는다는 뜻.
명성이나 이익을 좇아서 수단과 방법을 가리지 않는다는 말.

유래 《사기(史記)》의 〈손자오기열전(孫子吳起列傳)〉

전국시대 위(衛)나라 사람 오기(吳起)는 손자와 더불어 병법에 능한 사람이었다. 그는 젊은 시절 공명을 얻기 위하여 여러 곳을 돌아다녔으나 아무것도 이루지 못하고 고향에 돌아가자, 고향 사람들이 비웃는 것에 격분하여 자신을 조롱한 사람 30명을 죽이고 노(魯)나라로 도망쳤다. 노나라에서 증자(曾子)를 스승으로 모시고 열심히 공부하였으나 모친의 사망 소식을 듣고도 가지 않아 불효자로 스승에게 배척 당했다.

이 무렵 제(濟)나라가 노나라를 침공하자 노나라는 오기를 대장으로 임명하려고 했다. 그러나 오기의 아내가 제나라 사람이라서 조정에서 의심하자, 오기는 장군이 되고자 조금도 망설이지 않고 자신의 아내를 죽임으로써 제나라와 아무런 관계가 없음을 증명해 보였다. 결국 오기는 노나라의 장군이 되어 제나라와의 싸움에서 큰 공을 세운다. 그러나 살처구장이라는 비난 여론이 일자 노나라 왕은 오기의 성품이 너무 잔인하다는 이유로 병권을 회수해 버린다. 그 후 오기는 조국 위나라로 돌아가 문후의 신임을 받다가, 또 초나라로 망명하여 도왕의 신임으로 재상 자리까지 오르게 되나 도왕이 죽자 비참하게 살해된다.

응용 지금 북한에서 고무풍선으로 정체불명의 쓰레기들이 날아오고 있다. 만약 그 속에 대량 살상용 생화학 무기가 들어 있다면? 생각만 해도 아찔하다. 6.25전쟁을 일으켜 군인·민간인 400여만 명을 죽인 김일성, 핵실험을 강행한 김정일, 형을 독살하고 고모부를 기관총으로 싸 죽인 김정은, 이들 3대는 '**살처구장(殺妻求將)**'이나 다름없는 잔인한 패륜 세습 정권이니 한시도 안심해서는 안 될 것이다.

201 暗中摸索 〈암중모색〉

暗:어두울 **암** 中:가운데 **중** 摸:더듬을 **모** 索:찾을 **색**

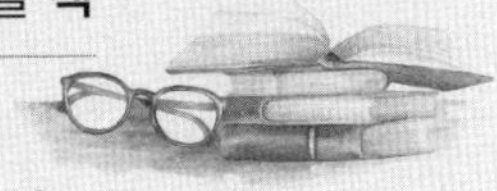

어둠 속에서 손으로 더듬어 찾는다는 뜻.
어림짐작으로 추측하거나, 막연한 상태에서 해법을 찾는다는 말.

유래 당(唐) 유속(劉餗)의 《수당가화(隨唐佳話)》에 나오는 말.

당(唐)나라 측천무후(則天武后)는 원래 2대 황제인 태종(太宗)의 후궁이었는데, 태종이 죽자 관례에 따라 절에 들어가 중이 되었다. 그러나 태자가 3대 고종(高宗)로 등극하자 그녀를 다시 후궁으로 입궁시킨다.(한 여자가 부자간 2대와 관계를 맺은 기막힌 경우)

두뇌가 명석하고 기가 드세며 행동력이 뛰어난 그녀는 그 후 황후를 밀어내고 자신이 황후가 된다. 이 때 허경종(許敬宗)이란 학자가 그 중심 역할을 했는데, 그는 어찌나 건망증이 심한지 조금 전에 만났던 사람조차 기억하지 못할 정도였다. 어느 날 친구가 이를 꼬집자 허경종은 "그대들과 같은 사람들의 얼굴이야 기억하기 어렵지만, 하손(何遜)·유효작(劉孝綽)·심약(沈約) 같은 문단의 대가들을 만난다면 어둠 속에서라도 더듬어 찾아 기억할 수 있소(如暗中摸索可記也)."라고 했다.

측천무후는 고종이 죽자 친아들인 4대 중종(中宗)과 5대 예종(睿宗)을 형식적으로 세웠지만 곧 폐위하고는 스스로 제위에 올라 국호를 주(周)로 고쳤다. 이때부터 15년간 모두를 공포 정치로 떨게 했던 중국 역사상 전무후무한 여황제의 시대가 전개된다.

응용 최근 윤대통령이 동해안의 대규모 가스·석유전 개발소식을 직접 발표하자 '떨어지는 인기도를 만회하려는 승부수'라는 등 부정적인 여론도 있다. 그러나 그 지역은 이미 탐사시추에 성공해서 동해-1 가스전는 2004년부터, 동해-2 가스전은 2016년부터 생산을 했던 지역으로 가능성이 높다. 자원개발은 결코 성공률이 높지는 않지만, 자원 빈국의 처지에서 **'암중모색(暗中摸索)'**을 해서라도 가야 할 길이다.

202 傳國玉璽 〈전국옥새〉

傳:전할 **전** 國:나라 **국** 玉:구슬 **옥** 璽:도장 **새**

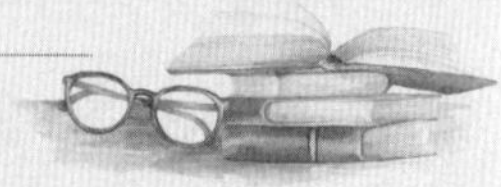

나라에서 나라로 이어 내려온 국가 상징의 옥도장.
중국 진시황제가 천하 명옥 화씨지벽(和氏之璧)으로 만든 옥새.

유래 《한비자》〈화씨(和氏)편〉에 나오는 이야기.
춘추전국시대 초(楚)나라의 옥 장인이었던 변화(卞和)가 봉황이 내려앉는 형산(荊山)에서 얻은 희귀한 보석(화씨지벽)에서 기원한다. 화씨지벽을 손에 넣은 진시황제는 재상 이사에게 '수명어천, 기수영창(受命於天, 旣壽永昌 / 하늘로부터 천명을 받아, 장수를 누리고 영원히 번창하리라)'라는 문구를 전서(篆書)로 새기라고 지시한다.
이후 이 옥도장은 시황제 손자가 한고조 유방에게 바친 뒤 한나라 황제에게 대대로 전해지게 되는데, 이때부터 이 옥새는 중화 제국 사이에서 국가와 왕조의 정통성 상징물로 전승되며 '전국옥새'라는 명칭으로 부르게 된다. 따라서 이 옥새는 중국사에서 여러 왕조가 명멸하는 가운데 중원의 여러 지배자 손을 거쳐 간다. 『삼국지』에도 묘사되고 있듯이 손견과 원술을 거쳐 조조의 손에 들어가고, 위, 진, 남북조, 수, 당, 후당까지, 후당의 마지막 황제가 분신할 때 사라진 것으로 전해진다. 이후 왕조는 오리지널 전국옥새 대신에 비슷한 유사 옥새를 만들어 사용하다가 청나라가 망한 뒤 장개석의 수중에 들어가고 현재 대만 고궁박물관에 보관되어 있다.

응용 드디어 우리나라의 1인당 국민 소득이 일본을 추월했다. 반도체, 조선, 가전 등 우리의 일류제품이 오대양 육대주를 누비고 있는 덕분이다. 그러나 경제 대국만이 선진국의 척도는 아닐 것이다. 전 세계 젊은이들을 열광시키고 있는 '한류 문화'는 코리아의 국격을 한층 더 높이고 있다. 한류가 시들지 않도록 '**전국옥새(傳國玉璽)**'와 같은 국가의 중요한 보물로 여기고 더욱 계승 발전시켜 나가야 할 것이다.

 신문게재일자 – 2024. 6. 19

203 疊床架屋 〈첩상가옥〉

疊:거듭(겹쳐질) **첩** 床:평상 **상** 架:시렁 **가** 屋:집(지붕) **옥**

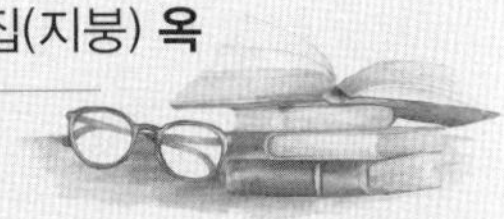

상 위에 상을 겹쳐 놓고, 지붕 위에 지붕을 얹는다는 뜻.
같은 표현이 반복되거나, 제도 등이 중복되는 것을 비유하는 말.

유래

《세설신어(世說新語)》〈문학(文學)편〉

중국 남북조시대의 진(晉)나라에 유천(庾闡)이라는 문인이 〈양도부(揚都賦:남경의 아름다운 풍경과 융성함을 노래한 작품)〉를 지어 당시의 유력가인 친척 유량(庾亮)에게 보였다. 유량은 혈연에 이끌려 〈양도부〉를 문인들 사이에서 명문장으로 꼽는 〈이경부(二京賦)〉나 〈삼도부(三都賦)〉와 견줄 만한 작품이라고 과찬하였다. 그러자 사람들이 다투어 유천의 작품을 베껴 쓰는 바람에 종이값이 오를 지경이었다.

그러나 사안(謝安)은 유천의 작품에 대하여 "마치 지붕 아래 또 지붕을 지은 격이니, 옛것을 모방하지 않은 것이 없고, 내용도 빈약하기 짝이 없다(此是屋下架屋耳, 事事擬學, 而不免儉狹)"라고 혹평하였다.

또 남북조시대 진(陳)나라의 요최(姚最)는 《속화품(續畵品)》에서 화가 모릉(毛棱)의 그림을 평하면서 '중복되는 것이 많고 정련되지 못하여 그의 아버지(모혜원/毛惠遠)나 숙부(모혜수/毛惠秀)의 그림과 비교하면 침대 아래에 침대를 놓은 격(상하안상/床下安床)이다'라고 평하였다.

응용

역대 어느 정권을 막론하고 불필요한 행정규제 철폐와 규제 완화의 필요성을 강조하며 강력한 추진 의지를 보였지만, 기업이나 국민이 느끼는 현실감각은 여전히 **'첩상가옥(疊床架屋)'**이나 다름 아니다.

행정·사회적 규제가 많으면 당연히 시장이 위축되고 국민의 부담으로 연결된다. 특히 오늘날은 기술의 진보나 경제활동 전반에 변화가 빠른 만큼 시대에 뒤떨어진 사회적 규제는 완화되어야 하고, 실효성이 없는 비효율적인 규제는 정비되어야 마땅하다.

204 吐哺握髮 〈토포악발〉

吐:토할 **토**　哺:먹을 **포**　握:쥘 **악**　髮:머리카락 **발**

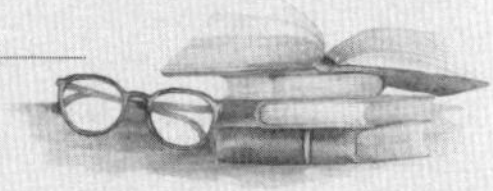

먹던 것을 뱉고, 감고 있던 머리를 거머쥔다는 뜻.
어진 선비를 얻기 위하여 애씀을 비유하는 말.

유래

《사기(史記)》〈노주공세가(魯周公世家)〉
은(殷)나라를 멸망시키고 주(周)나라를 세운 무왕(武王)이 병으로 죽자, 나이 어린 성왕(成王)이 제위에 오른다. 이때 반란이 일어나는 등 정세가 불안정 하자 무왕의 아우이며 성왕의 숙부인 주공단(周公旦)이 섭정(攝政)을 한다. 사람들은 주공이 나라를 빼앗을 것으로 의심했지만, 주공은 어린 성왕을 도와 태평성세로 만들었다.
주공은 왕족과 공신들을 지방의 요지에 배치하여 다스리게 하는 봉건제를 시행했는데, 이때 아들 백금(伯禽)이 노(魯) 영주에 봉해져 떠나게 되자, 다음과 같이 말했다. "나는 한 번 씻을 때 세 번 머리를 거머쥐고(一沐三握髮), 한 번 먹을 때 세 번 음식을 뱉으면서(一飯三吐哺) 천하의 현명한 사람들을 놓치지 않으려고 했다" 주공은 아들에게 정무를 잘 보살피려면 잠시도 편히 쉴 틈이 없다는 것과 훌륭한 인물을 얻기 위해서는 입속에 먹던 것을 뱉고, 감던 머리를 잡은 채 인재를 맞이하는 정성이 필요하다는 것을 강조한 것이다. 이후 주공은 주 왕조의 기틀이 공고해지자 스스로 섭정 자리에서 물러나 많은 사람의 존경을 받았다.

응용

국가를 경영하는 위정자는 물론이고, 기업의 CEO도 인재를 구하기 위하여 항상 '**토포악발(吐哺握髮)**'하는 자세로 노심초사해야 한다. 조직의 흥망성쇠는 외부 요인 보다 리더의 자질과 조직원의 실력에 달려 있다. 자원 빈국인 우리나라가 선진국 대열에 들어선 것도 머리 좋고 열정적인 인재의 힘이다. 그런데 혈연, 학연, 지연이 앞서고, 줄 세우기에 바쁘다면 인재 영입은커녕 있는 인재도 떠나갈 것이다.

205 抱薪救火 〈포신구화〉

抱:안을 **포** 薪:섶나무 **신** 救:구할(건질) **구** 火:불 **화**

섶을 안고 불을 끈다는 뜻.
해(害)를 없앤다는 것이 도리어 더욱 해롭게 함을 이르는 말.

유래

《사기(史記)》〈위세가(魏世家)〉

중국 전국시대 말기, 국력이 강해진 진(秦)나라는 범저(范雎)의 원교근공(遠交近攻) 정책으로 끊임없이 가까운 나라를 침략해 영토를 확장해 나갔다. 위(魏)나라 역시 진의 침공이 계속되자, 이때 위나라 장수 단간자(段干子)가 난양(南陽)을 할양하고 강화를 맺을 것을 안희왕에게 건의했다. 그러자 전술가 소대(蘇代)가 왕에게 충고하기를 "작위를 노리는 자는 단간자요. 땅을 탐내는 자는 진나라입니다. 진나라의 목적은 위나라를 병합하는 것이므로 화의를 맺어도 침공은 그치지 않을 것입니다. 그러므로 진나라에 땅을 할양하는 것은 '땔나무를 안고 불을 끄려는 것(抱薪救火)'과 같아, 땔나무가 없어지지 않는 한 불은 꺼지지 않듯이, 땅을 할양하는 것도 이와 마찬가지입니다"라고 했다.

그러나 위나라 왕은 소대의 충고를 듣지 않고 난양을 진나라에 할양하고 화의를 맺었다. 그 후에도 소대의 말처럼 진나라의 침공은 계속되었고, 마침내 안희왕의 아들 경민왕 때(BC 255년) 위나라는 더 이상 저항할 힘을 잃고 진나라에 멸망 당하게 된다.

응용

3일 다수 야당이 검사 4명에 대한 탄핵소추안을 발의하자 검찰총장은 이를 "방탄 탄핵, 위헌 탄핵, 위법 탄핵, 사법방해 탄핵, 보복 탄핵"이라며 5가지로 정리해 비판했다. 전국의 검사장·검사들도 "도둑이 경찰을 두들겨 잡겠다는 것"이라며 강하게 반발하고 있다. 검사를 탄핵한다고 해서 있는 죄가 없어지는 것도 아닌데, 일시적인 '**포신구화(抱薪救火)**'는 국민 여론만 악화시키는 자멸의 길이 아닐까.

206 割席分坐 〈할석분좌〉

割:벨 **할** 席:자리 **석** 分:나눌 **분** 坐:앉을 **좌**

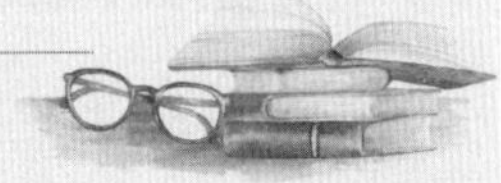

자리를 갈라서 따로 앉는다는 뜻.
친구 사이에 교제를 끊고 같은 자리에 앉지 아니함.

유래 《세설신어(世說新語)》〈덕행(德行)〉

한(漢)나라 말기의 인물 관녕(管寧)과 화흠(華歆)은 젊은 시절 동문수학하였지만, 성격과 인생관은 크게 달랐다. 두 사람이 밭에서 김을 매다가 금덩어리를 발견하게 되었는데, 관녕은 흙으로 덮어버리고 하던 일을 계속하였으나 화흠은 금덩어리를 얼른 가지고 가 팔아 써버렸다.

하루는 두 사람이 한 돗자리에 앉아 책을 읽고 있었는데, 멋있는 의관을 입은 고관의 수레가 지나갔다. 관녕은 이를 쳐다보지도 않고 계속 책을 읽었으나, 화흠은 곧 밖으로 나가 그 관리의 행차를 구경하고 돌아왔다. 화흠의 그런 태도에 분노한 관녕은 함께 깔고 있던 돗자리를 반으로 자르고 따로 앉으며 "자네는 이제 나의 벗이 아닐세"라고 말했다(寧割席分坐曰:子非吾友也).

이처럼 관녕은 검소하고 학문을 즐기며 부귀에 관심이 없었으나, 화흠은 한나라의 태수로 지내다가, 한때 오(吳)나라 손책(孫策) 밑에서 벼슬을 하였으며, 후에는 위(魏)나라 조비(曹丕)를 도와 한나라를 찬탈하고 영화를 누렸다. 그러나 관녕은 위나라에서 내린 벼슬을 끝내 사양하였다.

응용 친한 지인 사이에도 이익충돌, 신용훼손, 비판과 오해 등이 중첩되면 쉽게 돌아서고 백안시하는 경우가 허다하다. 그러나 오랜 절친 사이에 일시적으로 생각과 행동 방식이 다르다고 갈등하다가 '**할석분좌(割席分坐)**'하는 경우는 매우 안타깝다. 요즘 매스컴을 보면 점입가경(漸入佳境)이다. '눈에 넣어도 안 아플 동생'이 왜? 어제의 동지들이 '4파전의 이전투구'는 왜? 세상사 알다가도 모를 일이다.

207 車載斗量 〈거재두량〉

車:수레 **거**(차)　載:실을 **재**　斗:말 **두**　量:헤아릴(잴) **량**

수레에 싣고 말로 잴 만큼 많다는 뜻.
아주 흔하거나 양이 많음을 비유하는 말.

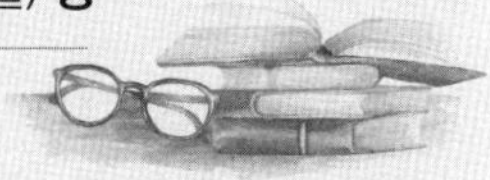

유래 《삼국지(三國志)》〈오서(吳書)〉 '오주손권전(吳主孫權傳)'

오나라의 손권이 위(魏)나라 조조와 결탁하여 촉한의 용장 관우(關羽)를 죽였다. 221년 유비는 아우 관우의 복수를 위해 오나라 공격에 나선다. 이때 오의 손권은 중대부(中大夫) 조자(趙咨)를 위나라에 구원을 요청하는 사신으로 보내면서 "결코 오나라의 체면을 손상시키지 마시오"라고 당부한다.

조조의 뒤를 이어 왕위에 오른 조비(曹丕)는 조자가 찾아온 이유를 알면서도 짐짓 속내를 떠보았다. "오왕은 어떤 군주인가?" "총명하고 인자하며, 재능이 뛰어나고 영웅의 지략까지 소유하고 있습니다" 조비는 과장이 심하다며 왜 그런가 물었다. 그러자 조자가 실례를 들어가며 막힘없이 설명하였다. 또 조비는 "만일 내가 오나라를 공격한다면?" "대국에 무력이 있다면, 소국은 방위책이 있습니다" "오나라는 그대 같은 인재가 얼마나 있는가?" "총명하고 뛰어난 인재는 80~90명은 되고, 저와 같은 사람은 거재두량(車載斗量)이라 셀 수가 없습니다" 조비는 사신으로서 군주의 명을 욕되게 하지 않는 조자의 능숙한 언변에 탄복하였다.

응용 바야흐로 여름휴가 시즌이다. 여름휴가는 무더위에 지친 심신을 위로하고 삶의 활력을 재충전하는 좋은 기회가 될 수 있다. 그러나 유명 피서지와 관광지를 찾아서 떠나는 것 만이 휴가 방법의 전부는 아닐 것이다. 여러 도서관에는 지식을 살찌울 수 있는 책들이 '**거재두량(車載斗量)**'으로 넘쳐나고 있다. 회복탄력(Resitience)을 위하여 일부 시간은 '마음 근력'을 키우는데 할애하길 권장하고 싶다.

208 呶呶不休 〈노노불휴〉

呶:떠들썩할 **노**　不:아닐 **불**　休:쉴 **휴**

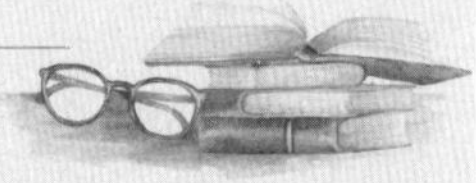

아주 수다스럽다는 뜻. 쉬지 않고 지껄여 대는 것을 말함.

유래 당송팔대가(唐宋八大家) 한유(韓愈)의 〈언잠(言箴)〉

중국 당나라를 대표하는 저명한 문장가, 정치가, 사상가였던 한유(768~824)가 〈언잠〉를 지어 스스로 경계했다고 하는데, 여기서 '노노불휴'의 뜻이 등장한다. '말을 알지 못하는 사람과 어찌 더불어 말하겠는가? 말을 아는 사람은 묵묵히 침묵을 지키지만 그의 뜻은 이미 전해졌다. 장막 안에서의 변론을 듣고 사람들은 오히려 네가 모반했다고 하며, 누대 위에서의 평가를 듣고 사람들은 오히려 네가 한쪽으로 경도되었다고 말한다. 너는 어찌 이런 일들에서 교훈을 얻지 못하고 마구 떠들어 자신의 생명을 다치게 하는가?(不知言之人 烏可與言. 知言之人 默焉而其意已傳. 幕中之辯 人反以汝爲叛. 臺中之評 人反以汝爲傾. 汝不懲邪而呶呶以害其生邪.)

한유는 평이하면서 통속적인 시풍을 특징으로 하던 백거이(白居易)에 맞서 중당(中唐) 시단(詩壇)의 한 흐름을 형성했는데, 그는 새롭고 기이한 어구를 많이 쓰는 난해한 시풍이 특징이다. 문집으로는 《한창려집(韓昌黎集)》 40권과 《외집(外集)》 10권이 전해지고 있다.

응용 어쩌다가 우리 국회가 국가의 중대한 이익과 민생안정을 위한 대책 논의보다는 쓸데없는 말 잔치 '**노노불휴(呶呶不休)**'의 청문회로 시간을 보내고 있다. 본회의에서의 필리버스터(filibuster:국회 소수파가 다수파의 독주를 막기 위해 합법적으로 의사 진행을 지연시키는 무제한 토론)도 최장 시간의 신기록을 경신했다. 지금 파리에서 태극전사들이 신기록과 국위선양을 위해 혼신을 다하고 있는 모습과 대비된다.

209 大器晚成 〈대기만성〉

大:큰 **대**　器:그릇 **기**　晚:늦을 **만**　成:이룰 **성**

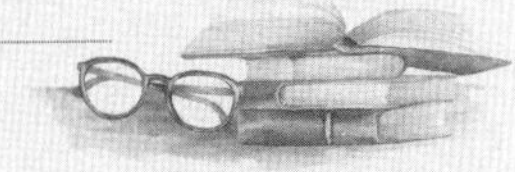

큰 그릇은 늦게 이루어진다는 뜻.
큰 인물은 늦게야 두각을 나타내어 성공한다는 말.

유래

《노자》41장, 《삼국지(三國志)》〈위서(魏書)-최염전(崔琰傳)〉

노자가 옛글을 인용하여 도(道)를 설명하면서 "아주 큰 사각형은 귀가 없고(大方無隅), 큰 그릇은 늦게 이루어진다(大器晚成). 아주 큰 소리는 들을 수 없고(大音希聲), 아주 큰 형상은 모양이 없다(大象無形). 왜냐하면 도는 항상 사물의 배후에 숨어 있는 것이므로 무엇이라고 긍정할 수도, 또 부정할 수도 없기 때문이다."라고 하였다. 여기서 만성(晚成)이란 아직 이루어지지 않았거나, 거의 이루어질 수 없다는 뜻이 강하다. 그런데 후일 이 말이 늦게 이룬다는 뜻으로 쓰이게 된다.

위(魏)나라 최염 장군에게는 최림(崔林)이라는 사촌동생이 있었는데, 외모도 빈약하고 출세가 늦어 친척들로부터 멸시를 당하였다. 하지만 최염만은 그의 재능을 꿰뚫어 보고 "큰 종이나 큰 솥은 쉽사리 만들어지는 것이 아니다. 마찬가지로 큰 인물도 성공하기까지 오랜 시간이 걸리는 법이다. 내가 보기에 너도 그처럼 대기만성형이다. 좌절하지 말고 열심히 노력해라. 그러면 틀림없이 큰 인물이 될 것이다."라고 격려했다. 그의 말대로 후일 최림은 천자를 보좌하는 삼공(三公)에 이르게 된다.

응용

주변에 '신화'라는 이름의 단기간 성공담을 더러 듣게 된다. 그러면 왠지 마음이 조급해진다. 학원가도 속성 과외, 족집게 문제, 단기 완성이라는 말들이 쉽게 회자되고 있다. 그러나 기초가 허약한 사상누각(沙上樓閣)보다는 목표를 향해 참을성 있게 나아가는 사람과 그런 기업이 더 롱런하는 비결이 아닐까. '시작은 미약하였으나 그 끝은 창대하리라'라는 성경 말씀처럼 오늘도 자신을 믿고 꾸준히 능력을 키우고 있는 **'대기만성(大器晚成)'**형 사람과 기업에 뜨거운 응원을 보낸다.

210 望洋興嘆 〈망양흥탄〉

望:바라볼 **망**　洋:큰 바다 **양**　興:흥겨울(일으킬) **흥**　嘆:탄식할 **탄**

큰 바다를 보고 탄식한다는 뜻.
남과 비교해 자신 능력이 보잘것없다는 것을 개탄하는 말.

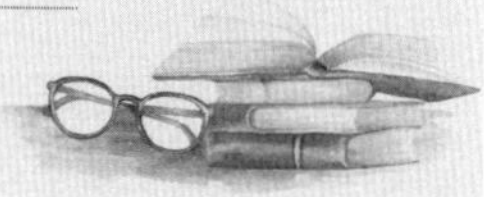

유래

《장자(莊子)》〈추수편(秋水篇)〉

가을에 온갖 하천의 물이 황하로 흘러들어 장대해진 황하의 흐름을 본 황하의 신 하백(河伯)은 의기양양해 세상의 모든 것이 자기 관할 아래로 모였다고 생각했다. 하백은 황하의 물길을 따라서 동쪽으로 갔다. 그곳에는 아무리 눈을 씻고 바라보아도 끝이 보이지 않는 대해가 있었다. 비로소 그는 자신이 알고 있었던 세계가 얼마나 작은 것이었는지를 깨달았다.

그는 북해를 관장하는 북해약(北海若)에게 다음과 같이 탄식했다. '경박한 자는 1백여 차례 도(道)에 관한 말을 들으면 그것으로 이미 자기가 최고라는 생각을 합니다. 그 말이 저와 같은 자를 두고 한 말임을 깨달았습니다. 저는 공자의 박식함을 대수롭지 않게 여기고, 백이의 고결함을 비웃는 자가 있다는 말을 듣고 믿지 않았습니다. 그러나 오늘 이곳에 와서 대해를 바라보니 감히 헤아리지 못할 만큼 위대한 것이 있다는 사실을 깨달았습니다. 이곳에 오지 않았다면 저는 대도를 깨달은 사람들로부터 비웃음을 살 뻔했습니다.'

응용

확대일로에 있는 우크라이나-러시아전쟁, 전쟁 일보 직전인 이스라엘-이란, 일본의 대지진 징후, 안개 속의 미국 대선판도 등 지금 세계 정세는 그 어느 때보다 격동하고 있다. 그런데 우리나라는 '**망양흥탄(望洋興嘆)**'은 고사하고 '강 건너 불구경'이다. 노골적인 포퓰리즘과 철 지난 친일파 논쟁으로 국력만 분열되고 있는 실정이다.

과연 '우물 안 개구리' 같은 편협한 시각으로 선진국 위상을 지켜낼 수 있을지. 지금의 국내 형국이 심히 개탄스럽다.

211 杯弓蛇影 〈배궁사영〉

杯:잔 **배**　弓:활 **궁**　蛇:뱀 **사**　影:그림자 **영**

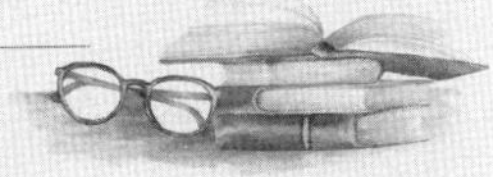

술잔 속에 비친 활 그림자를 뱀으로 착각한다는 뜻.
쓸데없는 의심을 품고 지나치게 근심하는 것을 비유하는 말.

유래 후한(後漢) 때 응소(應劭)가 편찬한 《풍속통의(風俗通義)》와 《진서(晉書)》의 〈악광전(樂廣傳)〉 에서 유래한 말.

진(晉)나라 때 악광(樂廣)이라는 사람은 매사 신중하게 일처리를 하는 지혜로운 관리였다. 하남(河南) 태수로 있을 때 친한 친구를 관사로 초대하여 술을 마셨다. 하지만 친구는 무슨 근심이라도 있는 듯 말수도 적고 술도 얼마 마시지 않고 돌아갔다. 그 뒤로 발길을 끊은 친구가 이상하다고 여긴 악광이 친구집에 찾아가 보니 그는 와병 중이었다.

온갖 약을 써도 차도가 없다는 친구에게 원인을 물어보니 "전에 자네와 술을 마실 때 내 잔 속에 뱀이 보였다네 [杯中有蛇]. 그렇지만 자네가 무안해 할까 봐서 그냥 마신 후로 몸이 좋지 않네"라고 대답하였다. 언뜻 생각이 미친 악광은 다시 친구를 초청하여 같은 장소에서 술을 마시며 잔을 보게 하였다. 다시 뱀이 어른거리자 뒷벽에 있는 활을 벗겨 낸 뒤에 다시 보라고 하니 없어졌다. 술잔에 비친 활 그림자를 뱀으로 착각했던 것이다. 그 후 친구는 의심이 사라지고 병도 씻은 듯 나았다.

배중사영(杯中蛇影), 사영배궁(蛇影杯弓)도 같은 말이다.

응용 우리나라의 높은 자살률과 우울증 환자 수 증가는 심각한 사회적 문제가 되고 있다. 복잡다난한 현대사회에서 언제 무슨 일이 일어날지 모르지만, 그렇다고 '**배궁사영(杯弓蛇影)**'같이 대수롭지 않은 일로 깊은 걱정·근심에 사로잡히는 것은 정신건강에 금물이다. '지나친 의심은 과오를 낳는다'는 불경 말씀이나, '의심하면 이치에 어긋나는 망령된 생각이 난다'는 열자(列子)의 말씀을 되새겨 볼 때이다.

212 三顧草廬 〈삼고초려〉

三:석 **삼** 顧:돌아볼 **고** 草:풀 **초** 廬:초가집 **려**

초가집에 세 번을 찾아간다는 뜻.
유능한 인재를 얻기 위하여 정성을 다하는 것을 비유하는 말.

유래 《삼국지(三國志)》

삼국시대 초기, 유비는 자신의 뜻을 펼치기 위해 인재를 영입하던 중 군사(軍師) 서서(徐庶)의 천거로 융중(隆中)이라는 시골에 살고 있던 지혜롭다는 선비 '와룡(臥龍)선생(諸葛 亮, 자는 孔明)'을 찾아간다.

그러나 두 번이나 방문해도 못 만나고, 세 번째는 예를 갖추기 위해 제갈량의 초가집에서 반 리 떨어진 곳에서부터 말에서 내려서 걸었다.

제갈량은 자신의 초가집을 몸소 세 번이나 찾아온 유비의 정성에 감동하여 그 순간부터 재능과 마음을 다해 유비를 보좌했다. 후에 제갈량은 '출사표(出師表)'에 그때의 심정을 이렇게 담았다. "신은 본래 밭갈이하며 구차히 목숨이나 보존하려 했을 뿐, 세상에 이름이 알려지기를 바라지 않았습니다. 선제(先帝·유비)가 신을 천하다 생각지 않으시고, 황공하게도 몸을 굽혀 세 번이나 초막으로 찾아오셔서 신에게 세상일을 물으시는지라 이에 감격해 선제를 섬길 결심을 하게 된 것입니다…."

당시 유비는 좌장군 의성정후라는 벼슬과 작위를 가졌고 나이도 47세였는데, 스무 살이나 나이 어린 27세의 백면서생을 세 번씩이나 찾아가서 현자라고 극진히 모신 것은 대단한 일이 아닐 수 없다.

응용 인재 발굴과 육성은 기업이나 조직의 성장·발전에 매우 중요한 요소이다. 하지만 인재를 찾는 일도, 믿을 만한 새로운 비즈니스 파트너를 구하는 일도 결코 쉬운 일이 아니다. 연봉의 잣대만이 전부가 아니기에, 리더가 참을성 있게 '**삼고초려(三顧草廬)**'의 자세로 정성을 다할 때 비로소 뛰어난 인재를 구할 수 있을 것이다. 이는 평소의 인간관계에서도 마찬가지가 아닐까. 상대방의 가치를 인정하고 존중해 주는 태도는 윤택한 삶의 초석이기 때문이다.

213 殃及池魚 〈앙급지어〉

殃:재앙 **앙** 及:미칠 **급** 池:연못 **지** 魚:물고기 **어**

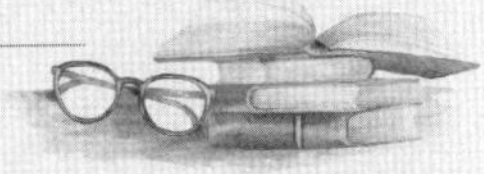

재앙(災殃)이 연못의 물고기에 미친다는 뜻.
화가 엉뚱하게 제삼자에게 영향을 미친다는 말.

유래

《여씨춘추(呂氏春秋)》〈효행람(孝行覽)〉편 '필기(必己)'

춘추시대 송(宋)나라의 사마(司馬)였던 환(桓)은 보배로운 구슬을 가지고 있었다. 어느 날 그가 죄를 지어 도망을 치다가 붙잡혀 구슬이 있는 곳을 추궁하자 환은 연못 속에 던져버렸다고 말한다. 이에 연못의 물을 다 퍼내 마르게 해서 구슬을 찾았으나 아무것도 얻지 못하고 물고기만 다 죽고 말았다.[宋桓司馬有寶珠, 抵罪出亡, 王使人問珠之所在, 日 投之池中. 於是竭池而求之, 無得, 魚死焉.]

또한 송(宋)나라 때 설화집 《태평광기(太平廣記)》의 〈수족(水族)〉 편에는 '성문에 불이 붙으면 그 화가 성 근처 연못의 물고기에게까지 미친다[城門失火, 殃及池魚]'라는 말이 실려 있다. 송나라 성문에 불이 났는데 사람들이 성 외곽의 연못물을 길어다가 불을 껐다. 결국 연못의 물은 바닥이 났고 그 속에 살던 물고기는 모두 죽고 말았다.

같은 뜻의 성어로 '지어지앙(池魚之殃)'과 '횡래지액(橫來之厄)'이 있으며, 우리 속담의 '고래 싸움에 새우등 터진다'도 같은 경우이다.

응용

직급이 올라갈수록 자신의 결정이나 행동이 다른 사람들에게 부당한 피해를 주지 않도록 신중하게 생각하고 행동하는 것이 중요하다. 특히 직장이나 조직에서 결정권을 가진 사람이 공정하지 못하거나 자신의 이익을 위해 결정을 내릴 때, 그것이 다른 사람에게 **'앙급지어(殃及池魚)'**가 될 수 있음을 항상 유념해야 한다. 또한 요즘 뉴스에 급발진, 화재 사고 등으로 엉뚱한 사람들이 참화를 당하는 경우가 종종 등장하고 있어 대단히 안타까운 심정이다.

214 前度劉郎 〈전도유랑〉

前:앞 **전** 度:법 **도** 劉:성 **류** 郎:사내 **랑**

지난번의 유씨 사내(劉郎)라는 뜻.
연고지를 떠났다가 세월이 지나서 다시 돌아옴을 비유하는 말.

유래

당(唐)나라 때 시인 유우석(劉禹錫)의 고사(故事)에서 유래.
유우석이 정치개혁에 실패하고 낭주(郎州) 사마(司馬)로 좌천되었다가 10년 만에 다시 장안(長安)으로 불려 왔다. 당시 장안에는 현도관(玄都觀)이라는 복숭아꽃으로 유명한 도관이 있었는데, 유우석은 그곳을 관람하고 〈유현도관(遊玄都觀)〉이라는 시를 지었다.
"번화한 거리에 뿌연 먼지 얼굴을 스치는데, 사람마다 꽃구경하고 돌아온다 말하네. 현도관에 심은 천 그루 복숭아나무는, 모두 유랑이 떠난 뒤에 심어진 것이라네(紫陌紅塵拂面來, 無人不道看花回. 玄都觀裏桃千樹, 盡是劉郎去後栽)"라며, 돌아온 감회를 노래하였다.
그 후 그는 다시 좌천되어 지방 관직을 전전하다가 14년이 흐른 뒤에 장안으로 복귀한다. 그런데 다시 찾은 현도관은 무성했던 복숭아나무는 모두 없어지고 채소만 자라 있었다. 이에 유우석은 〈재유현도관(再遊玄都觀)〉이라는 시를 지어 "현도관 넓은 뜰엔 이끼가 태반, 복숭아꽃은 사라지고 채소꽃만 피었구나. 복숭아 심던 도사는 어디로 갔는가, 지난번의 유랑은 지금 또 왔는데(百畝庭中半是苔, 桃花淨盡菜花開. 種桃道士歸何處, 前度劉郎今又來)"라고 감회를 읊었다.

응용

베이비부머 세대의 은퇴기와 맞물려 팍팍한 도시 생활을 정리하고 귀촌 귀농하고자 하는 '**전도유랑(前度劉郎)**'들이 늘고 있다. 나이가 들면 고향 땅에서의 자연 친화적인 삶을 소망하는 것은 누구나 인지상정이라 하겠다. 그러나 목가적인 감성만으로 무작정 떠날 일은 아니며, 결심에 앞서 철저한 사전 계획 수립이 요망된다. 먼저 귀촌 귀농 교육도 받아보고 정부와 지자체의 '귀농귀촌지원사업'도 알아보는 것이 우선이 아닐까 생각한다.

215 捷足先得 〈첩족선득〉

捷:빠를(이길) **첩**　足:발 **족**　先:먼저 **선**　得:얻을 **득**

발이 빠른 자가 먼저 얻는다는 뜻.
행동이 빠른 사람이 가장 먼저 목적을 달성한다는 말.

유래

《사기(史記)》〈회음후열전(淮陰侯列傳)〉

한신(韓信)이 한(漢)나라 유방(劉邦)의 대장군으로 등용되어 많은 공을 세워 제왕(齊王)에 봉해지는 등 세력이 커지자, 제나라 출신의 모사인 괴통(蒯通)이 "독립하여 유방·항우와 함께 천하를 삼분(三分)하라"고 조언했다. 그러나 한신은 유방을 배반할 수 없다며 그의 말을 듣지 않아 결국 토사구팽(兎死狗烹)당한다. 이후 괴통이 체포되어 자신을 삶아 죽이려는 유방에게 "진(秦)나라가 사슴(황제를 비유함)을 잃은 뒤에 천하의 사람들이 모두 그것을 쫓았는데, 키가 크고 발이 빠른 사람이 먼저 차지하였습니다(秦失其鹿, 天下共逐之, 于是高材疾足者先得焉). 도척(盜跖)이라는 도적의 개가 요(堯)임금을 보고 짖은 것은 요임금이 어질지 못해서가 아니라 자기 주인이 아니었기 때문입니다. 신이 한신에게 그런 계책을 올렸을 때는 신은 한신만 알고 있었을 뿐 폐하는 알지 못했습니다"라고 말했다.

유방은 괴통의 말이 일리가 있다고 여겨 그를 풀어 주었다.

응용

글로벌 환경이 빠르게 변화하면서 지금 세계는 총성 없는 경제전쟁이 치열하다. 결국 선견지명의 자세로 거대한 시대조류에 한발 앞서 나가는 기업과 국가가 '**첩족선득(捷足先得)**' 할 것이 분명하다.

고 박정희 대통령의 조국근대화사업, 고 정주영 회장의 건설사업, 고 이병철 회장의 반도체 투자, 고 박태준 회장의 포항제철소가 없었다면 과연 오늘의 번영된 대한민국이 있었을까? 지금 그 무엇보다 고위험 고수익을 위한 R&D 혁신과 전략기술 육성에 국가적인 역량을 결집해야 하겠다.

216 痛飮黃龍 〈통음황룡〉

痛:아플 **통** 飮:마실 **음** 黃:누루 **황** 龍:용 **룡**

‘황룡부에서 통쾌하게 술을 마시다’는 뜻.
적의 본거지를 공격하여 섬멸하거나 적을 이겨 승리한다는 웅장한 기상을 비유하는 말.

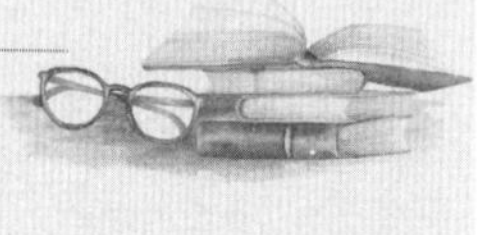

유래 《송사(宋史)》의 〈악비전(岳飛傳)〉

1140년, 금(金)나라의 침략을 받아 수도 개봉부(開封府)를 빼앗기고 남쪽으로 거듭 물러난 송나라(南宋)는 절체절명의 위기 상황에서 놓여 있었다. 이때 농민 의용군 출신의 악비(岳飛) 장군이 맹활약을 펼쳐 금나라와 싸워 연전연승을 거두게 된다. 금나라의 장수와 병사들이 무리 지어 악비의 군대에 항복하였고, 패전을 거듭한 금나라 군대의 사기는 극도로 저하되고 있었다. 이에 한껏 고취된 악비는 “황룡부까지 치고 들어가서 제군들과 통쾌하게 마시자(直抵黃龍府, 與諸君痛飮爾)”라고 호기를 표출하였다.

그러나 금나라와의 굴욕적인 강화를 추진하던 간신 진회(秦檜)은 가짜 성지(聖旨)를 만들어 악비의 병권을 해제하고 그를 도읍으로 소환하여 감옥에 가둔다. 결국 악비 장군은 39세 나이에 간신배 모함으로 모반죄의 누명을 뒤집어쓰고 억울하게 죽고 말았다.

황룡(黃龍)은 여진족이 건국한 금나라의 도읍인 황룡부(黃龍府)를 가리키는데, 지금의 지린성(吉林省) 눙안현(農安縣)이다.

응용 올해 임시 공휴일로 지정된 10월 1일, 건군 76주년 국군의 날 행사를 보면서 K 국방의 위엄을 실감할 수 있었다. 누구나 전쟁이 없는 세상에서 살길 원하지만, 평화는 말로만 강조한다고 지켜지지 않는다. 평화를 지키기 위해서는 강력한 힘의 억제력이 필수이다. 이번 국군의 날 우리 육해공 국군이 보여준 역량은 ‘**통음황룡(痛飮黃龍)**’의 기상이라 대단히 든든하다. ‘강한 국군 국민과 함께’ 파이팅이다.

217 抱瓮灌畦 〈포옹관휴〉

抱:안을 **포**　瓮:항아리 **옹**　灌:물 댈 **관**　畦:밭두둑 **휴**

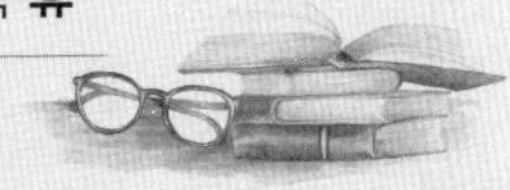

항아리를 안고 밭에 물을 준다라는 뜻.
뒤떨어진 생각이나 방법을 개선하지 않으려고 하는 태도,
또는 우둔한 방법을 비유하는 말.

유래

《장자(莊子)》〈천지(天地)〉

자공(子貢 :공자의 제자)이 초(楚)나라 한수(漢水)의 남쪽 땅을 지날 때 어떤 노인이 밭에 물을 주고 있었는데, 땅을 파고 우물로 들어가 항아리에 물을 퍼 담고 나와 물을 주고 있었다(鑿隧而入井, 抱甕而出灌). 자공이 보기에 딱하여 "두레박틀을 이용하면 힘 덜 들이고 훨씬 효율적으로 밭에 물을 줄 수 있다"고 조언하였다.

그러자 노인은 "기구를 이용하게 되면 노력하지 않고 잔꾀로 목적을 달성하려는 마음을 가지게 되고, 그렇게 되면 정신과 성격이 불안정하게 되어 도(道)가 깃들지 않게 된다. 기구를 이용할 줄 몰라서 쓰지 않는 것이 아니라 부끄러워서 그렇게 하지 않을 뿐이다"라고 말하였다.

이 고사(故事)의 전체 맥락을 보면 효율성을 앞세운 자공이 노인으로부터 오히려 논박당한 꼴이다. 그러나 여기서 유래된 포옹관휴는 그러한 내용과는 무관하게 '뒤떨어진 생각이나 방법을 개선하려고 하지 않는 태도나 우둔하고 졸렬한 방법, 또는 노력에 비하여 효과가 적은 것'을 비유하는 말로 사용되고 있다.

응용

일본이 한국보다 뒤처질 것으로 전망하는 일본 학자들이 늘어나고 있다. 그 이유는 일본 사람들은 낡은 패러다임에 얽매어 개선을 기피 하려는 경향이 많으며, 역설적으로 '장인정신'이 발전의 장애요인이 되고 있다는 것이다. 케케묵은 방법을 고집하는 '**포옹관휴(抱瓮灌畦)**'의 관념으로는 빠른 세상 변화에 편승하기 어렵기 때문이다.

218 含沙射影〈함사사영〉

含:머금을 **함**　沙:모래 **사**　射:쏠 **사**　影:그림자 **영**

모래를 머금어 그림자를 쏜다는 뜻.
암암리에 남을 공격하거나 비방하는 일을 비유하는 말.

유래 《수신기(搜神記)》《포박자(抱朴子)》《박물지(博物志)》

동한(東漢)시대 전설의 괴물 역(蜮: 물여우, 자라의 모습인데 발은 셋이고, 입김을 쏘아 사람을 해치는 동물)의 고사에서 유래되었다.

진(晉)나라 때 간보(干寶)가 지은 《수신기(搜神記)》에 따르면, '역'은 강물에 살며, 입에 모래를 머금고 있다가 사람에게 내뿜을 수 있다(能含沙射人). 사람이 그 모래에 맞으면 몸의 근육이 당기고 두통과 함께 열이 나는데, 심하면 죽음에 이르기도 한다. 사람들이 '역'을 잡아 살펴보니, 몸속에서 모래와 돌이 나왔다고 한다.

역시 진나라 때 갈홍(葛洪)이 지은 《포박자(抱朴子)》에 따르면, '역'의 입 안에는 활처럼 생긴 것이 가로로 걸쳐 있다. 사람 소리를 들으면 입 안에 머금고 있는 것을 숨기운에 담아 화살처럼 쏘는데, 몸에 맞은 사람은 즉시 부스럼이 나고, 그림자에 맞더라도 병이 나지만 즉시 부스럼이 나지는 않는다(如聞人聲, 緣口中物如角弩, 以氣爲矢, 則因水而射人, 中人身者即發瘡, 中影者亦病而不即發瘡)고 하였다.

응용 인터넷 세상의 가장 큰 부작용은 가짜뉴스와 악플이라 하겠다.최진실, 설리, 구하라, 유니, 장채원, 정다빈, 서지원 등의 유명연예인들이 꽃다운 나이에 자살한 것도 악플의 영향이 컸다고 한다. 눈에 보이지 않는 얼굴과 익명을 바탕으로 **'함사사영(含沙射影)'**을 일삼는 악플러는 반드시 추적해서 처벌해야 한다. 몰래 숨어 근거 없이 남을 공격하거나 비방하는 행위는 사회의 건강을 심각하게 해치기 때문이다.

신문게재일자 – 2024.10.30

219 擧足輕重 〈거족경중〉

擧:들 **거** 足:발 **족** 輕:가벼울 **경** 重:무거울 **중**

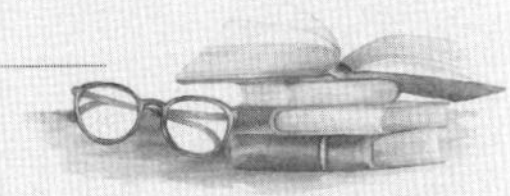

다리를 드는 쪽에 따라 가볍고 무거운 것이 정해진다는 뜻.
팽팽한 균형을 깨는 데 결정적인 영향을 끼칠 때 비유하는 말.

유래 《후한서(後漢書)》〈두융전편(竇融傳篇)〉

한(漢)나라 말기 왕망(王莽)이 제위를 찬탈하고 신(新)나라를 세웠으나, 무리한 개혁 정책으로 25년 만에 망하고 다시 군웅(群雄) 할거시대에 들어간다. 이때 훗날 후한을 개국한 광무제(光武帝) 유수(劉秀)가 대부분의 군웅을 평정해 나갔으나, 하서(河西)의 두융(竇融), 농서(隴西)의 외효(隗囂), 촉(蜀)의 공손술(公孫述)은 끝까지 세력이 왕성했다.

이때 유수는 하서 땅이 비옥할 뿐만 아니라, 지리적으로 농서와 촉에 연접해 있는 전략요충지라서 먼저 하서의 두융을 회유하며, 황제를 칭하고 있는 둘을 치자고 제안하면서 다음과 같은 조서(詔書)를 보냈다.

"지금 공손술과 외효가 다투고 있는바 저울대는 바로 당신이 쥐고 있소. 이때 당신이 다리를 좌우 어느 쪽에 두는가에 따라(擧足左右), 저울의 무게는 달라질 것이오(便有輕重)." 이 조서에서 '거족경중'이 등장한다.

두융을 끌어들인 유수는 마침내 두 군웅을 멸하고 중원을 다시 통일하게 된다. 이때 광무제는 두융을 토사구팽하지 않고 약속을 지켜, 후한 조정에서 대사공(大司空: 감찰을 맡는 정승)의 높은 벼슬로 등용한다.

응용 최근 북한은 러시아의 불법적인 우크라이나 침략 전쟁에 전투 병력을 파병했다. 2년 넘게 교착 상태에 빠져 있는 러-우전쟁의 세력 균형을 깰 '**거족경중(擧足輕重)**'의 결정적인 역할을 할지, 아니면 북한 병사들의 많은 희생으로 김정은 정권의 몰락이 빨라질지 두고 볼 일이다. 이 와중에 10월 31일에는 또 ICBM을 발사했다. 국제평화와 안전을 위협하는 북한의 도발 행태는 강력히 규탄해야 마땅하다.

220 老馬識途 〈노마식도〉

老:늙을 **노** 馬:말 **마** 識:알 **식** 途:길 **도**

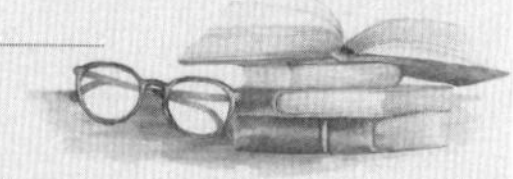

늙은 말이 길을 안다는 뜻.
경험이 풍부한 사람이 일을 잘 처리한다는 것을 비유하는 말.

유래 《한비자(韓非子)》〈설림상(說林上)〉

춘추시대 오패의 한 사람이었던 제(齊) 환공(桓公)이 어느 봄에 명재상 관중(管仲)과 대부 습붕(隰朋)을 데리고 고죽국을 정벌하러 나섰다가 실패하고, 겨울에 철군하다가 길을 잃고 방황하게 되었다.

이때 관중이 "노마(老馬)의 지혜를 이용하는 것이 좋을 것 같습니다. 그놈들은 경험이 많아서 길을 찾아 우리를 안내해 줄 겁니다." 그러면서 늙은 말을 몇 필 풀어 놓고 앞장서서 걷게 했다. 늙은 말들은 고스란히 봄에 왔던 길을 찾아가서 제나라 군사들은 무사히 회군하게 되었다.

또한 산 중에서 물이 떨어졌는데, 습붕은 "개미는 겨울에는 산의 남쪽에 살고, 여름에는 산의 북쪽에 산답니다. 개미가 쌓아놓은 흙을 파면 물이 있을 것입니다." 과연 땅을 파서 물을 얻었다.

그러자 환공은 "관중과 습붕은 지혜를 가지고서도 알지 못하는 것은 늙은 말과 개미에게서 배웠다. 그러나 그것을 수치로 여기지 않았다. 그런데 오늘날 사람들은 자신이 어리석음에도 성현의 지혜를 스승으로 삼아 배우려 하지 않는다. 이것은 잘못된 일이 아닌가." 말하였다.

응용 최근 대한노인회 회장이 노인 기준을 75세로 상향하자고 제안하면서 파문을 던졌다. 그러나 실제 고용을 담당할 기업의 부담과 청년 일자리에 미칠 영향을 생각할 때 우려도 적지 않다. 하지만 생산인구가 급감하는 저출산고령 사회에서 고령자 고용 연장은 언젠가는 이뤄질 일이라 하겠다. 일본 기업들은 고령자 채용이 적은 임금으로 '**노마식도(老馬識途)**'의 지혜를 배울 수 있어 좋다는 평가이다.

221 大同小異 〈대동소이〉

大:큰 **대** 同:같을 **동** 小:작을 **소** 異:다를 **이**

크게 보면 같고 작게 보면 다르다는 뜻.
큰 차이 없이 거의 비슷하다는 말.

유래

《장자(莊子)》〈천하편(天下篇)〉

장자는 천하편에서 묵가(墨家)와 법가(法家)의 주장을 비판하고 도가의 철학을 선양한다. 또한 뒷부분에는 친구인 혜시(惠施)의 논리학을 소개하고 다음과 같이 자기 의견을 덧붙였다.

"혜시의 저술은 다방면에 걸쳐 다섯 수레나 되는데 그의 도는 복잡하고, 그의 생각은 만물에 걸쳐 있다. '크게 보면 같다가도 작게 보면 다르니(大同而與小同異) 이것을 소동이(小同異)라 하고, 만물은 모두 같기도 하고 다르기도 하니(萬物畢同畢異) 이것을 대동이(大同異)라 한다.

남쪽은 끝이 없음과 동시에 끝이 있고, 오늘 남쪽의 월(越)나라로 간 것은 어제 월나라에서 온 것이다. 꿰어 있는 고리도 풀 수가 있다. 나는 천하의 중심을 알고 있다. 연(燕)나라의 북쪽이며 월나라의 남쪽이 그곳이다. 만물을 넓게 차별 없이 사랑하면 천지(天地)도 하나가 된다'고 했다. 혜시는 자기가 천하를 달관한 자라고 자부하여, 이로써 여러 사람을 가르쳤다. 혜시는 시간과 공간의 무한성, 만물이 필연적으로 가지고 있는 상대성을 논한 것이다."

응용

가스업계도 경기 침체가 지속되면서 특히 가스보일러와 LPG소형저장탱크 시장의 가격 경쟁이 치열하다. 경쟁사의 제품이나 서비스 비교 시 '**대동소이(大同小異)**'한 상황이다 보니 결국 가격 경쟁으로 몰입하고 있다. 물론 부가적인 기능이나 세부적인 특징에서는 차이가 있는데, 기본적인 기능이나 디자인이 오십보백보(五十步百步)이다 보니 저가(低價)만 선호하는 소비자만 탓할 일은 아닌 것 같다.

222 望雲之情 〈망운지정〉

望:바랄(바라볼) **망** 雲:구름 **운** 之:갈 **지** 情:뜻 **정**

구름을 바라보는 정.
자식이 객지에서 고향에 계신 부모를 그리는 마음.

유래 《신당서(新唐書)》 〈적인걸전(狄仁傑傳)〉

당나라 고종(高宗) 때 명신 적인걸(狄仁傑)은 염입본(閻立本)의 추천을 받아 법조참군으로 천거되었다. 이후 예주자사(豫州刺使)로 있을 때 무고한 죄로 사형 선고를 받은 많은 사람을 구제하는 등 좋은 정치를 펼쳐 칭송이 자자했다. 그러나 내준신(來俊臣)의 모함으로 투옥되었다가 지방으로 좌천되었다.

법조참군일 때 적인걸은 태항산(太行山)에 올라 부모님이 계시는 하양(河陽)의 별업(別業) 방향을 바라보며 주변 사람에게 "우리 부모님이 흰 구름이 이는 저 아래에 살고 계시는데, 멀리서 바라만 보고 가서 뵙지 못하는 슬퍼함이 오래되었다." 말하며 구름이 걷힌 다음에야 산에서 내려왔다.

망운지정이란 이렇게 타향에서 자신도 고생을 겪고 있지만, 고향의 부모를 더욱 그리는 자식의 정을 가리키는 말이 되었다. 훗날 적인걸의 효성과 평판이 높다는 말이 전해지면서 측천무후(則天武后)는 다시 그를 재상으로 등용했다고 한다. 오늘날 중국에서 음력 1월 1일, 춘절(春節)이 되면 부모를 찾아가는 '민족의 대이동'이 되는 것도 망운지정 때문이다.

응용 요즘은 명절이나 휴가 시즌이 되면 외국 여행을 떠나는 사람으로 공항이 북새통을 이룬다. 하지만 대부분 사람은 추석과 설날만은 고향의 부모님을 찾아뵙기 위하여 극심한 도로 정체도 마다하지 않고 길을 나선다. 귀성길, 귀경길이 고생길이기도 하지만 고향으로 향하는 간절한 '**망운지정(望雲之情)**' 때문이다. 부모와 조상을 공경하는 것은 효(孝)의 근본이며, 자녀에게는 점점 사라져 가는 우리의 뿌리를 찾게 하는 산교육의 길이라고 생각한다.

223 排難解紛 〈배난해분〉

排:밀칠 **배** 難:어려울 **난** 解:풀 **해** 紛:어지러움 **분**

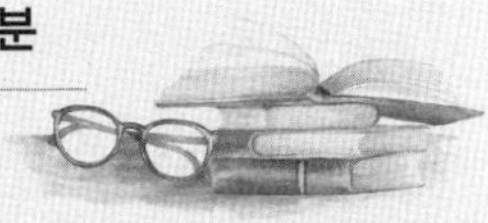

어려움을 물리치고 분규를 해결해 준다는 뜻.
타인의 위급상황이나 어려운 문제를 잘 해결해 준다는 말.

유래

《전국책(戰國策)》〈조책(趙策)〉

전국시대(戰國時代) 말 진(秦)나라 소왕(昭王)이 조(趙)나라로 침공하여 수도 한단(邯鄲)을 포위했다. 조나라 효성왕(孝成王)은 위(魏)나라 안희왕(安釐王)에게 사신을 보내 구원병을 요청했다. 위나라는 일단 진비(晉鄙)장군과 군대를 파병하였으나 진나라 군세가 무서워서 접경지대에서 진군을 멈추고 사태를 관망했다. 그리고 신원연(辛垣衍)이란 장군을 조나라 재상 평원군(平原君)에게 보내 "진나라 소왕을 천자로 받들겠다고 칙서를 보내면 진나라 군대는 물러날 것"이라고 설득했다.

당시 조나라에 머물고 있던 제(齊)나라 출신 책사 노중련(魯仲連)이 이 소식을 듣고 평원군의 주선으로 신원연을 만나 "진나라가 천자를 칭하게 되면 위나라도 위험해진다. 그러니 진나라와 과감하게 싸워야 한다"고 설복시켰다. 결국 위나라는 진나라 군대와 싸워 승리해 한단을 포위에서 구해냈다. 조나라 왕은 노중련에게 감사의 답례로 영지와 천금을 주려고 하였다. 하지만 그는 "선비는 남을 위하여 어려움과 분란을 해결하고도 대가를 받지 않아야 참다운 선비"라며 사양했다.

응용

국제상황은 두 개의 큰 전쟁 늪에 빠져 있고, 국내 상황은 점입가경의 정치적 혼란과 척박해진 민생 등으로 난세(亂世)인 것 같다. 그러나 '난세에는 영웅(英雄)이 나온다'라는 말이 있는데, 간웅(奸雄)과 가짜 영웅만 보일 뿐, **'배난해분(排難解紛)'** 해 줄 진짜 영웅은 아직 보이지 않는다. 선진국에 진입한 대한민국호를 덮치는 풍파는 점점 높아지고 있는데 이를 해결할 진정한 영웅은 언제쯤 오시려나.

224 三令五申 〈삼령오신〉

三:석 **삼** 令:명령할 **령** 五:다섯 **오** 申:거듭할 **신**

세 번 명령하고 다섯 번 되풀이 한다는 뜻.
여러 번 되풀이하여 말하거나 설명한다는 말.

유래

《사기(史記)》〈손자오기(孫子吳起)〉
춘추 시대 오(吳)나라 왕 합려(闔閭)는 천하제일의 병법가인 손무(孫武)의 저서 『손자(孫子)』를 읽어 보고 감탄하여 그를 초빙, 재능을 시험해 보고자 엉뚱한 주문을 했다. "그대의 병서를 읽은 후 그 내용의 신묘함에 탄복했소이다. 과인의 궁녀들을 훈련하여 단련하는 것도 가능하겠소?" 손무는 그렇다고 대답 후 오왕의 궁녀 180명을 선발하여 90명씩 두 부대로 나누고, 왕의 애첩 두 명을 각 부대의 지휘관으로 임명했다.
그리고 "나는 전하의 명을 받들어 대장으로서 그대들을 훈련시키려 한다. 내 말을 잘 듣고 군령에 따라야 하며, 그렇지 못할 때는 군율에 따라 처단할 것이다"라고 경고한 다음, 구체적인 훈련 항목을 시달했다.
그러나 몇 번이나 명령해도 궁녀들이 웃거나 장난을 치며 따르지 않자 손무는 눈 한번 깜짝하지 않고 왕의 두 애첩을 가차 없이 처단해 버렸다. 그런 다음에 새로운 지휘관을 임명하고 구령을 붙이자, 이번에는 명령이 일사천리로 잘 먹혀들었다. 그 모양을 보고서 오왕은 손무의 용병술을 인정하여 전폭적인 신임 아래 군무를 맡겼다.

응용

12월 3일 이후 정국은 한 치 앞을 예측할 수 없는 혼란이 거듭되고 있다. 이 시대에 비상계엄을 했다는 것은 이해하기 어려운 일이지만, 왜 그런 사태까지 가게 되었는지에 대한 성찰도 있어야 한다. 동서고금을 막론하고 국가의 흥망성쇠는 외환(外患)보다 내우(內憂)에 있었다는 것을 역사가 늘 '**삼령오신(三令五申)**'으로 일러 주고 있는데도, 정치지도자들은 아전인수(我田引水)식이니 지금 나라가 풍전등화(風前燈火)이다.

225 仰人鼻息 〈앙인비식〉

仰:우러러볼 **앙**　人:사람 **인**　鼻:코 **비**　息:숨쉴 **식**

남의 콧김(숨 쉬는 것)만 바라본다는 뜻.
남의 눈치를 살피거나 비위를 맞추는 것을 비유하는 말.

유래

《후한서(後漢書)》〈원소전(袁紹傳)〉

중국 후한(後漢) 말 군웅할거 시 발해 태수 원소(袁紹)가 동탁(董卓) 정벌의 기치를 들고 그 맹주로 추대되었다. 그의 참모인 봉기(逢紀)가 평범한 한복(韓馥)이 다스리는 기주(冀州)를 점령하여 근거지로 삼자고 건의하자, 먼저 북평(北平) 자사 공손찬(公孫瓚)에게 기주를 공격하도록 하였다. 또 한편으로는 순심(荀諶)과 고간(高幹)을 한복에게 보내 공손찬의 공격이 임박하였으니 원소에게 기주를 내주도록 압박하였다. 무능하고 겁이 많은 한복은 그 말을 따라 기주를 원소에게 바치려고 하였다.

그때 한복의 신하인 장사(長史), 경무(耿武), 민순(閔純) 등이 "기주는 백만 명의 백성이 있고, 10년을 먹을 수 있는 식량이 있습니다. 원소는 외로운 나그네 같은 곤궁한 신세라서 우리 콧김만 바라보고 있습니다.(袁紹孤客窮軍, 仰我鼻息). 비유하자면 품속의 갓난아기와 같아서 젖을 주지 않으면 곧 굶어 죽을 것인데, 어찌하여 기주 땅을 내주려 하십니까"라고 하며 반대하였다. 그러나 한복은 부하들의 충언을 듣지 않고 원소에게 귀순함으로써 결국 유명무실한 존재로 전락하고 말았다.

응용

연초에는 희망찬 기대를 품었던 '푸른 용의 해' 2024년 갑진년(甲辰年)이 쓰라린 가슴을 안고 저물어 가고 있다. 모두 제정신이 아닌 상황에서 지금 나라는 백척간두(百尺竿頭)의 위기에 있는데, 개인적인 술회가 무슨 의미가 있으랴. 그러나 **'앙인비식(仰人鼻息)'**하며 살지 않겠다고 늘 다짐했는데, 혹시 앞장설 일이 있는데도 남의 눈치나 살피며 대세에 순응하려고 하지는 않았는지 자성의 시간을 갖고자 한다.

226 專心致志〈전심치지〉

專:오로지 **전**　心:마음 **심**　致:이를(보낼) **치**　志:뜻 **지**

마음을 오로지 모으고 뜻을 다한다는 뜻.
오직 한 곳에만 마음을 집중한다는 말.

유래 《맹자(孟子)》〈고자상(告子上)〉

맹자는 비록 왕이 지혜롭지 못하다 하더라도 신하들이 온 마음을 다해서 왕을 보필한다면 정치가 제대로 될 수 있다고 했다. 그 비유로 "바둑을 두는 수가 하찮은 기술이라도 마음을 집중하고 뜻을 다하지 않으면 터득하지 못한다. 혁추(奕秋)는 온 나라에서 바둑을 제일 잘 두는 사람이다. 혁추로 하여금 두 사람에게 바둑을 가르치게 할 경우, 그중 한 사람은 마음과 뜻을 다하여(專心致志) 오직 혁추의 말을 듣고, 또 다른 한 사람은 비록 혁추의 말을 듣기는 하나 마음 한편에는 기러기와 새가 날아오면 활을 당겨서 쏘아 맞힐 것을 생각하고 있다면, 비록 그와 함께 배운다고 해도 그보다 못할 것이다. 이는 그의 지혜가 그보다 못하기 때문인가? 그렇지 않다(今夫奕之爲數 小數也 不專心致志 則不得也 奕秋 通國之善奕者也 使奕秋 誨二人奕 其一人 專心致志 惟奕秋之爲聽 一人雖聽之 一心 以爲有鴻鵠 將至 思援弓繳而射之 雖與之俱學 弗若之矣 爲是其智 弗若與 日 非然也)."라는 문장에서 유래되었다.

응용 2025년 을사년(乙巳年) 새해가 밝았다. 그러나 여전히 가짜뉴스와 선전 선동이 난무하며 시한폭탄 같은 시국이 계속되고 있다. 결코 기분 좋게 산뜻한 새해 인사나 나눌 분위기는 아닌 것 같다. 아무리 정치가 엉망이라 하더라도 국민까지 중심을 잃어서는 안 된다. 새해에는 국민 모두가 주인의식을 가지고 '**전심치지(專心致志)**'의 자세로, '갈등과 반목'이 아닌 '미래로 세계로'를 지향해야 나라가 살 것이다.

227 喋喋不休 〈첩첩불휴〉

喋:재잘거릴 **첩**　不:아닐 **불**　休:쉴 **휴**

재잘거리는 것이 쉴 틈이 없다는 뜻.
몹시 수다스러움을 비유하는 말.

유래

《한서(漢書)》〈장석지전(張釋之傳)〉《사기(史記)》〈장석지·풍당열전(張釋之·馮唐列傳)〉

중국 한(漢)나라 문제(文帝) 때 법을 집행하는 정위(廷尉) 벼슬에 있던 장석지(張釋之)는 공정한 일 처리로 명망이 높았다. 그가 문제를 수행하여 호권(虎圈 : 호랑이 우리)을 순시할 때 황실 동산의 총책임자인 상림위(上林尉)에게 보유하고 있는 짐승 현황 등을 물었는데, 상림위는 제대로 답변하지 못하였다. 이때 옆에 있던 호권의 관리인이 대신에 유창하고 자세하게 대답하였다. 이에 문제는 "관리란 이래야 마땅하지 않은가? 상림위는 믿을 수 없다"라고 말하고는, 장석지에게 명을 내려 그 관리인을 상림령(上林令)으로 삼게 하였다.

그러자 장석지는 강후(絳侯)와 동양후(東陽侯)의 예를 들면서 "그들은 훌륭한 인물이지만, 업무에 대해서 저 관리인처럼 쉴 새 없이 재잘거리며 말을 잘하지는 못합니다.(豈效此嗇夫喋喋利口捷給哉) 폐하께서 저 관리인의 말재간만으로 몇 단계를 승진시키려 하시니, 세상 사람들이 구변만 일삼으며 알맹이가 없게 될까 염려스럽습니다"라고 간언하였다. 이에 문제는 장석지의 말이 옳다고 생각하여 그 관리인의 승진을 취소하였다.

응용

말에는 무게가 있어야 하는데 해가 바뀌어도 정치권은 여전히 아전인수(我田引水)식으로 '**첩첩불휴(喋喋不休)**' 중이고, 뉴스는 말 같지도 않은 말, 협박, 망언(妄言), 교언(巧言), 간언(姦言)조차도 여과 없이 내보내고 있으니 보고 듣는 국민은 괴롭다. 이런 어지러운 세상(亂世)에 어떻게 대응하는 것이 슬기롭고 현명한 길인지, 그 어느 때보다 마음을 잘 추스르는 깊은 성찰의 시간이 필요한 것 같다.

228 退避三舍 〈퇴피삼사〉

退:물러날 **퇴**　避:피할 **피**　三:석 **삼**　舍:삼십리 **사**

삼사(90리)를 물러나 전투를 피한다는 뜻.
충돌을 피해 물러나거나 양보하는 것을 비유하는 말.

유래

《좌씨전(左氏傳)》〈희공(僖公)〉

중국 춘추시대 두 번째 패자(覇者)인 진(晉)나라 문공(文公) 중이(重耳, 기원전 697-628)가 등극하기 전까지는 이복동생 진혜왕의 자객을 피해 각국을 떠돌며 유랑하는 처지였다. 그 시절에 초(楚)나라 성왕(成王)을 방문했는데, 성왕은 누추한 행색의 중이 일행을 융숭하게 환대하면서 물었다. "만약 진공자를 진의 제후로 등극하게 도와주면, 내게 무슨 선물을 줄 생각이오?" 성왕의 질문이 노골적이고 난처한 것이었지만 중이는 침착하게 "미녀나 옥과 비단 같은 것은 이미 많이 가지고 계실 것이니 그런 선물은 의미가 없을 것입니다. 혹시 훗날 부득이하게 초나라 군대와 싸우게 될 때는 전선에서 '3사(舍)'를 양보하여 후퇴해 드리지요."

내심 '진나라 땅 일부를 주겠다'는 정도의 큰 약속을 기대했던 성왕은 당황했고, 배석했던 초의 신하들은 '무례한' 중이를 당장 죽여야 한다고 주장했다. 그러나 성왕은 중이가 출중한 제후의 자질을 가졌다고 판단하고 고이 보내주었다. 결국 중이는 19년의 긴 유랑 생활 끝에 마침내 귀국하여 진나라 제후로 등극했다. 그 때 그의 나이는 62세였다.

응용

사회생활에서 의견충돌은 흔히 발생한다. 직장에서 동료와의 의견이 엇갈려 긴장이 고조되거나, 부모형제 간에도 의견이 달라 갈등을 빚는 경우가 허다하다. 이런 경우 우리는 흔히 '**퇴피삼사(退避三舍)**'는 힘들다 하더라도 한 발짝씩만 물러나자고 중재한다. 그러나 더욱 바람직한 자세는 적극적인 경청을 통해 상대방의 입장을 이해하고, 자신의 감정을 조절하며 서로의 공통점을 찾아내는 일이 아닐까.

229 包藏禍心 〈포장화심〉

包:꾸릴(쌀) **포** 藏:감출 **장** 禍:재난 **화** 心:마음 **심**

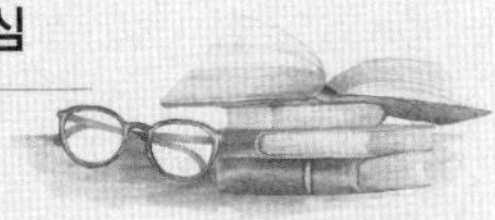

재앙을 주려는 마음을 싸고 있다는 뜻.
남을 해칠 나쁜 심보를 품고 있다는 말.

유래 《春秋左氏傳(춘추좌씨전)》〈소공(昭公)〉

중국 춘추시대 소국인 정(鄭)나라는 대국인 초나라와 우호 관계를 맺고자, 정나라 대부 공손단(公孫段)은 자기 딸을 초나라의 공자(公子) 위(圍)와 혼인시키려 하였다. 초나라는 이 기회를 이용해서 정나라 수도에 손쉽게 진입하여 점령하려고 계획하였다. 이에 위 공자는 무장한 대부대를 이끌고 정나라로 향하였는데, 정나라 재상 자산(子産)이 사태의 심각성을 간파하고 자우(子羽)를 보내 그들의 입성을 만류하였다.

자우는 위 공자에게 도읍이 협소하여 많은 사람을 수용할 수 없으니 성 밖에서 혼례를 치르도록 하자고 제안했다. 그러자 초나라 측에서는 그렇게 하는 것은 예법에 맞지 않고, 초나라를 무시하는 처사라며 성 안에서의 혼례식을 주장하였다.

이에 자우는 "작은 나라에 죄가 있는 것이 아니라 대국에 의지하는 것이 죄가 되는 것입니다. 우리는 혼인의 인연을 통해 대국에 의지하여 안정을 구하려 하는 것인데, 그대들은 나쁜 심보를 품고 있는 것이 아닙니까?"라고 말하였다. 초나라 측에서는 자신들의 속셈이 드러났음을 알고 애초의 계획을 포기하고 비무장으로 입성하여 신부를 맞이했다.

응용 조직 내에서 겉 다르고 속 다른 '트로이 목마'와 같은 사람은 결국 그 조직을 피폐하게 만든다. 동서고금을 막론하고 그런 자가 더러 있었다. 그러나 처음부터 배신자를 파악하기는 쉽지 않다. **'포장화심(包藏禍心)'**를 품고 있으면서도 평소에는 번지르르한 말을 하면서 착한 체하기 때문이다. TV에서 자주 보는 유명 인사 중에도 그런 양두구육(羊頭狗肉) 같은 인물들이 더러 보여 참 불편하다.

230 合浦珠還 〈합포주환〉

合:합할 **합**　浦:개 **포**　珠:구슬 **주**　還:돌아올 **환**

합포에 진주조개가 다시 돌아온다는 뜻. 잃어버린 물건을 다시 찾거나 떠나갔던 사람이 다시 돌아오는 것을 비유하는 말.

유래

《후한서(後漢書)》〈순리열전(循吏列傳)〉

중국의 한(漢)나라 때 합포(合浦: 현재 광서 장족(壯族)자치구 합포현)는 곡식이 잘 자라지 않아 바다에서 진주조개를 깨서 인근 교지(交趾: 베트남)와 쌀을 교환하면서 생계를 유지하는 지역이었다.

합포에서 나는 진주는 둥글고 크며 빛깔이 고와서 사람들은 '합포주(合浦珠)'라 부르며 귀한 구슬로 여겼다. 합포에 부임한 관리들은 귀한 진주를 수탈하는 학정을 서슴지 않았다. 주민들은 진주를 캐 봤자 빼앗길 것이 뻔하므로, "합포의 진주가 모두 교지로 흘러가 버렸다"고 하면서 캐지 않게 되었고 채취량은 점점 줄어들었다. 따라서 주민들은 양식을 바꿀 진주가 없어 굶주림에 허덕이거나 다른 지방으로 이주하였다.

이때 맹상(孟嘗)이 합포 태수로 부임하여 이전 탐관오리들의 병폐를 개혁하고, 백성들의 궁핍한 원인을 찾아내어 이를 개선하는 데 힘썼다. 그러자 1년도 지나지 않아 멀리 가 버렸다던 진주가 다시 돌아왔고(曾未踰歲, 去珠復還), 백성들이 다시 본업에 복귀하면서 상품이 원활하게 유통되어 생활이 안락해졌다.

응용

암담한 뉴스만 범람하는 요즘, 연간 출생아 수의 증가 소식은 국민에게 기쁨과 희망을 주는 뉴스이다. 지난해 1~11월 누적 출생아 수가 22만 94명으로 전년 동기보다 7천여명 증가했고, 연간 합계출산율도 9년 만에 상승할 가능성이 커 '**합포주환(合浦珠還)**'의 시대가 열릴 전망이다. 인구는 나라의 근간으로, 신생아는 진주와 비교할 수 없는 귀한 보물이다. 혼인과 출산 장려 정책이 지속되기를 바란다.

신문게재일자 – 2025.2.5

231 去住兩難 〈거주양난〉

去:갈 **거**　住:살(머물) **주**　兩:두 **양**　難:어려울 **난**

가는 것도 머무는 것도 둘 다 어렵다는 뜻.
가야 할지 머물러야 할지 결정하기 어려운 상황을 이르는 말.

유래

《호가18박(胡笳18拍)》에 나오는 이야기에서 유래.

중국 후한(後漢)의 문인이자 음악가인 채옹(蔡邕:132~192)에게는 채문희(蔡文姬)라는 총명한 딸이 있었다. 채옹이 어두운 밤에 거문고를 타다가 줄이 끊어지자, 옆에서 듣던 아홉살 딸 문희가 보지도 않고 거문고의 몇 번째 현이 끊어졌다고 정확하게 말할 정도로 영재였다.

그러한 문희가 한나라 헌제(獻帝) 때 흉노족에게 잡혀가 흉노의 좌현왕(左賢王)과 강제 결혼하여 12년을 흉노 땅에서 살았다. 채옹과 절친하였던 조조(曹操)는 채옹 사후에 그의 저작(著作)을 정리할 사람이 마땅치 않아서 흉노와 교섭하여 문희를 데려오려고 하였다.

이미 두 아이의 어머니가 된 문희의 입장에서는 아이들을 남겨 두고 떠나기도, 그렇다고 흉노 땅에서 계속 사는 것도 둘 다 어려운 선택이었다. 결국 고국에 돌아온 문희는 《호가18박》이란 악곡을 지었는데, 그중 12박에는 그때의 심정을 담은 "가야 할지 머물러야 할지 두 마음을 함께 베풀기 어렵다[去住兩情兮 難俱陳]"라는 구절이 등장한다.

비슷한 말로 진퇴양난(進退兩難)과 진퇴유곡(進退維谷)이 있다.

응용

육십갑자(六十甲子) 2주기 전인 1905년 을사년은 '을사늑약'으로 사실상 국권을 잃었다. 그러나 1주기 전인 1965년 을사년은 '제1차 경제개발 5개년 계획'이 시작되면서 국운 상승이 시작되었다. 과연 2025년 을사년은 어떻게 될까? 정치는 차치하고, 지금 많은 상인과 중소기업은 경제가 암울해서 사업을 접기도 계속하기도 어려운 '**거주양난(去住兩難)**' 지경이라고 한숨을 쉬고 있다. 모두 정신을 차려야겠다.

232 駑馬十駕 〈노마십가〉

駑:둔한 말 **노** 馬:말 **마** 十:열 **십** 駕:수레 **가**

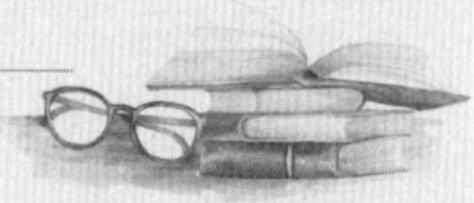

둔한 말이 열흘 동안 가는 거리라는 뜻.
둔한 말이라도 열흘을 달리면 준마(駿馬)가 하루 동안 빠르게 간 거리를 갈 수 있다는 말.

유래 《순자(荀子)》〈권학편(勸學篇)〉

순자의 〈권학편〉에는 「흙이 쌓여 산이 이루어지면 바람과 비가 일어나고 물이 모여 못을 이루면 교룡이 생기듯이, 선을 쌓아 덕을 이루면 신명(神明)함을 스스로 체득하고 성스런 마음이 갖추어지게 된다. 그러므로 반걸음을 떼지 않고서는 천 리 길에 이르지 못하며, 작은 개울이 모이지 않으면 강이나 바다를 이루지 못한다. 천리마라도 한 번에 열 걸음을 뛸 수는 없지만, 아무리 둔한 말이라도 열흘 동안 갈 수 있다는 것은 포기하지 않기 때문이다.(중략)」라고 서술하고 있다. 즉 "잘 달리는 말이라도 한 번 뛰어 열 걸음을 갈 수는 없지만, 둔한 말일지라도 열 배로 수레를 끌면 목표한 바에 이를 수 있으니 성공은 포기하지 않는 데 있다(騏驥一躍 不能十步 駑馬十駕 則亦及之 功在不舍)."라는 뜻이다. 비슷한 사자성어로 '노적성해(露積成海:이슬이 모여서 바다를 이룬다)와 '수적천석(水滴穿石:낙숫물이 돌을 뚫는다)', '십벌지목(十伐之木:열 번 찍어 안 넘어가는 나무 없다) 등이 있다.

응용 2010년대부터 일기 시작했던 금수저 은수저 논란은 현대판 신분제도 사회계급론이라는 비판 속에서도 여전히 해학적으로 회자되고 있다. 부모의 재산과 지위가 없어 자신은 흙수저라며 기죽어 있는 젊은이들을 볼 때마다 참으로 안타깝다. 의욕이 꺾이고 위축된 자세로는 성공을 기대하기 어렵다. 아무리 '개천에서 용 나는 시대'가 아니라지만, **'노마십가(駑馬十駕)'**의 성실한 자세로 꾸준히 노력한다면 멀지 않아 자신의 꿈을 성취하고 가문을 일으킬 수 있을 것으로 믿는다.

233 大腹便便 〈대복편편〉

大:큰 **대** 腹:배 **복** 便:편할 **편**

배가 뚱뚱하게 크다는 뜻.
배가 몹시 불룩하게 나온 것을 빈정거리는 말.

유래

《後漢書(후한서)》〈邊韶傳(변소전)〉

중국 동한(東漢) 시대, 변소(邊韶)라는 학자는 유가의 많은 경전을 공부하여 문장력이 뛰어났고 달변가로 유명하였다. 그 명성을 듣고 많은 사람이 몰려들었다. 그의 교육은 매우 엄격해서 제자들이 잠깐이라도 졸면 논어를 인용해서 "썩은 나무에는 새길 수 없고, 더러운 흙담은 흙손으로 고를 수 없다. 너처럼 잠만 자는 사람이 무슨 쓸모가 있겠느냐?"고 하면서 꾸짖곤 했다.

그런 변소가 나이가 들면서 몸이 뚱뚱해져 어느 날 자기도 모르게 낮잠이 들었는데, 악동 제자들이 "변효선은 배가 뚱뚱하고요, 책 읽기를 게을리하며 잠만 잔대요[邊孝先 腹便便 懶讀書 但欲眠]"라는 노래를 지어 스승을 놀렸다고 한다. 졸다가 이 노래를 들은 변소는 다음 시를 지어 제자들에게 들려주었다. "성은 변씨이고 자는 효선인데, 배가 불룩한 것은 오경이 가득하기 때문이며, 잠자면서도 경전의 일만 생각한다네[邊爲姓 孝爲字 腹便便 五經笥 但欲眠 思經事]." 그 후로 변소도 제자들도 낮잠을 자지 않고 학문에 정진했다고 한다.

응용

못 먹어서 야위었던 옛날에는 동네에서 '**대복편편(大腹便便)**'하고 기름기가 흐르던 사람이 부자였다. 그러나 요즘은 너도나도 살을 빼기 위해 헬스장에 가고 다이어트 식품을 즐겨 찾는 시대이니 과히 부자나라라 하겠다. 살을 빼기 전에 먼저 먹는 것을 줄여야 하지 않을까. TV 화면을 통해 기아에 허덕이는 아프리카 아이들의 불쌍한 모습과 굶주리는 북한의 실상을 접할 때마다 더욱 미안한 생각이 든다.

234 芒刺在背 〈망자재배〉

芒:가시 **망**　刺:찌를 **자**　在:있을 **재**　背:등 **배**

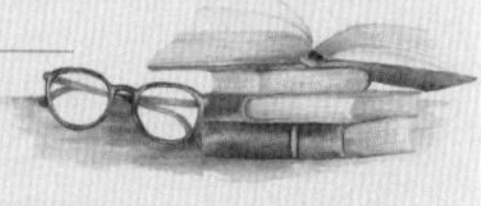

가시가 등을 찌른다는 뜻.
등 뒤에 두렵거나 거북한 존재가 있어서 마음이 편치 않거나, 주변의 눈치를 살피는 것을 비유하는 말.

유래

《한서(漢書)》〈곽광전(霍光傳)〉

전한(前漢)의 무제(武帝) 때 사마대장군 곽광(霍光)은 사리가 분명하고 과단성이 있어, 한무제는 그를 대단히 신임하여 자기 사후의 조정 일을 미리 위임했다. 무제가 세상을 떠나자 곽광은 유조를 받들어 8세의 어린 소제(昭帝)를 황제로 옹립하고 소제의 이복형인 연(燕)왕 단(丹)의 반란을 진압한 후 정권을 완전히 장악했다.

이후 소제가 21살의 한창 나이로 죽자, 곽광은 무제의 손자인 창읍왕 유하(劉賀)를 새 임금으로 옹립했다. 그러나 유하가 음란하고 향락에 빠졌다는 이유로 폐위시키고, 무제의 증손자 유순(劉詢)을 데려다 보위에 앉혔다. 그가 선제(宣帝)다. 선제가 고조의 묘를 참배할 때 곽광이 대장군으로서 호위하였는데 그 위세가 하늘을 찌를 듯이 막강하였다. 선제는 무소불위의 권력을 가진 곽광의 호위를 받는 것이 마치 '가시를 등에 진 것'과 같이 불편했다고 한다. 곽광은 후일 자기 딸을 선제의 황후로 삼게 했지만, 그가 병들어 죽자 선제는 그의 일족을 모두 처형했다.

응용

1월 20일, 미국의 트럼프 2기가 시작되면서 밖에서는 매서운 광풍이 몰아치고, 안으로는 어떻게 될지 모르는 혼란스러운 시국이 지속되면서 **'망자재배(芒刺在背)'** 같은 나날이다. 이런 상황에서 기업들은 안팎으로 이중고를 겪고 있고, 젊은이들의 취업난은 '보릿고개' 못지않다. 강추위가 물러가고 날씨는 따뜻해지고 있는데, 봄이 와도 봄처럼 느껴지지 못하는 '춘래불사춘(春來不似春)'이니 너무 슬프다.

235 杯盤狼藉 〈배반낭자〉

杯:잔 **배**　盤:소반 **반**　狼:어지러울(이리) **랑**　藉:깔 **자**

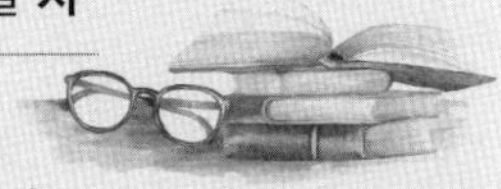

잔과 쟁반이 어지럽게 깔려있다는 뜻.
술을 마시고 흥겹게 노는 모양 또는 술자리가 파할 무렵의 광경.

유래

《사기(史記)》〈골계열전(滑稽列傳)〉

춘추전국시대 제(齊)나라 위왕(威王)은 초(楚)나라의 침략을 받자, 조(趙)나라에 구원군을 요청하기 위해 언변가 순우곤(淳于髡)을 사신으로 보냈다. 순우곤이 조나라 병사 10만 명과 전차 1,000승(乘)을 이끌고 제나라로 돌아온다는 소식을 접한 초나라 군대는 밤에 철수해 버렸다. 위기를 모면한 위왕은 매우 기뻐하여 순우곤을 위해 축하연을 베풀었다.

이 술자리에서 위왕는 순우곤에게 "선생은 얼마나 술을 마셔야 취할 수 있소?" 라고 묻자, 순우곤은 "신은 한 말을 마셔도 취하고 한 섬을 마셔도 취합니다."라고 답했다. 그리고 주색잡기에 여념이 없었던 위왕에게 다음과 같이 에둘러 충언했다. "날이 저물어 술이 떨어질 정도로 마셔 취흥이 돌면 남녀가 무릎을 맞대고, 서로의 신발이 뒤섞이며 술잔과 그릇들이 어지럽게 흩어지게 되고 이때는 한섬을 마실 수 있게 됩니다. 술이 극에 달하면 어지러워지고, 즐거움이 극에 달하면 슬퍼지는데 만사가 모두 그와 같습니다 [酒極則亂 樂極則悲 萬事盡然]." 이후 위왕은 철야로 주연을 베푸는 것을 삼가했다고 한다.

응용

예전에는 밤새워 주지육림(酒池肉林)에서 술을 마셨다는 것을 무용담처럼 자랑하기도 하였지만, 오늘날은 정신이 혼미해질 정도로 과도하게 술을 마시고 술집이 '**배반낭자(杯盤狼藉)**'가 되는 경우는 흔치 않은 일이다. 몸과 마음을 해치는 지나친 과음은 삼가야겠지만, 술을 권하기 어려운 사회 분위기도 너무 낭만이 없는 것 같다. 가끔 반가운 벗들과 만나 술잔을 부딪치는 것도 인생의 큰 행복이 아닐까.

236 三復白圭 〈삼복백규〉

三:석 **삼**　復:반복할 **복**　白:흰 **백**　圭:홀 **규**

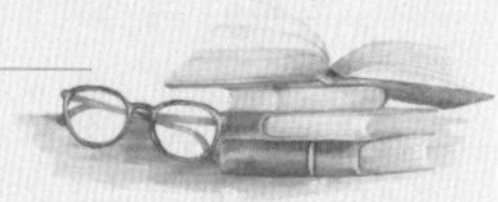

백규를 세 번 반복한다는 말.
말할 때는 신중하게 생각하고 하라는 뜻.

유래

《논어(論語)》〈선진(先進)편〉

공자는 신중한 언어를 군자의 덕목으로 삼았다. 공자의 제자였던 남용(南容)은 《시경(詩經)·대아(大雅) 억(抑)편》에 있는 백규(白圭)란 내용의 시를 매일 세 번 이상 반복하여 외었다고 한다.

'말 하나 하는 데도 조심해야 하고, 행여 위를 잃을까 삼가면, 화평하고 아름답지 않으리./ 흰 구슬의 흠은 갈아서 없앨 수 있지만 한번 뱉은 말의 허물은 어쩔 수가 없네.(白圭之玷 尙可磨也 斯言之玷 不可爲也)라는 구절이 그것이다.

이 시는 본래 위나라 무공(武公)이 서주의 폭군인 여왕(厲王)을 풍자하고, 신하들로 하여금 곁에서 날마다 외우게 함으로써 스스로 경계하기 위해 지은 것이다. 공자는 제자 남용이 이 구절을 늘 반복해서 외우는 모습을 지켜보면서, 자신의 말에 신중하려고 노력하는 그에게 조카딸을 아내로 맺어주었다고 한다. 이 일은 '공자가어(孔子家語)'에도 나오는데, 남용이 말을 삼가고자 하기를 이와 같이 했다면, 반드시 행동도 삼갈 수 있을 것이라 믿었기 때문이다.

응용

요즘 사람들이 말을 너무 함부로 하는 것 같다. 정치지도자들이 말실수로 구설수에 오르거나 설화(舌禍)를 당하는 경우도 허다하게 본다. 《논어》에는 "군자는 말이 행동보다 앞서는 것을 수치스럽게 여긴다(君子 恥其言而過其行)."며 말을 경계하라는 가르침이 많이 나온다. 사회지도급 공인들부터 **'삼복백규(三復白圭)'**하는 자세로 좀 더 말을 조심하고, 품격 있는 말 절제된 말을 사용해야 하겠다.

237 仰天大笑 〈앙천대소〉

仰:우러러볼 **앙** 天:하늘 **천** 大:큰 **대** 笑:웃을 **소**

하늘을 쳐다보고 크게 웃음.
터져 나오는 웃음을 참을 수 없거나 어이가 없어서 크게 웃는 모습.

유래

《사기(史記)》〈골계열전(滑稽列傳)〉

초(楚)나라의 대군이 제(齊)나라를 침공했을 때 제의 위(威)왕은 달변가 순우곤(淳于髡, BC 385~305)에게 황금 백 근과 수레 열 대의 예물을 주며 조(趙)나라에 구원병을 청하러 가도록 했다. 그러자 순우곤이 하늘을 우러러보며 갓끈이 끊어질 정도로 크게 웃었다. 왕이 그가 웃는 이유를 묻자, 순우곤은 "오늘 입궐하면서 보니 길가에 어떤 농부가 돼지족발 하나와 술 한 병을 놓고 이렇게 풍작을 빌고 있었습니다. '높은 밭에서는 광주리가 넘치고 낮은 밭에서는 수레에 가득 차게 오곡이 풍성하게 익어 우리 집안에 가득 넘치게 해 주십시오' 신은 그가 바치는 것은 아주 적으면서 과분한 것을 원하는 것을 보고 웃지 않을 수 없었습니다"

그제야 제왕은 자신의 통이 좁았음을 깨닫고 황금 천 근, 사두마차 백 대 등의 예물을 듬뿍 주어 조나라로 보냈다. 조나라 왕은 제나라에 정예병 10만과 천 대의 전차를 보내 주었다. 이 소식을 들은 초나라 군사는 밤중에 철군했다.

응용

우리 속담에 '삶은 소대가리 하늘을 쳐다보며 크게 웃을 노릇'이란 말이 있다. 어이가 없을 때 웃는 웃음을 가리키는 표현이다. 요즘 웃을 일이 별로 없는데 정치인들의 막말과 '내로남불'의 처신을 보면 **'앙천대소(仰天大笑)'**하지 않을 수 없다. 이는 우스워서 웃는 게 아니라 하도 어처구니가 없어서 나오는 실소(失笑)일 뿐이다. 지금 나라가 백척간두(百尺竿頭)에 있고 국민의 마음은 참담한 데 언제까지 이런 막장 드라마를 보고 있어야 하는지 참으로 개탄스럽다.

238 戰戰兢兢 〈전전긍긍〉

戰 : 싸울(두려워 떨) **전**　兢 : 삼갈(두려워할) **긍**

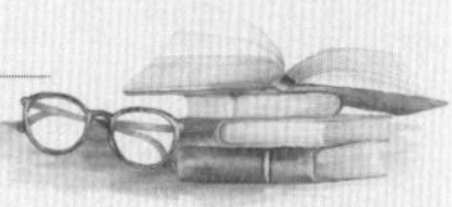

몹시 두려워서 벌벌 떠는 모양.
두려워서 말이나 행동을 삼가고 조심한다는 말.

유래

《시경(詩經)》〈소민편(小旻篇)〉

서주(西周)의 마지막 왕인 유왕(幽王: 주나라 12대 왕)은 '포사(褒姒)라는 절세 미녀를 후궁으로 얻었으나 그녀는 웃지 않았다고 한다. 그래서 유왕은 처음에는 포사가 비단을 찢는 소리를 좋아해 비싼 비단을 찢어가며 웃게 했다. 그 후 기존 왕비를 쫓아내고 포사를 왕비로 봉하는 등 악정을 거듭했다. 급기야 장난질 봉화(烽火)로 일선의 장수들까지 농락하게 되었고 결국 나라가 멸망하였다. 소민편에는 유왕의 악정을 풍자하는 다음과 같은 시가 있는데, 여기에 전전긍긍이 등장한다.

'감히 맨손으로 범을 잡지 못하고, 감히 걸어서 황하도 못 건넌다네.
사람들은 그중 하나는 알지만, 그 밖의 것들은 알지 못한다네.
두려워서 벌벌 떨며 조심하기를 깊은 연못에 임한 것같이 하고
살얼음판 밟듯이 해야 한다네 (불감폭호 불감빙하 인지기일 막지기타 전전긍긍 여림심연 여리박빙 : 不敢暴虎 不敢憑河 人知其一 莫知其他 戰戰兢兢 如臨深淵 如履薄氷)'

응용

3월 21일부터 열흘간 지속되었던 사상 유례없는 대형산불의 피해는 실로 참담하다. 사망자 30명, 산림 4만8천ha 소실, 주택 3천여 채 전소, 사찰 등 국가 유산 피해 30건, 축사 등 농업시설 2천여 건이 불탔다. 특히 경북 북동부권 의성, 청송, 안동, 산청지역의 피해가 컸다. 겨우 진화는 되었지만 삶의 터전으로 돌아갈 수 없어 '**전전긍긍(戰戰兢兢)**'하고 있는 이재민의 고통과 상실감을 생각할 때 너무 가슴 아프다. 이제 모두가 나서서 이들의 가슴에 희망을 심어야 할 때이다.

239 請君入甕 〈청군입옹〉

請:청할 **청** 君:임금 **군** 入:들 **입** 甕:독 **옹**

'그대가 항아리 안으로 들어가시오'라는 뜻.
자기가 정한 규칙이나 법에 자신이 당하게 되는 경우를 비유하는 말.

유래

《자치통감(資治通鑑)》〈당기(唐紀)〉

당나라 측천무후(則天武后)는 권력 유지를 위해 밀고(密告)를 받는다는 조령(詔令)을 내리고, 혹리(酷吏)들에게 가혹한 심문과 형벌을 조장하면서 반대 세력을 제거하였다. 혹리 중에서도 내준신(來俊臣)과 주흥(周興)은 고문 도구를 직접 만들어 사용하는 등 악명이 높았다. 어느 날, 측천무후는 주흥과 구신적(丘神勣)이 모반을 꾀하고 있다는 밀고를 듣고 내준신을 시켜 조사토록 명했다.
내준신은 평소 주흥과 친밀한 사이였는데, 주흥은 다스리기 쉽지 않은 사람이라 한참 고심 끝에 주흥을 불러 주연을 베풀며 "어떤 죄인이 태도가 매우 완강하여 모반한 사실을 인정하지 않는데 무슨 좋은 방법이 없을까?"하고 물었다. 그러자 주흥은 "아주 간단하네. 그자를 큰 항아리 안에 집어넣고 사방에서 불을 때면 인정하지 않고서는 못 배길 걸세." 내준신은 주흥이 일러 준 대로 항아리를 설치해 놓고 "어떤 사람이 주형을 모반 혐의로 고발하며 나에게 조사하라 명하였다네. 주형이 이 항아리 안으로 들어가야겠네." 주흥은 두려워 떨며 죄를 자백하였다.

응용

이번 '대통령 탄핵소추'을 지켜보면서도 많은 것을 느꼈지만, 세상만사는 반전과 응전이 있기 마련이다. 상대방을 무리하게 해치고자 하면 오히려 '**청군입옹(請君入甕)**'하는 경우가 생긴다. 프랑스 대혁명 때 단두대로 가장 많은 사람을 죽인 로베스피에르는 역설적으로 이 단두대에 의해 죽었다. 우리 속담에 '자기가 파 놓은 구덩이에 자기가 빠진다.'라는 말이 있다. 상황에 휩쓸리면서 험한 언행을 일삼는 것은 삼가야 할 때이다.

240

投鞭斷流 〈투편단류〉

投:던질 **투**　鞭:채찍 **편**　斷:끊을 **단**　流:흐를 **류**

채찍을 던져 강의 흐름을 끊는다는 뜻.
'강을 건너는 병사의 수가 많음'을 나타내는 말.

유래

《진서(晉書)》〈부견재기(苻堅載記)〉

4세기 초, 서진(西晉) 말기 정치 부패로 중원이 혼란해지자 북방의 이민족들이 16개 나라(오호십육국)를 세워 각축했다. 이때 저(氐)족이 세운 전진(前秦)의 제3대 왕인 부견(苻堅)은 한족 출신의 왕맹(王猛)을 재상으로 기용하여 부국강병 정책을 펼쳐 강대국이 되었고, 전연(前燕)과 전량(前涼)을 항복시켜 북중국을 통일하였다. 부견은 이 기세를 몰아 남방의 동진(東晉)을 정복하려고 97만 명의 대규모 병력을 거병하였다. 그러나 신하들은 '동진에는 현신(賢臣)이 많아 조정에 혼란이 없고, 양쯔강의 험준한 지역에 위치해 군사 이동이 불리하다'며 출병을 반대했다.

그러자 부견은 군사들의 사기가 충천함만을 믿고 "장강(長江) 험준한 게 뭐 별게 있겠는가? 우리의 많은 군사들이 채찍을 하나씩 강물에 던져 넣어도 족히 강의 흐름을 끊을 수 있을 것이다. [以吾之衆旅, 投鞭于江, 足斷其流]"라고 호언장담하고 공격을 감행했다. 그러나 부견은 비수 전투에서 사현(謝玄)이 이끄는 동진군에 크게 패배해 많은 군사를 잃고, 결국 부견은 부하에게 살해되고 전진도 멸망하였다.

응용

트럼프 미국 대통령이 선포한 '관세 전쟁'으로 한동안 세계 주식 시장은 폭락을 거듭했다. 그러다 4월 9일, 중국을 제외한 57개국에 대한 상호 관세를 90일간 유예하겠다고 발표하자 이제 폭등세로 돌아섰다. 강대국이란 힘을 앞세워 '**투편단류(投鞭斷流)**'의 기고만장한 호기를 부려 세계 시장을 이렇게 교란해도 되는 것인지. 역사를 보면 오만한 장수가 이끄는 대군이 반드시 승리하지는 않았다.

241 暴虎憑河 〈포호빙하〉

暴:사나울 **포**(해칠 폭) 虎:범 **호** 憑:탈(걸어서 물 건널) **빙** 河:물 **하**

맨손으로 범에게 덤비고, 걸어서 황하를 건넌다는 뜻.
용맹만 자랑하며 무모한 행동을 하는 것을 말함.

유래 《논어(論語)》〈술이(述而)편〉

공자의 제자 중 안회(顔回)는 가난하고 불우했지만, 학재(學才)가 뛰어나고 덕행이 높아서 공자는 늘 그를 아꼈다. 어느 날 공자가 안회에게 말했다. “왕후(王侯)에게 등용되면 포부를 펼쳐 도를 행하고, 받아들여지지 않았을 땐 그저 가슴 깊이 묻어두는 것은 아무나 할 수 있는 일이 아니다. 그것이 가능한 것은 나와 너 두 사람 정도일 것이다.”

이때 가까이에서 듣고 있던 자로(子路)가 은근히 질투가 나서 공자에게 물었다. “선생님, 도를 행하는 것은 그렇다 치고, 만약 대군을 이끌고 전쟁에 임할 때 선생님은 누구와 함께 가시겠습니까?” 평소 무용(武勇)에 관해서는 자신 있던 자로가 ‘당연히 나겠지’라는 생각으로 물었던 것이다. 하지만 공자는 “맨손으로 범에게 덤비거나 걸어서 황하를 건너다가 죽어도 후회하지 않는 그런 사람과는 결코 행동을 같이하지 않을 것이다. 임무를 맡으면 반드시 삼가고 두려워하며 주도면밀하게 생각해서 일을 이루는 사람이어야 한다.”고 하였다. 용맹했던 자로는 그 후 반란군 진압에 출동했다가 공자가 염려했던 대로 기개 있는 모습으로 죽었다.

응용 조선은 ‘**포호빙하(暴虎憑河)**’의 용맹한 장수와 강직한 선비의 기상을 칭송했지만, 그것 때문에 나라가 큰 위험에 처하는 경우가 많았다. 예를 들면 1636년 청(淸) 태종의 황제 즉위식 때 주변국의 모든 사신은 절하면서 예를 다했는데, 조선의 사신만이 꼿꼿이 서서 즉위식 분위기에 재를 뿌렸다. 오랑캐한테 절을 할 수 없다는 기개는 대단했지만, 그 몇 달 후 조선은 병자호란으로 백성이 도륙당하고 삼전도의 치욕스러운 굴복을 당했다.

242 亢龍有悔 〈항룡유회〉

亢:목(오를) **항**　龍:용 **룡**　有:있을 **유**　悔:뉘우칠 **회**

하늘 끝까지 오른 용은 후회가 있다는 뜻.
존귀한 지위에 올라가서 겸손·은퇴를 모르면 후회하게 된다는 말.

유래

《주역(周易)》〈건괘(乾卦)〉

주역의 64괘 중 1번째에 있는 유교 기호(괘명)인 건괘에는 왕성한 기운이 넘치는 기상을 단계별로 용에 비유한다. 그 첫 단계는 잠룡(潛龍)으로, 연못 깊숙이 잠복해 있는 용은 아직 때가 아니므로 덕을 쌓으며 때를 기다려야 한다. 다음은 현룡(現龍)으로, 땅 위로 올라와 자신을 드러내어 군주의 신임을 받게 되니, 곧 정당한 지위에서 중용의 도와 선을 행하며 덕을 펴서 백성을 감화시키는 것이다.

그다음은 비룡(飛龍)으로, 하늘을 힘차게 나는 용은 본 괘의 극치로서 제왕의 지위에 오르는 것을 의미한다. 이렇게 하여 절정의 경지에 이른 용이 바로 항룡(亢龍)이다. 항룡은 하늘 끝까지 승천한 용이니 그 기상이야 한없이 뻗쳐 좋지만 결국 하늘에 닿으면 떨어질 수밖에 없는 것이다.

공자(孔子)는 "항룡은 너무 높이 올라갔기 때문에 존귀하나 지위가 너무 높아 교만하기 때문에 자칫 민심을 잃게 될 수도 있으며, 남을 무시하므로 보필도 받을 수 없다"고 했다. 과유불급(過猶不及)과 같은 뜻이다.

응용

높은 곳에서 만족·자중할 줄 모르고 너무 욕심을 부리다 '**항룡유회(亢龍有悔)**' 하는 경우를 더러 본다. 정치인뿐만 아니라 인기스타의 반열까지 올라갔으나 갑자기 나락으로 떨어지는 연예인들도 적지 않다.

지금 6.3 대선을 앞두고 아직 체급에도 미달하는 잠룡들이 비룡이 되겠다고 나와서 각축을 벌이고 있다. 과연 이들 가운데 자신의 입신양명이 아니라 오로지 국가와 국민을 위하여 나선 후보가 있을까? 최선/차선을 위한 깊은 고민의 시간이다.

신문게재일자 – 2025.5.7

243 乾坤一擲 〈건곤일척〉

乾 : 하늘(마를) **건**　坤 : 땅 **곤**　一 : 한 **일**　擲 : 던질 **척**

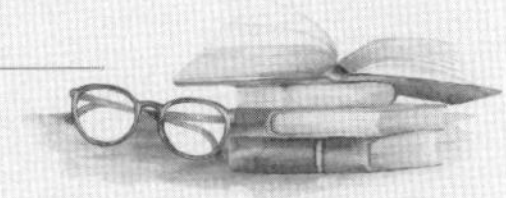

천하를 걸고 승부수를 던진다는 뜻.
운명과 흥망을 건 단판 승부나 성패를 비유하는 말.

유래

당송팔대가(唐宋八大家) 한유(韓愈)의 시 〈과홍구(過鴻溝)〉

진시황(秦始皇)이 죽은 뒤 기회를 엿보던 수많은 영웅호걸들이 일어났다. 그러나 천하는 점점 초(楚)의 항우(項羽)와 한(漢)의 유방(劉邦) 두 세력에 의해 양분되었다. 이때 항우와 유방은 홍구(鴻溝:하남성 개봉 서쪽 지역을 흐르는 강)를 놓고 치열한 세력 다툼을 하다가 이곳을 경계로 동쪽은 초나라가 서쪽은 한나라가 차지하기로 강화 협약을 맺었다. 그때 장량(張良)과 진평(陳平)이 유방에게 '협약 파기'를 진언하며 말머리를 돌려 초를 공격하자고 요청하자, 유방은 그렇게 '일생일대의 도박'을 결심하고 해하(垓下)에서 초를 무찔러 천하를 통일했다.

후세에 당나라 제일의 문장가 한유(韓愈)가 홍구를 지나다가 '과홍구(過鴻溝)'라는 시를 지었는데, 마지막에 다음과 같은 구절이 나온다.

용은 지치고 범도 피곤하여 강과 들을 나누어 가지니(龍疲虎困割川原)
이로 인해 억만창생의 목숨이 살아남게 되었네(億萬蒼生性命存)
누가 임금에게 권하여 말머리를 돌리게 했는가(誰勸君王回馬首)
참으로 한번 겨룸에 천하를 걸었구나(眞成一擲賭乾坤).

응용

어느 선거나 치열하긴 마찬가지지만, 특히 이번 대통령 탄핵으로 치러지는 6.3 대선은 마치 네가 안 죽으면 내가 죽는 **'건곤일척(乾坤一擲)'**의 싸움 같다. 절대 공존할 수 없는 세력들이 오직 이번 선거에 사활(死活)을 걸고 싸우는 모양새이다. 그래서 우리 국민은 더욱 불안하다. 결국 죽어나는 것은 국민이기 때문이다. 국가 지도자가 목숨 걸고 지켜야 할 것은 자신이 아니라 오로지 국가와 국민이다.

244 怒髮衝冠 〈노발충관〉

怒:성낼 **노**　髮:머리카락 **발**　衝:찌를(부딪칠) **충**　冠:갓 **관**

화가 나 머리털이 곤두서서 관을 찌른다는 뜻.
몹시 성낸 모습을 이르는 말.

유래

《사기(史記)》〈인상여열전(藺相如列傳)〉

전국시대(戰國時代) 조(趙)나라의 혜문왕(惠文王)이 화씨지벽(和氏之璧)이라는 귀한 벽옥을 손에 넣게 되었다. 진(秦)나라의 소양왕(昭襄王)이 이 소문을 듣고 혜문왕에게 진나라의 15개 성(城)과 그 보물을 맞바꾸자고 제안했다. 강성한 진나라의 제안을 거부하기 어려웠던 혜문왕은 인상여(藺相如)라는 총신에게 화씨지벽을 주어 진나라에 사신으로 보냈다. 예상했던 대로 소양왕은 큰 나라의 위세를 부리며 성은 내주지 않고 화씨지벽만 가로채려고 했다. 그러자 인상여는 벽옥에 있는 흠을 알려주겠다고 속여 벽옥을 도로 손에 넣은 다음 진 왕의 비겁한 술책을 힐난하고, 여차하면 벽옥과 함께 돌기둥에 머리를 부딪쳐 죽을 기세였다. 이때 인상여의 분노는 머리카락이 곤두서 감투를 찌를 정도였다(怒髮上衝冠)

그 기세에 진 왕은 닷새 후에 대궐 뜰에서 엄숙하게 교환의식을 행하자고 하였다. 그러나 인상여는 그 약속도 믿을 수 없었기에 몰래 수행원 시켜 화씨지벽을 본국으로 빼돌렸다. 그리고 진 왕에게 죽음을 자청하자, 진 왕은 할 수 없이 그를 살려 주었다.

응용

쉽게 화를 내고 분노를 참지 못하는 '분노조절 장애'를 가진 사람이 늘고 있어 터무니없이 자신과 타인에게 '묻지마식' 위해로 연결되고 있다. 누구든 '**노발충관(怒髮衝冠)**'의 상황에 직면하면 판단력이 흐려져 치밀어 오르는 감성이 합리적 이성을 무너뜨리기 십상이다. 물론 분노할 일이 있으면 분노해야 몸에 이롭다고 한다. 그러나 사소한 일에 너무 쉽게 화내는 성정은 각종 교육적인 제어가 요망된다.

245 讀書三到 〈독서삼도〉

讀:읽을 **독** 書:글(책) **서** 三:석 **삼** 到:이를 **도**

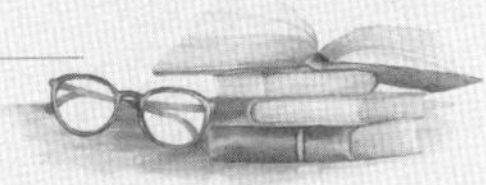

독서하면서 집중해야 할 세 가지라는 뜻.

유래

주자(朱子)의 《훈학재규(訓學齋規)》

중국 송나라 때 주자학을 집대성한 대학자 주희(朱熹)는 훈학재규에서 '독서에는 삼도(三到)가 있다. 심도(心到)와 안도(眼到), 구도(口到)를 말한다. 마음이 여기에 있지 않으면 눈은 자세히 보지 못한다. 마음과 눈이 한곳에 집중하지 않으면 그저 되는 대로 대충 읽는 것이라 결단코 기억할 수가 없고, 기억한다 해도 오래가지 못한다. 삼도 중에서도 심도가 가장 중요하다. 마음이 이미 이르렀다면 눈과 입이 어찌 이르지 않겠는가?(讀書有三到, 謂心到眼到口到. 心不在此, 則眼不看仔細, 心眼旣不專一, 却只漫浪誦讀, 決不能記, 記亦不能久也. 三到之中, 心到最急. 心旣到矣, 眼口豈不到乎)'라고 말했다.

이른바 심도는 마음으로 꼭꼭 새겨서 읽는 정독(精讀)이다. 안도는 눈으로 읽는 목독(目讀)이다. 구도는 소리를 내서 가락을 타며 읽는 성독(聲讀)이다. 눈으로만 읽으면 책을 덮고 남는 것이 없다. 입으로 읽는 것이 좋지만 건성으로 읽으면 소리를 타고 생각이 다 달아난다. 손으로 베껴 쓰며 읽는 수도(手到)도 있는데, 중요한 것은 목도든 구도든 수도든 모두 심도에 닿지 못하면 헛읽은 것이라는 뜻이다.

응용

3공 때 박정희 대통령이 정주영 회장에게 "임자는 소학교 밖에 못 나왔다고 들었는데, 어찌 그렇게 박식하신지 혹시 사사 받은 스승이라도 있으시오?"라고 묻자 정 회장은 "저의 스승은 신문입니다. 저는 신문을 받으면 처음부터 끝까지 정독하면서 세상을 배우고 있습니다"라고 대답했다. 단정하게 바로 앉아 '**독서삼도(讀書三到)**'를 보여 주거나, 신문을 읽는 부모의 모습은 그 자체가 좋은 교훈이 아닐까.

246 妄自尊大 〈망자존대〉

妄:망령될(허망할) **망**　自:스스로 **자**　尊:높일 **존**　大:클 **대**

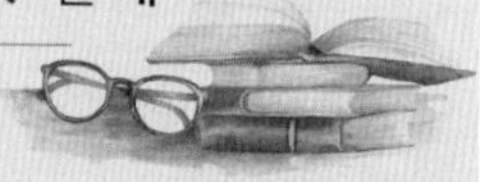

망령되게 자신을 크게 높인다는 뜻.
스스로 잘난 체하고 다른 사람을 무시하는 것을 말함.

유래 《후한서(後漢書)》〈마원전(馬援傳)〉

중국 후한 말기 왕망(王莽)이 제위를 무혈 찬탈하고 신(新)나라를 세웠다. 하지만 왕망의 무리한 개혁 정책으로 신나라는 25년 만에 망하고 잠시 군웅할거의 시대로 접어들었다. 이때 낙양(洛陽)의 유수(劉秀)가 후한의 광무제(光武帝)로 즉위하였으나, 촉의 공손술(公孫述), 하서의 두융(竇融), 농서의 외효(隗囂) 등이 할거하여 전국 통일을 이루지는 못하였다.

외효는 유수와 공손술을 저울질하기 위하여 부하인 마원을 먼저 공손술에게 보냈다. 마원은 자기와 고향이 같은 공손술이 반갑게 맞이해 줄 것으로 여겼으나, 높은 자리에 앉아서 차갑게 대하였다. 마원은 외효에게 "자양(공손술)은 우물 안의 개구리와 같이 스스로 잘난 체하고 남을 업신여깁니다. 동쪽(유수)에 뜻을 두는 것이 어떠하겠습니까.(因辭歸 謂囂曰 子陽 井底之蛙 而妄自尊大. 不如專意東方)"라고 말하였다.

외효는 마원을 다시 낙양의 유수에게 보냈는데, 마원은 극진한 대접을 받고 유수가 참된 지도자감이라고 생각하며 돌아왔다. 외효는 유수를 경계했으나, 결국 유수는 외효와 공손술을 멸하고 나라를 통일하였다.

응용 우리가 원했건 원치 않았건, 이제는 국민의 선택으로 6월 4일 출범한 이재명 정부의 성공을 기원해야 할 때이다. 다만 국민은 새 정부가 승자독식의 폐해를 개선하고 국민이 진정한 주인인 나라, 글로벌 리더 국가로 거듭나기를 원한다. 그러기 위해서는 **'망자존대(妄自尊大)'**의 교만함과 자만심을 스스로 경계하며, 늘 겸손한 태도로 반대편의 다른 의견도 경청하면서 국민을 통합하는 자세가 요망된다.

247 背城借一 〈배성차일〉

背:등 **배**　城:성 **성**　借:빌릴 **차**　一:한 **일**

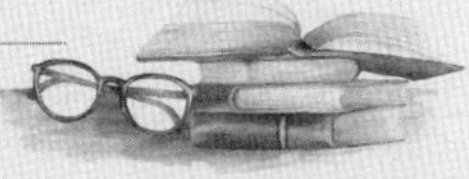

자신의 성을 등지고 적과의 일전을 벼른다는 뜻
목숨을 건 최후의 결전을 비유하는 말.

유래

《춘추좌전(春秋左傳)》〈성공(成公) 2년〉

춘추시대 강대국의 교만에 빠져 있던 제(齊)나라 경공(頃公)이 노(魯)와 위(衛)나라를 침공하자, 이 두 나라는 동맹을 맺고 있던 진(晉)나라에 즉각 구원을 요청했다. 연합국은 진나라 장수 극극(郤克)의 지휘 아래 계속 반격하며 제나라 국경을 넘어 진격했다. 위험을 느낀 경공은 상경 빈미인(賓媚人)을 극극에게 보내 화친 협상을 하게 했다. 그러면서 극극이 무리한 요구를 하면 다시 싸우더라도 항복하지 않을 것이라고 당부했다. 예물과 토지 문서를 갖고 빈미인이 진중에 이르자 역시 극극은 임금의 어머니를 인질로 내 줄 것과 제나라 땅의 전답에 진나라 전차와 병사들이 편하게 통행하도록 동쪽으로 큰길을 내도록 요구했다.

이런 억지를 듣고 빈미인은 친선을 회복한다면 재물과 땅을 아끼지 않겠지만, 이를 달가워하지 않고 계속 침공한다면 우리도 나머지 군사를 모아 도읍의 성을 등지고 일전을 하는 한이 있더라도 굴복하지 않을 것이라고 했다.(子又不許 請收合餘燼 背城借一). 노나라와 위나라의 왕도 제나라 제의를 들어주자고 극극에게 청하여 마지못해 강화가 성립되었다.

응용

나라를 지키기 위하여 '**배성차일(背城借一)**'의 자세로 고군분투하신 선대들의 고귀한 희생이 있었기에 오늘의 대한민국이 있다. 그래서 6월은 그 뜻을 기리는 '호국보훈의 달'이다. 그러나 현충일이나 호국보훈의 의미조차 모르는 10대 학생들과 20·30대 등이 점차 늘어나고 있다고 한다. 심지어 6·25전쟁이 왜 발발했는지 또 몇 년도에 터졌는지도 잘 알지 못하는 경우도 많다고 하는데, 아무도 제대로 가르쳐 주지 않는 지금의 역사 교육, 개선책을 찾아야 한다.

248 三思而行 〈삼사이행〉

三:석 **삼** 思:생각 **사** 而:말 이을 **이** 行:행할 **행**

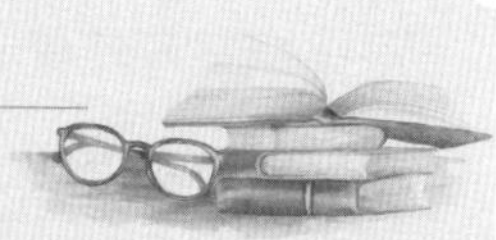

세 번 생각한 뒤에 행동한다는 뜻.
깊이 생각하고 난 뒤에 행동으로 옮긴다는 말.

유래 《논어(論語)》〈공야장(公冶長)〉

노(魯)나라에 재능과 지혜를 겸비한 계손행보(季孫行父)라는 대부(大夫)가 있었다. 공자보다는 한 세대 윗사람으로, 후에 계문자(季文子)라고 칭송받았던 인물이다. 그는 항상 신중하게 생각하고 결정을 내렸다. 그러므로 행동에 있어 실수하는 일이 거의 없었다. 공자는 제자들에게 이렇게 말했다. "계문자는 세 번 생각한 후에야 비로소 행동으로 옮겼다. 그분 정도라면 두 번만 생각해도 괜찮았을 것이다.(季文子三思而後行 子聞之 日 再 斯可矣)"

즉 공자는 행동으로 옮기기 전에 깊이 생각해 보는 것은 당연한 일이라고 강조하면서도, 또한 너무 지나치게 생각하다가 행동해야 할 때를 놓치는 일도 경계해야 한다고 이른 말이라 하겠다.

삼사이행과 비슷한 표현으로 삼사일언(三思一言), 삼사일행(三思一行), 심사숙고(深思熟考), 심사숙려(深思熟慮) 등이 있다. 우리 속담 '돌다리도 두드려 보고 건너라'라는 말도 같은 맥락이다.

응용 생각 없이 뱉은 말은 애초에 의도했던 내용을 전달하지 못하고 오히려 오해를 불러일으켜 상대방에게 좋지 않은 결과를 남기게 된다. 그래서 리더십에서는 **'삼사이행(三思而行)'**이 더욱 필요한 것 같다. 부하 직원의 말이나 행동에 즉각적으로 반응하기보다는, 그 이면에 숨겨진 감정과 욕구를 읽어내는 지혜가 요망된다. 사람들의 표면적인 주장과 불평 속에는 한편으로 인정받고 싶은 욕구, 존중받고 싶은 갈망, 혹은 두려움이 숨어 있기 때문이다.

249 愛屋及烏 〈애옥급오〉

愛:사랑 **애**　屋:집 **옥**　及:미칠 **급**　烏:까마귀 **오**

'집을 사랑함이 까마귀에게 미친다'라는 뜻.
누군가를 사랑하면 그 딸린 사람이나 물건까지 좋아하게 된다는 말.

유래

《상서대전(尚書大傳)》〈목서(牧誓)〉

상(商)나라 말기인 은(殷)나라 때 주왕(紂王)의 폭정이 극에 달하자, 제후국 주(周)의 무왕(武王) 희발(姬發)이 기타 제후국들과 연합하여 은나라 주왕을 토벌하는 전쟁을 시작했다. 민심을 잃은 주왕은 패전을 거듭하다 결국 은나라는 멸망했다.

주왕이 자결했으나 아직 천하가 안정되지 않았다고 생각한 무왕은 남은 은나라 신료들의 처리 문제를 태공망(太公望 :강태공)에게 물었다. 그러자 강태공은 "그 사람을 사랑하면 그 집 지붕의 까마귀까지 사랑스럽고, 그 사람을 미워하면 그 집 울타리까지 미워진다고 하였으니, 어떻게 하시겠습니까(臣聞之也, 愛人者兼其屋上之烏, 不愛人者及其胥餘, 何如)"라고 말하며 적대 세력을 제거하자고 주장했다. 그러자 소공(召公)은 "죄가 있는 자는 죽이고, 죄가 없는 자는 살려 주자"고 했다. 그러나 주공(周公)은 "그들이 원래 살던 집에 살면서 원래 하던 일을 하게 하고, 어질고 덕이 있는 사람은 등용하는 것이 좋겠다" 했다. 이에 무왕은 기뻐하며 주공의 말에 따라 어진 정치를 베풀자, 곧 천하가 안정되었다.

응용

우리 속담에 '아내가 사랑스러우면 처갓집 말뚝 보고도 절을 한다'는 말이 있다. 이는 **'애옥급오(愛屋及烏)'**와 같은 뜻이다. 그러나 반대로 '중이 미우면 가사도 밉다'는 속담과 '까마귀가 열두번 울어도 까욱소리뿐이다'라는 정반대의 속담도 있다. 미운 사람이 하는 일은 하나부터 열까지 다 밉게 보인다는 의미이다. 피차 그릇된 편견과 선입견(先入見)을 버리면 세상이 아름다워질 것인데…안타까운 요즘이다.

250 輾轉反側 〈전전반측〉

輾:구를(반전할) **전**　轉:구를(회전할) **전**　反:되돌릴 **반**　側:곁 **측**

몸을 구르고 뒤집고 옆으로 세운다는 뜻.
걱정·근심으로 불안하고 괴로워서 잠을 이루지 못한다는 말.

유래

《시경(詩經)》〈국풍(國風)-관저(關雎)〉

공자(孔子)가 엮은 시경(詩經)의 첫 편인 關雎(관저)에 나오는 시구이다. 원래 이 시구는 성인(聖人)으로 이름이 높은 주 문왕(周 文王)과 그의 아내 태사의 덕을 높이 칭송한 것으로 강기슭에서 울고 있는 저구(雎鳩)라는 물새를 아름다운 숙녀에 비유하여 다음과 같이 노래한 것이다.

「꾸욱 꾸욱 우는 저구새 황하의 모래톱에 있듯이
사나이 좋은 짝 이리저리 찾듯이
얌전하고 고운 숙녀 자나 깨나 구하도다
구해도 얻지 못하니 자나 깨나 생각하네
그립고 그리운지라 엎치락뒤치락 하는 도다.」

공자는 관저에서 이 시를 평(評)하며 '낙이불음(樂而不淫), 애이불상(哀而不傷), 요조숙녀(窈窕淑女)'라는 말이 등장한다. 즉 '관저는 즐거우면서도 음탕하지가 않고, 슬퍼해도 마음을 상하지 않는다'고 했다.

옛날에는 요조숙녀를 그리며 잠을 이루지 못할 때 이 말을 사용했는데, 요즘에는 걱정·근심으로 괴로워서 뒤척일 때 이 말을 많이 사용한다.

응용

미래 희망인 젊은이들이 경쾌하고 구김살이 없어야 세상이 밝아질 것인데, 시험에 대한 걱정, 취업에 대한 걱정, 결혼에 대한 걱정, 육아에 대한 걱정, 내 집 마련에 대한 걱정 등 끝이 없는 걱정거리로 '**전전반측(輾轉反側)**'한다고 한다. 우리의 삶에서 잠 못 이루는 밤은 누구나 경험할 수 있는 일이지만, 만성적인 심리 상태는 곤란하다. 제발 새 정부는 경제 불황과 취업난 해소에 정진하길 바란다.

251 靑雲之志 〈청운지지〉

靑:푸를 **청** 雲:구름 **운** 之:갈 **지** 志:뜻 **지**

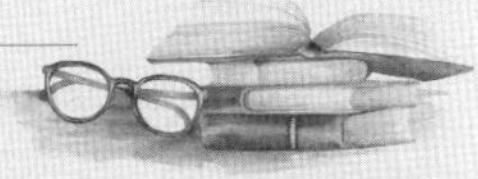

푸른 구름과 같은 뜻, 고결하고 원대한 꿈.
입신출세(立身出世)하여 공명(功名)을 세우고자 하는 마음.

유래 〈장구령(張九齡)의 시〉 〈왕발(王勃)의 등왕각서(滕王閣序)〉 《사기(史記)》 〈백이열전(伯夷列傳)〉

당(唐)나라 현종(玄宗) 때 재상을 지낸 장구령(張九齡)이 간신의 모략으로 재상 자리에서 물러나 초야에서 여생을 보낼 때 그 감회를 읊은 시 〈조경견백발(照鏡見白髮)〉에 등장한다.

숙석청운지(宿昔青雲志) 옛날에는 청운의 뜻을 품었지만
차아백발년(蹉跎白髮年) 우물쭈물하다가 백발의 나이가 되었네
수지명경리(誰知明鏡裏) 누가 밝은 거울 속의 모습을 알리오
형영자상련(形影自相憐) 나와 내 그림자가 서로 안타까워함을.

또한 태사공(太史公: 사마천)은 《사기(史記)》의 〈백이열전(伯夷列傳)〉에서 백이(伯夷) 숙제(叔齊) 안연(顔淵)이 어진 사람이긴 하나 공자(孔子) 덕분에 그 명성이 드러나게 되었다며 공자를 '청운지사(青雲之士)'라고 평하였고, 이 말은 덕이 높은 사람, 지위가 높은 사람, 뜻이 높은 사람에게 두루 쓰인다고 주석을 달았다.

응용 기성세대들은 부와 권력, 명예의 가치를 중요시하며 이를 '**청운지지(靑雲之志)**'로 삼았다. 그러나 요즘 청소년들의 장래 꿈을 들어보면 예전과 참 많이 달라졌음을 실감한다. 자신이 좋아하는 것, 자신이 하고 싶은 것, 이런 것을 기준으로 취미 자체를 자기의 직업으로 연결하려는 경향이 강한 것 같다. 문제는 이상과 현실의 괴리 속에 뚜렷한 목표조차 없는 젊은이들이다. 때로는 도전의 길에서 좌절할 수도 있겠지만, 가치 있는 목표를 세우고 끈기 있게 나아가는 삶은 아름답다.

252 投筆從戎 〈투필종융〉

投:던질 **투** 筆:붓 **필** 從:좇을 **종** 戎:병장기(오랑캐) **융**

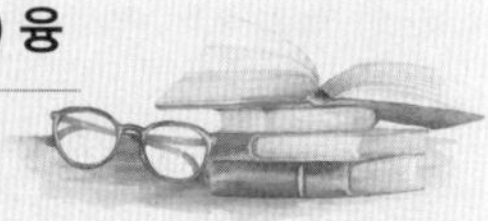

붓을 던지고 군대를 따른다는 뜻.
문인이 글쓰기를 포기하고 종군(從軍)하는 것을 비유함.

유래 《후한서(後漢書)》 〈반초(班超)전〉

반초(《漢書》를 편찬한 반고의 동생)는 어려서부터 큰 뜻을 품고 여러 서적을 두루 섭렵하였다. 그리고 항상 효성스럽고 근면하였으며, 힘든 노동을 하는 것도 마다하지 않았다. 그의 형 반고가 교서랑(校書郎)에 임명되어 어머니와 함께 낙양으로 이주하였으나, 집안은 여전히 가난하여 관청에서 문서를 베껴 주는 일을 하며 어머니를 봉양하였다.

어느 날, 반초는 관청에서 문서를 베껴 쓰는 일을 하다가 문득 붓을 던지고 탄식하며 말하기를(嘗輟業投筆嘆曰) "대장부로서 지략이 없다면 마땅히 부개자(傅介子)와 장건(張騫)을 본받아 이역(異域)에서 공을 세워 봉후(封侯)의 자리를 얻어야지 어찌 붓과 벼루 사이에서 오래 지낼 수 있겠는가."라고 하였다. 주위에 있던 동료들이 그의 호기를 비웃자 반초는 "소인배가 어찌 장사(壯士)의 뜻을 알겠는가" 라며 서역으로 떠나 군관·장군이 되었다. 이후 반초는 31년 동안 서역에 머물면서 흉노의 지배를 받던 서역 50여 개 나라를 복속시켜 실크로드를 부활하였고, 그 공로로 후한의 화제(和帝)는 서역도호부(西域都護府)의 도호로 임명한다.

응용 전문직에 종사하던 분들이 보다 의미 있는 삶을 위해 NGO나 구호 단체의 가난한 나라 봉사 활동에 나서는 경우를 종종 본다. 자신의 편안한 삶을 포기하고 위험을 감수하며 헌신하는 '**투필종융(投筆從戎)**'의 결단은 진정 아름다운 용기라 하겠다. 더 큰 가치와 공동체, 인류애를 위해 현재의 안락함을 버릴 수 있는 용기는 칭송받아서 마땅하다. 요즘 하마평에 오르는 사람들은 그런 사람이 잘 보이질 않는다.

253 項莊舞劍 〈항장무검〉

項:목덜미 **항** 莊:엄할 **장** 舞:춤출 **무** 劍:칼 **검**

항장(項莊)이 칼춤을 춘다는 뜻.
어떤 일을 하는 데 실제 목적은 다른 곳에 숨겨져 있다는 말.

유래 《사기(史記)》〈항우본기(項羽本紀)〉

초패왕(楚霸王) 항우(項羽)는 기원전 207년 10월 거록성 싸움에서 승리하고, 그 해 12월 진의 수도 함양 동남쪽 홍문에 진을 치고 소위 '홍문의 잔치(鴻門宴)'에 유방(劉邦)을 초대했다. 그때 항우의 모사 범증(范增)은 유방이 장차 초나라에 매우 큰 위협이 될 인물로 판단하여 이번 기회에 반드시 죽여야 한다고 생각했다. 그래서 범증은 잔치에서 항우의 사촌 동생 항장(項莊)에게 칼춤을 추다가 유방의 목을 베라고 명령했다.

성공했다면 역사는 달라졌겠지만, 유방의 전략가 장량(張良)은 유방의 호위대장 번쾌(樊噲)에게 "항장이 표면상으로는 흥을 돋우겠다고 검무를 추고 있지만, 실제로는 패공을 살해하려 하고 있다."라며 이를 막도록 지시했다. 그 말을 들은 번쾌는 병영 안으로 들어가서, 흉악한 눈길로 항우를 쏘아보며, "상을 주지는 못할망정 간신의 요언(謠言)을 믿고 어찌 공신(유방)을 죽이려 하옵니까."라고 항의했다. 그 뒤에 유방은 측간에 간다는 핑계를 대고 그 자리를 빠져나와 자신의 군영으로 달아났다. 그 후 항우는 결국 유방에게 천하를 빼앗기고 자살로 생을 마감한다.

응용 한미 관세 협상의 결과를 놓고 일반국민들은 관세율을 낮춘 것을 '선방'이라고 보며 긍정적으로 평가한다는 여론조사 결과가 나왔다. 그러나 기업들은 트럼프의 '**항장무검(項莊舞檢)**'이 실질적으로 어떤 영향을 미칠지 전전긍긍하는 분위기이다. 협상 타결 자체는 불확실성을 해소하는 긍정적인 측면이 있지만, 그 내용이 과연 공정하고 합리적인 수준이었는지 다시한번 면밀한 검토가 필요한 시점이다.

254 傑犬吠堯 〈걸견폐요〉

傑:하왕이름 **걸** 犬:개 **견** 吠:짖을 **폐** 堯:요임금 **요**

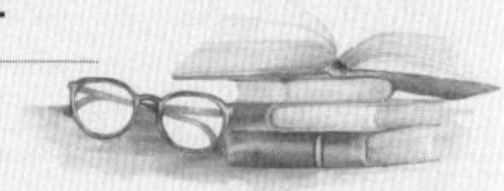

걸왕의 개가 요임금을 향하여 짖는다는 뜻.
각자 자기의 주인에게 충성을 다함을 비유적으로 이르는 말.

유래

《사기(史記)》〈회음후전(淮陰侯傳)〉
초한(楚漢)전쟁이 한창일 때 한신(韓信)의 책사 괴통(蒯通)은 "지금 항우는 남쪽을 차지하고 유방은 서쪽을 차지하고 있습니다. 동쪽인 제나라를 차지하고 있는 대왕(한신)이 어느 쪽에 가담하느냐에 따라 천하대세는 좌우되고 맙니다. 유방은 대왕을 제나라 왕으로 봉했지만, 항우가 망하게 되는 날 대왕의 신변은 위태롭게 됩니다. 이 기회에 천하를 셋으로 나누어 동쪽을 대왕이 차지해야 합니다."라고 진언했다.
그러나 한신은 결국 괴통의 계책을 받아들이지 않았고, 천하가 통일되자 괴통이 말한 대로 회음후(淮陰侯)로 강등되고 역적으로 몰려 유방의 부인 여후의 손에 죽게 된다. 유방은 곧 괴통을 잡아들여 기름 솥에 삶아 죽이려 하자 괴통은 "개는 제 주인이 아니라면 성군이신 요임금을 보고도 짖는 동물입니다. 당시 제 주인은 한신 장군이었으며 저는 그때 폐하(유방)를 알지 못했습니다"라고 얘기하자 유방은 그를 살려 준다.
《사기(史記)》〈노중련추양(魯仲連鄒陽)열전(列傳)〉에도 한(漢)나라 경제(景帝)때의 학자인 추양(鄒陽)의 비슷한 구사일생의 사례가 등장한다.

응용

어느 시대나 자기가 섬기는 사람은 선악시비를 따지지 않고 무조건 충성을 다하는 '**걸견폐요(桀犬吠堯)**'가 많다. 그러다가 주인이 약해지면 가차없이 배신하고 더 힘세고 권력 있는 쪽으로 붙는다. 오늘날에도 이런 걸견(桀犬)들이 너무도 많다. 정의롭지 않고 공정하지 않은 걸견들 때문에 선량한 사람들이 상처를 입는다. 그러나 권불십년(權不十年), 이런 걸견들은 또 다른 걸견에게 당한다.

255

路不拾遺 〈노불습유〉

路:길 **노**(로) 不:아닐 **불** 拾:주울 **습** 遺:남길 **유**

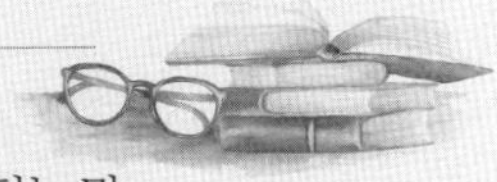

길에 떨어진 물건을 주워 가지 않는다는 뜻.
백성이 법을 잘 지켜 나라가 태평하고 인심이 후덕함을 비유하는 말

유래

《구당서(舊唐書)》〈장윤제전(張允濟傳)〉《사기(史記)》〈상군열전(商君列傳)〉 등 한 행인이 무양(武陽)이란 지역을 지나다 옷을 잃었는데 몇 십리를 지나서야 생각이 났다. 어떤 사람이 그가 조급해하는 것을 보고 위로했다. "우리 무양 경내에는 길에 떨어진 물건을 줍지 않으니 지금 돌아가면 찾을 수 있을 것입니다(我武陽境內 路不拾遺 但能回取 物必當在)." 행인이 찾으러 가니 과연 옷이 그 자리에 있었다.

또한 전국시대 진(秦)나라를 강성대국으로 변모시킨 명재상 상앙(商鞅)의 경우에는 변법(變法)을 단행하여 군현제와 토지, 조세, 징병 제도 등을 개혁하고, 엄격하게 법을 집행하는 공포정치를 시행하여 관리와 백성들이 겁을 먹고 법을 잘 지켰다. (商君列傳)

《공자가어(孔子家語)》에도 '도불습유(道不拾遺)'라는 비슷한 용어가 등장한다. 공자가 노(魯)나라 정승으로 석 달을 정치하자, 송아지나 돼지를 팔러 가는 사람이 아침에 물을 먹이는 일이 없고, 길에 떨어진 남의 물건을 줍는 사람이 없었다고 한다. 어느 곳에서나 물을 얻어 먹일 수 있어 아침부터 애써 물을 많이 먹일 필요가 없었다는 얘기이다.

응용

외국인들이 우리나라에서 놀라는 것 중 하나가 '**노불습유(路不拾遺)**'의 도덕국가라는 점이다. 문 앞에 택배 물품이 쌓여 있어도 도난 사고가 없고, 요금 없는 공중화장실에 고급 화장지를 사용하는데도 가져가는 사람이 없다는 것이다. 유럽은 복지국가임에도 기회만 되면 남의 물건을 훔쳐 가고 주워 가지는데, 한국 시민들은 타인의 물건을 주워도 파출소나 분실물센터에 맡기는 것을 당연히 여긴다는 것이다. 공공질서와 도덕성이 함양된 사회를 다 같이 지켜나가야 하겠다.

신문게재일자 – 2025.8.20

256 對牛彈琴 〈대우탄금〉

對:대할 **대** 牛:소 **우** 彈:탈(퉁길) **탄** 琴:거문고 **금**

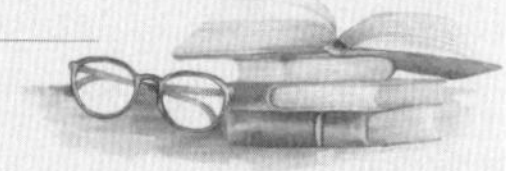

소를 마주 보고 거문고 연주를 들려준다는 뜻.
어리석은 사람에게는 아무리 도리를 말해도 소용이 없다는 말.

유래

《홍명집(弘明集)》〈이혹론(理惑論)〉
후한(後漢) 말 모융(牟融)이라는 학자는 불교학에 밝았는데, 유학자들에게 불교를 설명할 때는 불전(佛典)이 아니라 《시경(詩經)》, 《서경(書經)》 등의 유학 경서를 인용했다. 한 유학자가 이를 지적하자 모융은 공명의(公明儀)의 일화를 들려주었다.

"옛날 노(魯)나라에 공명의라고 하는 어진 사람이 애쓰며 일하는 소를 보고 고마움을 느껴 거문고를 켜주었답니다. 그런데 소는 거들떠보지도 않고 풀만 뜯고 있었다지요. 이건 소가 듣지 못한 것이 아니라 고상한 곡조가 소 귀에는 맞지 않기 때문이라 생각하고 이번에는 모기와 등애의 울음소리, 젖을 먹고 있는 송아지 울음소리를 흉내 냈답니다. 그러자 소는 발굽 소리를 내거나 꼬리를 흔들기도 하고, 귀를 세운 채 소리를 다소곳이 들었답니다. 그 소리가 소의 마음에 맞았기 때문이지요. 이 이야기는 바로 내가 당신들에게 유교 경전을 인용해 불경을 설명하는 것과 같은 이치 아니겠소? 당신들은 불전을 읽은 일이 없을 것이므로, 나는 당신들이 익히 잘 알고 있는 경서를 인용하는 것입니다."라고 말했다.

응용

정치인과 공무원들은 당초 유능하고 실력 있는 사람들이 많다. 그러나 그 판에 들어가면 대부분 180도로 달라져 '**대우탄금(對牛彈琴)**'의 상황으로 변한다. 집단이익 챙기기와 비능률, 복지부동(伏地不動)이 주특기가 되니 국민과 전문가들이 그렇게 개선 방안과 대안을 제시해도 소용이 없다. 그러면서 걸핏하면 선진국을 벤치마킹한다고 국민 세금으로 해외연수를 다녀오는데 과연 무엇을 배우고 오는지 궁금하다.

257 望塵莫及 〈망진막급〉

望:바라볼 **망** 塵:먼지(티끌) **진** 莫:아닐 **막** 及:미칠 **급**

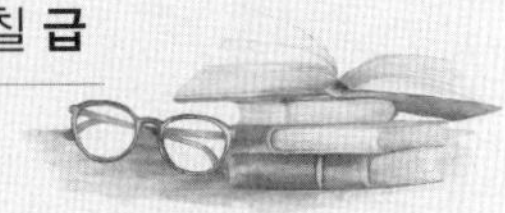

먼지만 바라보고 미치지 못한다는 뜻.
너무 빨라서 미처 따라잡을 수가 없다는 말.

유래

《후한서(後漢書)》〈조자전(趙咨傳)〉, 《남사(南史)》〈오경지전(吳慶之傳)〉

동한(東漢) 때 조고(曹暠)라는 사람은 돈황(敦煌)태수 조자(趙咨)의 효렴과(孝廉科) 추천을 통하여 형양(滎陽)의 현령이 되었다. 그 후 조자가 동해(東海)로 발령이 나 부임하러 가는 길에 형양을 지나가게 되었다. 조고는 그 소식을 듣고 길에 서라도 은인을 맞이하여 인사하려고 했다. 그러나 조자는 머무르지 않고 빠른 속도로 지나가 버렸다. 조고는 십리 밖에까지 배웅하기 위해 쫓아갔으나 조자의 수레가 일으키는 먼지만 바라볼 수 있을 뿐 더 쫓아갈 수가 없었다. (원문에는 望塵不及으로 나온다)

또한 남북조시대 송나라 복양에 오경지(吳慶之)라는 사람은 학문이 깊고 덕망이 높아서 양주 자사로 부임한 유의공(劉義恭)이 그를 등용했다. 오경지는 자기 능력을 인정받는 게 기뻐서 열심히 일했다. 그런데 훗날 유의공이 역모죄를 뒤집어쓰고 처형을 당하자 오경지는 큰 충격을 받아 관직을 버리려고 했다. 그때 오흥 태수로 임명된 왕곤(王琨)이 공조의 관직을 맡아달라고 했으나 오경지는 완강하게 고사하고 인사도 없이 사라지자 왕곤이 황급히 뒤따라갔으나 흙먼지만 보일 뿐 따라잡을 수가 없었다.

응용

오늘날의 실버세대는 아날로그 시대를 주도했었지만, 빠르게 발전하는 디지털 기술에 적응하지 못하고 **'망진막급(望塵莫及)'**을 느낄 때가 많다고 한다. 키오스크, 온라인 예매 등 디지털 서비스 등을 잘 활용 못해 사회에서 점차 소외돼 가고 있다. 노인 스스로 IT 시대의 낙오자가 되지 않겠다는 의지와 스마트사회에 적응하기 위한 학습 노력이 중요하다. 정부와 지자체도 이를 적극 지원해야 할 것이다.

258 杯水車薪 〈배수거신〉

杯:술잔 **배**　水:물 **수**　車:수레 **거**(차)　薪:땔나무 **신**

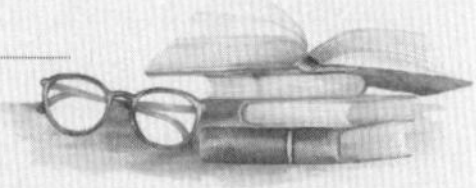

한 잔의 물로 수레에 가득 실린 장작불을 끄려 한다는 뜻.
혼자 힘으로 어림도 없는 일을 해결하려는 태도를 비유하는 말.

유래

《맹자(孟子)》〈고자장구상(告子章句上)〉

맹자는 공자의 손자 공급(孔伋/자사(子思)의 문하에서 유학을 배워 유교 사상을 더욱 발전시킨 중국 전국시대의 대표적인 사상가이다. 인(仁)과 의(義)를 강조하며 왕도정치(王道政治)와 성선설(性善說)을 주장한 인물이다. 그 어머니의 교육열과 현명함이 맹자의 성장에 큰 영향을 미쳤다는 '맹모삼천지교(孟母三遷之教)'의 일화는 유명하다.

맹자 말하기를 "어진 것이 어질지 않은 것을 이기는 것은 물이 불을 이기는 것과 같다. 그러나 지금 세상에서 어진 것을 실천하려고 하는 사람은 한 잔의 물로 한 수레의 장작더미에서 치솟는 불을 끄려고 하는 것과 같다.(今之爲人者, 猶以一杯水, 求一車薪之火也) 그래서 불이 꺼지지 않으면 물이 불을 이기지 못한다고 한다. 이것은 또한 어질지 못함이 아주 심한 사람과 같다. 결국 자기가 가지고 있는 어진 것마저 잃어버리게 되는 것이다." 이 고사성어는 현실에서 충분한 준비와 노력이 없는 상태에서 무리한 시도를 할 때, 오히려 더 큰 문제를 초래할 수 있음을 경계하는 교훈을 주고 있다.

응용

지난 3년간 대형산불이 잦은 편이다. 특히 올해 3월, 경북 의성에서 시작되어 경북 북부지역을 휩쓴 산불은 엄청난 피해를 안겨준 사상 최악의 산불이었다. 지구온난화 영향으로 이러한 산불은 앞으로도 계속 예상된다고 하는데 그때 가서 허둥지둥 '**배수거신(杯水車薪)**' 한다면 소용없는 일이다. 헬기·야간 대응 시스템 확충, 초기 대응 역량 강화 등의 재난 대응책이 제대로 마련되고 있는지 궁금하다.

259 三省吾身 〈삼성오신〉

三:석 **삼** 省:살필 **성** 吾:나 **오** 身:몸 **신**

하루에 세 번 자신을 반성한다는 뜻.
하루에 여러 번씩 자신의 몸가짐을 반성하는 것을 말함.

유래 《논어(論語)》〈학이편(學而篇)〉

고대 중국의 걸출한 사상가 증자(曾子, 이름: 曾參)는 유자(有子), 안회(顏回)와 더불어 공자의 대표적인 제자이다. 공자보다 46세 연하인 증자는 공자가 우둔하다고 할 만큼 총명하지는 못했지만, 남다른 끈기로 열심히 성찰하고 노력한 결과 공자의 정통한 유가사상(儒家思想)을 잇는 제자가 될 수 있었다. 《대학(大學)》을 저술했다고 전해진다.

증자는 말했다. "나는 날마다 다음 세 가지 점에 대해 나 자신을 반성한다. 남을 위하여 일을 도모하면서 불충하지는 않았는가? 벗과 사귀면서 신의를 지키지 못한 일은 없는가? 전해 받은 학문을 제대로 익히지 못한 것은 없는가?" (曾子曰 "吾日三省吾身, 爲人謀而不忠乎? 與朋友交而不信乎? 傳不習乎?" / 증자왈 "오일삼성오신, 위인모이불충호? 여붕우교이불신호? 전불습호?")

증자는 스승인 공자를 존경하여 그의 모든 것을 받아들이려고 끊임없이 노력하였고, 특히 하루에도 여러 차례 반성하면서 자신의 허물을 고치는 것을 게을리하지 않았다.

응용 동서고금을 막론하고 인간관계에서 가장 중요한 근본은 '신의(信義)'라고 생각한다. "저 사람은 믿을 수 없는 사람이다"라고 하면 모든 것이 허사이기 때문이다. 그런데 우리는 미디어나 일상에서 앞뒤 말이 수시로 달라지고 신의가 없는 사람을 자주 접한다. 지도층부터 **'삼성오신(三省吾身)'**의 의미를 되새기며 스스로 반성하는 시간을 자주 갖고, 잘못을 고쳐 나간다면 자연스럽게 태평성대가 될 것이다.

260 睚眦必報 〈애자필보〉

睚:눈초리 **애**　眦:눈 흘길 **자**　必:반드시 **필**　報:갚을 **보**

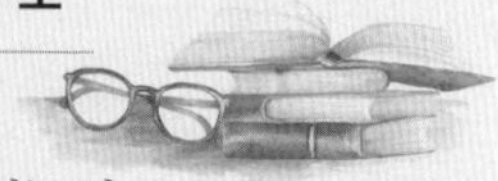

눈 한번 흘긴 원한도 반드시 갚는다는 뜻.
남에게 받은 작은 원한이나 질시도 잊지 않고 반드시 보복한다는 말.

유래

《사기(史記)》〈범저채택열전(范雎蔡澤列傳)〉

전국시대 위(魏)나라에 범저(范雎)라는 출중한 선비가 있었는데, 그는 중대부(中大夫) 수가(須賈)의 문객으로 있다가 수가가 제(齊)나라에 사신으로 갈 때 따라갔다. 제나라의 양왕(襄王)은 범저의 재능에 감복하여 수가를 젖혀두고 범저를 더 융숭하게 대접하고 상을 주었다. 이에 질투와 앙심을 품은 수가는 귀국하여 범저가 제나라와 밀통한다고 모해하였고, 상국 위제(魏齊)의 혹독한 고문을 받고 초주검이 되었다. 겨우 목숨을 건진 범저는 정안평(鄭安平)의 도움으로 진(秦)나라에서 사신으로 온 왕계(王稽)를 만나 진나라로 도망갔다. 범저는 진나라에서 능력을 발휘하여 재상 지위까지 올랐다.

훗날 진(秦)이 한(韓)과 위(魏)를 치려고 하자, 위는 수가를 진에 사신으로 보냈는데, 수가는 진의 재상 장록이 곧 범저임을 알고 지난날의 죄를 빌고 용서를 받았지만, 상국 위제의 목을 요구하자 위제는 조(趙)를 거쳐 초(楚)나라로 도망쳤다가 결국 자결하였다. 한편, 왕계와 정안평은 범저의 천거로 각각 하동(河東) 태수와 장군이 되었다.

응용

작은 은혜도 잊지 않고 꼭 갚고자 하는 착한 마음씨의 사람도 많지만, 사소한 오해나 작은 원한도 쉽게 잊지 않고 보복하려고 하는 사람도 있다. 또 어떤 이는 속이 너무 좁아 동료나 지인이 농담으로 한 말도 잊지 않고 담아두고 있다가 **'애자필보(睚眦必報)'**를 하려고 한다. 지나친 질시와 복수심은 자기 자신을 죽이게 된다. 베푸는 사람, 도량이 넓은 사람, 뒤끝이 없는 사람이 결국 승자가 될 것이다.

261 轉禍爲福 〈전화위복〉

轉:구를 **전** 禍:재앙 **화** 爲:할 **위** 福:복 **복**

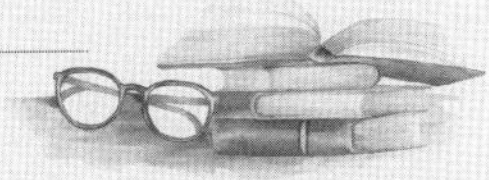

화(禍)를 바꾸어 복(福)이 되게 한다는 뜻.
위기를 기회로 삼아 오히려 좋은 결과를 얻는다는 말.

유래

《사기(史記)》〈관안열전(管晏列傳)〉《전국책(戰國策)》〈연책(燕策)〉

전국시대 강대국 진(秦)나라에 대항하기 위하여 산둥(山東)의 6국(燕, 趙, 韓, 魏, 齊, 楚)을 설득하여 합종(合從)에 성공한 종횡가(縱橫家) 소진(蘇秦)은 다음과 같이 말했다고 한다.

"신(臣)이 듣기로, 지혜로운 사람의 일 처리는 화(禍)를 바꾸어 복(福)이 되게 하고 실패로 인하여 성공을 이룬다고 하였습니다. 제나라 사람의 보라색 비단은 본디 질이 낮지만, 값은 열 배나 됩니다. 월왕 구천은 회계산에 숨었지만, 후에 오나라를 없애고 천하의 맹주가 되었습니다. 이것이 모두 화를 바꾸어 복이 되게 하고 실패로부터 성공을 이룬 것이라 하겠습니다. (臣聞知者之擧事也, 轉禍而為福, 因敗而成功者也。齊人紫敗素也, 而賈十倍。越王勾踐棲於會稽, 而後殘吳霸天下。此皆轉禍而為福, 因敗而為功者也)" 소진이 들었다고 하는 이 얘기는 《사기》〈관안열전〉에서 관중(管仲)을 평가하기를 '그는 정치함에 있어, 화로 인하여 복이 되게 하고, 실패를 성공으로 바꾸기를 잘하였다. (其為政也, 善因禍而為福, 轉敗而為功)'는 것을 인용한 것으로 보인다.

《회남자(淮南子)》에 나오는 '새옹지마(塞翁之馬)'도 비슷한 표현이다.

응용

9월 26일 발생한 국가정보자원관리원의 화재 여파는 심각하다. 사태 발생 17일째인 10월 12일 현재, 중요도가 큰 1등급 시스템은 3분의 2 이상이 복구됐다고 하지만 전체 복구율은 아직도 30%대에 머물고 있다고 한다. 국가안보와 정부 시스템 운용, 민생과 직결되는 이 중요한 시설이 이처럼 허술했는지 아연실색할 일이다. 국가 정보화 관리·운영시스템을 AI시대에 걸맞게 원점에서 재설계하고, 전면적으로 개선하는 '**전화위복(轉禍爲福)**'의 계기로 삼아야 하겠다.

262 青天白日 〈청천백일〉

靑 : 푸를 **청** 天 : 하늘 **천** 白 : 흰 **백** 日 : 날 **일**

푸른 하늘에 밝은 해가 비치는 대낮을 뜻함.
억울한 혐의나 죄의 누명이 말끔하게 풀린다는 비유.

유래

《주자전서(朱子全書)》, 한유(韓愈)의 〈여최군서(與崔群書)〉

중국 당(唐)을 대표하는 문장가·정치가·사상가인 한유(韓愈)는 당송 8대가(唐宋八大家)의 한 사람으로 추앙받고 있다. 한유는 최군(崔群)이라는 인품이 훌륭한 친구에게 보낸 서신에서, "청천백일은 노예들도 또한 그것이 맑고 밝은 것을 안다."고 했다. 이것은 최군의 맑은 인품을 모르는 사람이 없다는 것을 비유해서 쓴 말이다. 그 깨끗함을 누구나 다 알고 있다는 뜻이다. 《주자전서》에는 주자가 맹자(孟子)를 평하여 "청천백일과 같아서 씻어 낼 때도 없고, 찾아낼 흠도 없다." 라고 했다. 이것은 순결무구의 뜻으로 쓰인 것이다.

우리나라 역사에서는 정의, 결백, 투명함을 상징하는 표현으로 자주 사용 되어 왔다. 오늘날에는 억울한 누명을 벗거나 부정부패가 척결될 때 "청천백일"이라는 표현을 쓰고 있으며, 부정적인 의미로는 '청천백일하(靑天白日下)에 드러났다'고 말하기도 한다.

대만(중화민국)의 국기가 청천백일기(靑天白日旗)이며, 중국국민당의 당기 문양도 이와 같다.

응용

최근 양평군 공무원 사망 사건으로 정치·사회적으로 큰 파문이 일고 있다. 그의 유서에는 아무리 '**청천백일(靑天白日)**'을 강조해도 이를 받아들이지 않고 협박하고 회유하는 특검의 강압적인 수사 때문에 너무 힘들고 지친다는 취지의 내용이 담겨 있다고 한다. 우리헌법 제27조에는 '형사피고인은 유죄의 판결이 확정될 때까지는 무죄로 추정된다.'라고 명시되어 있다. 그러나 현실은 없는 죄도 억지로 엮어서 죄인 취급을 하고 있으니 대단히 안타깝다.

263 風林火山 〈풍림화산〉

風:바람 **풍** 林:수풀 **림** 火:불 **화** 山:뫼 **산**

'바람처럼, 숲처럼, 불처럼, 산처럼'이라는 뜻.
전쟁에서 승리하는 방법에 대하여 비유하는 말

유래 《손자병법(孫子兵法)》〈군쟁(軍爭)편〉

손자(孫子)의 병법(兵法)에는 군세(軍勢)의 행동 지침을 다음과 같이 제시하고 있다. '병법은 위치(立)를 속임으로써, 이(利)로운 움직임으로써, (병력을) 나누고 합침으로써 변화하는 것이다. 그러므로 그 신속함은 바람과 같고, 그 천천히 함은 숲과 같으며, 침략하는 것은 불과 같고, 움직이지 않음은 산과 같으며, 알기 어려움은 그림자 같고, 움직임은 벼락과 같다. 마을을 노략질하면 사람들에게 나누어주고, 땅을 확장하면 이익을 나누어주며, (형세를) 저울질하여서 움직이거늘, 먼저 우직(迂直)의 계책을 아는 자가 이기니, 이것이 군대의 싸우는 법이다. (故兵以詐立, 以利動, 以分合為變者也, 故其疾如風, 其徐如林, 侵掠如火, 不動如山, 難知如陰, 動如雷霆。掠鄉分眾, 廓地分利, 懸權而動, 先知迂直之計者勝, 此軍爭之法也)

손자의 군세 행동 지침은 '풍림화산음뢰(風林火山陰雷)'라고 볼 수 있으나, 후세가 이를 풍림화산(風林火山)의 4자로 요약하고 있다.

응용 지금 국제 외교·무역 형세는 미국발 '관세 폭풍'에서도 실감하고 있지만, 피아(彼我) 구분이 어려운 약육강식(弱肉強食)의 총성 없는 전쟁터가 되고 있다. 손자병법의 '**풍림화산(風林火山)**' 전술을 현대적인 의미에서 되새기며 생존·협상 전략에 참고하는 것도 좋겠다. 특히 10월 31일부터 경주에서 열리는 아시아태평양경제협력체(APEC) 정상회의에서는 한미 무역협정도 깔끔하게 타결되고, 우리의 외교적인 역량이 빛을 발하는 계기가 되기를 기원한다.

판 제1쇄 인쇄 2025년 11월 20일
판 제1쇄 발행 2025년 12월 01일

편집기획	한국가스신문사 출판사업부
발 행 인	양 영 근
발 행 처	(주)한국가스신문사 (우:08381) 서울시 구로구 디지털로31길 19, 603호 전화 : (02)839-4000(代) 팩스 : (02)2109-8822 www.gasnews.com
인 쇄	미르 P&P (우:04559) 서울시 중구 마른내로12길 7-18, 2층 전화 : (02)2273-7897

정가 18,000원